北京物资学院产业经济研究学术文库

赵　娴\主编

褚晓琳\副主编

产业经济热点问题研究

Hot Problem Studies on Industrial Economy

（第三辑）

社会科学文献出版社

SOCIAL SCIENCES ACADEMIC PRESS (CHINA)

前　言

　　受全球金融危机的持续影响，2012年世界经济继续保持低迷，美国经济复苏乏力，欧元区仍难摆脱负增长，日本经济维持低速增长，世界经济增速再度放缓。中国经济虽然总体上运行平稳，却难以抵挡全球经济复苏放缓带来的严峻挑战，经济形势不容乐观。2012年，中国经济究竟存在哪些备受关注的问题？这些经济问题如何影响中国相关产业和经济发展？面临复杂的国际形势和艰巨的国内改革发展任务，中国政府和企业又该如何应对？面对这些疑问，本书精选了中国钢铁产业、光伏产业、航空业、物流业、房地产业、电子商务、奢侈品行业、中国制造业、一小时经济圈、影子银行这十大经济热点问题，力图在对这些热点问题深入浅出地剖析和阐述中探寻以上答案，并给读者一定的启迪。

目　录
CONTENTS

网络，极大地增强了区域可达性，上海、南京、杭州等中心城市一小时生活圈正式形成，长三角各个城市的居民乘坐高铁就像乘坐公交车一样方便快捷。毫无疑问，高铁形成的一小时经济圈会对区域经济产生巨大影响，但这种影响具体表现在哪些方面？影响力又有多大呢？

经过改革开放多年的发展，中国已从一个无足轻重的贸易小国崛起为一个名副其实的贸易大国。现在中国俨然成为世界加工厂，在全球制造业产业链中处于重要地位。随着全球经济的纵深发展，我们应从全新的角度重新审视"中国制造"。"中国制造"目前正面临成本、汇率、质量等一系列隐忧与困惑。因此需要实施产业结构升级，提高产品质量以及有效地应对国际贸易壁垒等一系列的改革措施。

2008年国际金融危机爆发之后，"影子银行"成为国际金融界关注的热点概念之一。它是现代金融市场条件下的一种金融创新，具有流动性创造等功能，对一国的货币政策具有重大影响，并且对金融市场结构改进起着强大的推动作用。但与此同时，影子银行的快速发展和高杠杆操作又使一国金融市场隐藏着巨大的系统性风险，因此如何平衡利弊也成为中国影子银行在经历了十几年高速发展后何去何从的关键所在。

专题一
中国钢铁产业发展研究

一 引言

从 1994 年开始，中国钢铁工业在迅速发展的同时，伴随着重复建设、产能过剩等问题，相关政策部门一直在进行防止和治理工作。1994 年，政府部门将其认定为防止重复建设的重点对象。1995~1998 年钢铁行业被认定为重复建设的重点，相关部门在限制新开工的项目层面实行了更为严厉的政策。1999 年在认定钢铁产业存在重复建设的基础上进一步发现其结构不合理问题也日益突出，相关部门制定了在 1998 年的基础上压缩钢产量 10% 的目标，除此之外，还要求 3 年内停止"新的炼钢、炼铁、轧钢项目"的批准，2000~2002 年依然认定钢铁工业的重复建设问题非常严重，并在这一背景下对 1999 年制定的政策进行了延续。2003 年 11 月，相关部门进一步认为钢铁工业存在严重的盲目投资问题，并会导致严重的产能过剩。2004~2008 年，经济的高速发展带动了钢铁行业的迅速扩张，治理钢铁工业突出产能过剩问题的措施相继颁布，政策频出。2009 年 3 月，国务院办公厅公布《钢铁产业调整和振兴规划》，提出"要以控制总量、淘汰落后、企业重组、技术改造、优化布局为重点"，这份规划是此后三年中国钢铁产业综合性应对措施的行动方案。2010 年 4 月，国务院正式发布关于进一步加强淘汰落后产能工作的通知，明确由工信部牵头，18 个部委联合严厉淘汰电力、煤炭、钢铁、水泥、有色金属、焦炭、造纸、制革、印染等行业的落后产能。中国经济在持续高速增长的同时，刺激了一些行业生产能力的大规模扩张，同时，由于管理体制不完善、经济增长方式粗放，部分行业存在盲目投资、低水平重复建设的问题。

2008 年下半年以来，随着国际金融危机的扩散和蔓延，国内外市场钢铁需求均受到极大冲击，一是全球经济复苏艰难曲折，欧债危机反复震荡，不确定性较大，钢材需求有所减弱，全球经济体制造业陷入疲软，钢材需求有所减弱，国外需求清淡；二是由于国内房地产、汽车、家电和机械制造业等行业增速放缓，国内钢材需求强度下降。因此，中国钢铁产业受到严重影响，出现了产需迅速下滑、价格急剧下跌、企业经营困难、全行业亏损的局面，钢铁产业稳定发展面临着前所未有的挑战。中国钢铁产业长期粗放发展积累的矛盾日益突出。

二 中国钢铁行业发展历程

经过近 60 年的发展，中国钢铁工业取得了举世瞩目的成就，逐步步入了成熟的发展阶段。1949 年，中国的钢铁产量只有 15.8 万吨，居于世界第 26 位，还不到当时世界钢铁年总产量的 0.1%。2007 年，中国钢铁产量为 48924.08 万吨，产量居全球第一，超过第二位到第八位的总和，占世界总产量的 36.4%。总体上，中国钢铁工业发展大体上划分为三个阶段：第一阶段（1949～1978 年）为"以钢为纲"阶段，第二阶段（1978～2000 年）为稳步快速发展阶段，第三阶段（2001 年至今）为加速发展阶段。

（一）"以钢为纲"的发展阶段

1949 年新中国成立之时，中国的钢铁工业基础还十分薄弱，全国几乎没有一家完整的钢铁联合企业，新中国成立后，钢铁工业开始逐步得到恢复和发展，在苏联的援助下建设了鞍钢、武钢、包钢等钢铁厂，钢铁工业逐步建设发展形成了"三大""五中""十八小"的格局。随着"三线建设"的铺开，在西南、西北建设了攀钢、酒钢、成都无缝管厂等一批新的钢铁企业，初步形成了新中国的钢铁工业格局。

考虑到钢铁工业在国民经济中的重要地位，国家确立了"以钢为纲"的工业发展指导方针，提出了"大跃进""全民大炼钢铁""超英赶美"等口号。因此，在这一阶段中国钢铁工业走上了一条以追求产值、产量增长速度为目标的粗放型的发展道路。经过全国上下的努力，在这一阶段中国钢铁工业的产量和产值都有了较大幅度的增长。1978 年，中国钢铁产量为

3178 万吨，占世界产量的 4.5%，居世界第 4 位。据统计，1952～1978 年，钢铁工业产量平均每年递增 12.9%，产值每年递增 11.8%，实现利税每年递增 9.67%。1949～1980 年中国粗钢产量情况如图 1－1 所示。

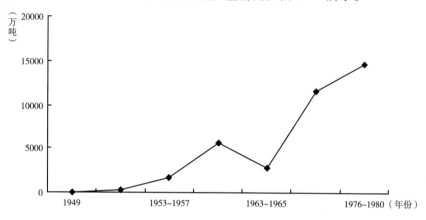

图 1－1　1949～1980 年中国粗钢产量情况

资料来源：《中国钢铁工业年鉴》。

需要指出的是，在"以钢为纲"的发展指导方针下，不可避免地会遇到钢铁工业部门同国民经济其他部门协调发展的问题。由于对钢铁工业部门的固定资产投入过大，就产生了两面的影响：一方面在资金有限的前提下，过分地投入会制约其他工业部门的发展；另一方面由于钢铁工业部门的利税贡献同其他产业部门相比较低，在一定程度上表现出"高投入、低产出"的特点，所以较高比例的投入就会影响进一步发展所需的资金积累。由于钢铁工业是一个资源消耗量大、能耗高的行业，这一阶段钢铁工业的发展也占用了大量的能源。据统计，1978 年，钢铁工业投资占中国固定资产投资的 7.36%，能源消耗占整个国民经济消耗能源量的 12.97%。另外，企业管理水平低、职工积极性不高也是当时中国钢铁工业发展存在的问题。实际上，1970～1975 年，中国钢铁工业已经形成了 3000 万吨的生产能力，但是生产能力还不能得到充分体现。

（二）稳步快速发展的中国钢铁工业

在这一阶段，中国钢铁工业发展遇到了两次重要机遇。1978 年，党的十一届三中全会后，中国开始实行改革开放政策，为利用国外的资金、技术和资源创造了条件。1992 年，党的十四大确立了建设社会主义市场经济体制的改革方向，极大地激发了企业的活力。面对良好的发展机遇，中国钢铁工业加快了现代化建设的步伐。在这一阶段，除了建设上海宝钢、天津无缝钢管厂等具备世界先进水平的大型钢铁企业外，又对一些老的大型钢铁企业进行了技术改造和升级，如鞍钢、武钢、首钢、包钢等。1981年，中国又与澳大利亚科博斯公司通过签订补偿贸易合同的方式，首次实现了改革开放以后利用国外的资金和技术对鞍钢焦化总厂沥青焦车间的改造。1987年，国家计委批准了鞍钢、武钢、梅山（1998年以后并入宝钢集团）、本钢、莱钢5个企业利用外资的项目建议书。通过技术引进、消化和吸收，中国钢铁企业工艺装备的现代化水平不断提升。另外，一些非国有企业，如沙钢、海鑫等，也进入了钢铁行业并且发展迅速。同时，中国钢铁企业进行了一系列的探索，从放权让利到承包经营责任制，希望通过企业改革释放强大的内在发展动力，实现了钢产量5000万吨和亿吨两次突破。1986年，中国钢产量超过5000万吨，达到5221万吨。

社会主义市场经济体制和现代企业制度的逐步建立，更是为钢铁工业的发展注入了强大的内在动力。1994年以来，钢铁行业的武钢、本钢、太钢、重钢、天津钢管厂、"大冶"、"八一"等12家企业，被列入国家百家现代企业制度试点。到1998年，试点工作基本完成，试点钢铁企业均按照《中华人民共和国公司法》（以下简称《公司法》）实施改组，初步明确了国家资产投资主体，理顺了出资关系，建立了企业法人财产制度和法人治理结构。1996年，中国钢产量首次超过亿吨，达到10124万吨，占世界钢产量的13.5%，超过了日本和美国的同期产量，中国成为世界第一产钢大国，2000年，中国钢产量达到12850万吨，如图1-2所示。

（三）加速发展的中国钢铁工业

"十五"期间，中国钢铁工业更是实现了持续高速发展。2000年中国粗钢产量为1.3亿吨，2003年，中国粗钢产量超过2亿吨，2005年，中国粗钢产量达到3.6亿吨，成为全球第一个粗钢产量超过3亿吨的国家，2006年粗钢产量达到4.2亿吨，连续实现了粗钢产量2亿吨、3亿吨、4亿吨的三次跨越。2001~2007年，中国粗钢产量年均增长率为21.04%，其中，2001、2003、2004和2005年这四年年增长率都保持在20%以上，2005年钢产量同上年相比增长率更是创纪录的高达30.42%，如图1-3所示。同时，中国钢铁工业在整个工业中占有重要地位。2006年，中国规模以上钢铁企业实现销售收入

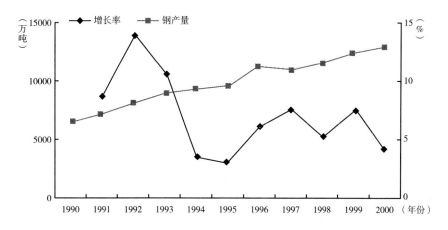

图 1-2 1990~2000 年中国钢铁产量及其增长情况

资料来源:《中国钢铁工业年鉴》。

25735 亿元,在 39 个工业行业中居第 2 位,仅低于通信设备、计算机及其他电子设备制造业;实现利润总额 1367 亿元,在 39 个工业行业中排名第 3 位,仅低于石油和天然气开采业,电力、热力的生产和供应业。2008~2012 年,中国粗钢产量年均增长率为 8% 左右,2008 年增长率最低,为 2.35%,2009年增长率回升至 13.50%,几经经济萧条震荡,中国钢铁业一路下滑,2012 年中国钢铁产量年增长率仅为 3.10%,虽然钢铁产量还是逐年小幅增长,但总体上来说,整个钢铁行业发展状况每况愈下,如图 1-3 所示。

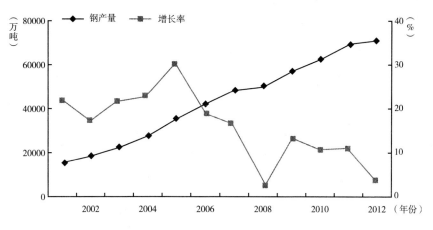

图 1-3 中国钢铁产量及其增长情况

资料来源:《中国钢铁工业年鉴》。

城镇化进程的加快、消费结构的升级等多方面原因致使钢铁的需求增长迅速，各地纷纷大力发展钢铁工业，钢铁工业的固定资产投资增长较快。如图1-4所示，新中国成立之初，1950~1952年中国钢铁工业固定资产投资仅为40.22亿元，随后平稳增长。十一届三中全会以后，在改革开放的大发展下，1986~1990年投资额达到657.85亿元，1991~1995年更是突破1000亿元大关，达到了1743.96亿元，平均增长率超过100%，2001~2005年实现了7167.71亿元的固定资产投资额。受2008年全球经济危机的冲击，钢铁工业固定资产投资增长速度已明显放缓，2009年和2010年已完成钢铁工业固定资产投资额分别为6708.9亿元和7824.2亿元。"十五"期间，钢铁工业的固定资产投资总额为7167.31亿元，超过1949~2000年中国钢铁工业固定资产投资的总和。为了抑制钢铁工业固定资产投资过热和低水平的重复建设，国家不断加大对钢铁工业的宏观调控力度。2003年11月，国家发改委出台了《关于制止钢铁工业盲目投资的若干意见》，提出要以加强政策引导、严格市场准入、强化环境监督和执法、加强土地管理、控制银行信贷等多种手段，遏制钢铁工业盲目发展的势头。2004年2月，国务院对钢铁行业进行了清理整顿，全国共清理违规钢铁项目345个，淘汰在建落后炼钢能力1286万吨、落后炼铁能力1310万吨。2005年4月，国家取消了钢坯、钢锭、生铁的出口退税；同年5月，下调出口退税率2个百分点，停止铁矿石、钢坯、钢锭、生铁、废钢等产品的加工贸易；同年7月，国家发改委又发布了《钢铁产业发展政策》，从项目审批、土地审批、工商登记、环保等多个环节对钢铁投资进行控制。2006年，国家发改委再次发出《钢铁工业控制总量、淘汰落后、加快结构调整的通知》，要求"十一五"期间淘汰1亿吨落后炼铁生产能力和5500万吨落后炼钢生产能力。2010年，"强化节能减排目标责任制，加强节能减排重点工程建设，坚决管住产能过剩行业新上项目，开展低碳经济试点，努力控制温室气体排放，加强生态保护和环境治理，加快建设资源节约型、环境友好型社会"成为工作主基调，以工信部2009年12月9日发布的《现有钢铁企业生产经营准入条件及管理办法》为先锋，打响了一场轰轰烈烈的节能减排战役，对现有钢铁企业的生产经营从六个方面提出了准入条件。2013年5月10日，国家发改委与工信部联合发出通知，要求科学论证产业布局，依法依规履行项目建设手续，坚决遏制钢铁、水泥、电解铝、平板玻璃、船舶等产能严重过剩行业盲目扩张。

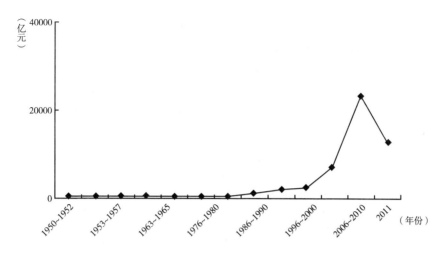

图 1 - 4 1950～2011 年中国钢铁工业固定资产投资情况

资料来源：《中国钢铁工业年鉴》。

另外，中国钢铁工业对外开放的方式更加多样化。中国钢铁企业在"引进来"的同时，还进行了"走出去"的探索。首钢还收购了秘鲁铁矿，成立了首钢秘鲁铁矿公司，从事铁矿开采；鞍钢集团则收购了金达必金属公司 12.94％ 的股份，成为国内钢铁行业第一家参股国外上市矿业公司的企业；宝钢的首个海外投资项目——与巴西淡水河谷（CVRD）合资成立的宝钢维多利亚钢铁项目也开始启动。

总体上讲，中国钢铁工业经过三个阶段的发展，已经取得了举世瞩目的成绩。目前，中国不仅是全球最大的钢铁生产国和消费国，还是全球最大的钢铁进出口国。中国钢铁工业的发展对全球钢铁工业的发展具有重要而深远的影响。

三 中国钢铁行业发展现状及特征

（一）中国钢铁行业发展现状

1. 中国钢铁消费与供给情况

1996 年，中国钢产量突破亿吨，达到 101.24 万吨，之后 7 年实现了产量翻番，到 2007 年中国粗钢产量为 4.89 亿吨，同比增长 15.7％，占全球总产量的 36.4％。生铁产量为 46944.6 万吨，同比增幅为 15.2％，占全球生铁产量的 50%。自 20 世纪 90 年代以来，中国钢材消费总量一直位居世界第一。由于国内市场需求旺盛，2007 年国内市场粗钢消费量为 43486.41 万吨，比上年增长了 5053 万吨，增长 13.15%。2008 年受经济危机影响，粗钢消费量微幅上涨，2009 年增长大幅回升，达到 56508.20 万吨，比上年增长 24.65%，2010 年、2011 年又大幅下挫，2011 年粗钢消费量已突破 6 亿吨大关，如表 1-1 所示。

表 1-1　2002~2011 年中国粗钢消费量变化情况

年份	粗钢消费量（万吨）	增长率（%）	年份	粗钢消费量（万吨）	增长率（%）
2002	20485.24	20.35	2007	43486.41	13.15
2003	25634.87	25.14	2008	45334.68	4.25
2004	28604.96	11.59	2009	56508.20	24.65
2005	34923.20	22.09	2010	59634.89	5.53
2006	38433.87	10.05	2011	65349.30	9.58

资料来源：《中国钢铁工业年鉴》。

2. 钢材进出口情况

中国钢材进出口连续多年呈现反向趋势，钢材进口量于 2003 年达到峰值 3717 万吨后，呈逐年下降态势，2006 年中国钢材进出口形势出现了历史性转变，实现了净出口，直至 2011 年，中国的钢材贸易仍保持着较高的净出口量，2011 年钢材净出口量达到了 3330 万吨，如表 1-2 所示。

表 1-2　2001~2011 年中国钢材进出口情况

单位：万吨

年份	出口	进口	净出口
2001	474	1722	-1248
2002	546	2449	-1903
2003	696	3717	-3021
2004	1423	2937	-1514
2005	2052	2582	-530
2006	4301	1851	2450
2007	6269	1687	4582
2008	5923	1543	4380
2009	2460	1763	697
2010	4256	1643	2613
2011	4888	1558	3330

3. 中国钢铁贸易在世界市场中的份额

中国的钢铁工业经过几十年的发展，在数量与质量上都有了极大的提高，在世界钢铁贸易中的份额不断增加，进口份额由 1980 年的 2.7% 增加到 2006 年的 5.5%，同期，出口份额则由 0.3% 猛增到 8.7%，取得了举世瞩目的成绩。2010 年，根据 IISI 和世界各主要钢铁生产国公布的数据资料进行汇总，全球主要钢铁生产国和地区在世界钢铁市场所占有的份额比重为：中国占 25.8%，居第一位；欧盟 25 国占 15.9%，居第二位；美国、加拿大和墨西哥三国组成的北美自由贸易区（NAFTA）占 12.5%，日本占 10.7%，俄罗斯等独联体国家占 10.7%，其他合计占 24.5%。

4. 中国钢铁产品遭国外贸易救济调查情况

中国钢铁出口的快速增长，引起了国外贸易救济调查。根据 WTO 统计，1995~2005 年，中国共遭遇了 469 起反倾销调查，其中 106 起是针对钢铁产品为重要组成部分的贱金属及其制品行业。在中国，钢铁行业是遭遇反倾销调查最多的行业，在被实施的 338 起反倾销措施中，有 78 起发生在贱金属及其制品行业。2007 年是中国出口的钢铁产品遭遇国外贸易救济调查最多的一年，案件共计 15 起，同比增长 87.5%，涉及金额约 19.5 亿美元。除欧美之外，泰国、印尼、越南、韩国、巴西、乌克兰等发展中国家，也纷纷对中国钢材产品提起反倾销、反补贴诉讼或调查。2008 年，又有 3 起反倾销、反补贴调查，主要来自欧美地区。2013 年，美国商务部又宣布，将对中国等七国出口美国的钢材发起反倾销调查，并将针对中国出口美国的钢材发起反补贴调查。

（二）中国钢铁行业发展特征

1. 铁矿石进口量、价逐年提高

伴随钢铁产能的释放，铁矿石的进口量逐年增加，但增长率有下降趋势。同时，在旺盛需求及其他市场势力共同作用下，进口铁矿石的价格也一路走高。2007 年 12 月，进口铁矿石到岸价最高超过 190 美元/吨，综合平均到岸价 125.28 美元/吨，创历史最高价位，比 2006 年同期上涨 56.38 美元/吨，涨幅 81.83%。由中国铁矿石资源禀赋的特点所决定，国内铁矿石生产远远不能满足钢铁工业发展的需要，随着钢铁产量的猛增，进口铁矿石量也大幅增加，铁矿石对外依存度自 2003 年一直呈现明显的上升趋势，在 2009 年达到 68.57% 后稍有回落，但依然保持上升态势，且依然保持在

60% 以上，2011 年、2012 年已分别达到 62.57%、64.81%，如表 1 - 3、图 1 - 5 所示。

表 1 - 3　2003 ~ 2012 年中国粗钢产量及其出口情况

年份	进口量(万吨)	粗钢产量(万吨)	对外依存度(%)
2003	14812	22234	41.64
2004	20808	27280	47.67
2005	27523	35324	48.70
2006	32629	41915	48.65
2007	38309	48929	48.93
2008	44356	50306	55.11
2009	62778	57218	68.57
2010	61863	63723	60.68
2011	68608	68528	62.57
2012	74355	71700	64.81

注：铁矿石对外依存度 = 当年铁矿石进口量/当年国内粗钢产量 × 1.6。

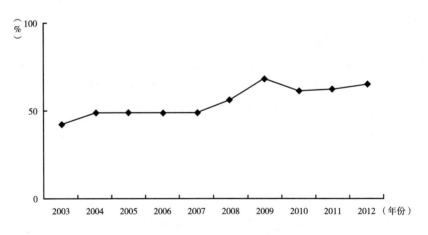

图 1 - 5　2003 ~ 2012 年中国铁矿石对外依存度变化情况

数据来源：《中国统计年鉴》。

2. 钢材品种结构不断优化

在国家大力淘汰落后产能以及各大钢厂加大品种结构调整力度等因素的共同作用下，近年来，中国板带材比重逐年上升，2008 年前 5 个月板带材所占钢材总产量比重达到 46.2%。2010 年品种结构出现新变化，新产品开发力度加大。热轧 H 型钢产量从零开始到 2002 年底达到 100 多万吨，到 2011 年为止不断创造新高，其他钢结构用的中厚板、型钢、钢管、冷弯型钢及涂镀层钢板等产量都有明显增长，基本上可以满足工程建设的需要。中国钢材产量和品种快速增长为钢结构事业奠定了良好的发展基础。2011 年，钢材消费仍以长材为主，但消费板带材比重提高，质量升级。国内钢材市场消费的主要品种集中在小型材、线材、薄板和中厚板 4 大品种，占钢材消费总量的 72.61%，其中小型材、线材占 41.77%，中厚板、薄板占 30.85%。

3. 出口数量大幅度减少

2009 年以来，由于国际钢材价格大幅下降，国内外产品出现价格倒挂的情况，从而使部分产品出现进口回流，这也是进口数量出现同比增长的主要原因之一。钢铁产品进口数量的增加对国内钢铁市场造成了冲击，加剧了国内钢材的供需矛盾。另外一个重要原因，是由于国内对"两高一资"产品出口的控制。虽然国家从 2006 年开始不断调整出口政策，降低出口退税，但收效甚微，2006 年中国钢材出口量为 4301 万吨，2007 年增至 6269 万吨，很快出口量持续回落，受经济危机的冲击，2009 年仅为 2460 万吨，2010 年和 2011 年稍有起色，增长到了 4256 万吨、4888 万吨。国家征收部分产品的关税，从而使国内出口企业举步维艰，出口数量出现大幅度的下降，这也扩大了进出口的差距。

4. 出口目的地趋于多元化

中国钢材出口的传统国际市场主要是韩国、美国、欧洲。但 2007 年以来，东南亚、中东地区的钢材需求旺盛，致使中国钢材输出逐渐转向越南、印度、伊朗、新加坡、阿联酋、泰国、印尼、沙特等国，2007 年对这些国家的出口总量大幅增长，说明中国的出口市场趋于多元化。虽然贸易摩擦频发，2010 年，国内钢材的出口形势还是相对较好，目前中国钢材的主要目的地并不是美国，而是包括韩国、中东在内的亚洲市场以及近年来开拓的部分新兴市场。

5. 出口企业集中度下降

2007 年，中国钢材出口企业达 14721 家，出口前 10 位企业的出口总量为 1526.9 万吨。占全部出口总量的 24.36%，比 2006 年钢材出口前 10 位的企业出口的 31.93% 更进一步下降。在钢材出口企业中，国有企业出口量最大，2010 年共计出口 2095.85 万吨，占钢材总出口量的 49.25%。私人企业出口钢材 995.16 万吨，占钢材总出口量的 23.39%。中外合资企业出口

534.51 万吨，占钢材总出口量的 12.56%。集体企业出口 327.65 万吨，占钢材总出口量的 7.7%。出口企业"小、多、散、杂"的结构不容忽视，特别是一旦钢材出口品种结构受到限制，就会造成某一品种出口量突发性增长的局面。

6. 规模扩张增速放缓

钢铁业从 2002 年开始扩张速度很快，行业规模也不断扩大，规模以上企业数量保持了稳定增长的趋势，从业人员近两年小幅下降，行业的生产效率提高，资产和负债在 2009 年的增速均有所下降，这主要受到经济环境的负面影响，同时由于钢材价格的大幅波动，加上原材料成本的急剧上升和日益加大的国际竞争压力，虽然有国家政策的大力扶持，2010 年和 2011 年，钢铁行业的利润总额也急剧下降，其利润率仅为 3.5% 和 2.42%。

7. 中国钢企能耗及污染物排放状况不断改善

中国钢铁企业单位能耗和污染物排放总量逐年下降。2007 年大中型钢铁企业吨钢综合能耗 632.12 千克标煤，较 2004 年下降了 17.4%，同期吨钢可比能耗下降了 18.9%，砒钢耗电和耗用新水则分别下降 2% 和 5.3%。2007 年大中型钢铁企业 SO_2 排放总量同比下降 0.51%，工业粉尘排放总量同比下降 2.79%。2010 年，全国重点钢铁企业吨钢综合能耗，焦化、烧结、高炉、转炉、轧钢工序能耗均有所下降。这是钢铁企业节能工作所取得的成绩。部分钢铁企业的某些指标已达到或接近国际先进水平。特别是吨钢耗新水的指标创出历史最好水平，有 19 个企业吨钢耗新水指标低于 3 立方米/吨。如表1－4所示，数据表明，各企业节能工作发展不平衡，生产结构也不一样，企业之间的各工序能耗最高值与先进值差距较大，说明钢铁工业还有节能潜力。

表 1－4　全国重点钢铁企业能耗情况对比

单位：kgce/t

	吨钢综合能耗	烧结工序能耗	焦化工序能耗	高炉工序能耗	电炉工序能耗	转炉工序能耗	轧钢工序能耗
2009 年	604.6	52.65	105.89	407.76	73.98	－ 0.16	61.69
2010 年	618.26	54.52	113.97	410.55	73.44	2.78	61.90
增减量	－ 13.66	－ 1.87	－ 8.08	－ 2.79	0.54	－ 2.94	－ 0.21
最低值		39.45	63.60	343.16	27.53	－ 13.31	27.03
最高值		66.81	188.25	502.80	221.33	29.13	466.80

数据来源：《中国统计年鉴》。

8. 行业财务状况表现差

行业的生产经营面临着较大的困难和挑战，行业效益下滑，发展速度减缓。从具体指标来看，钢铁行业的赢利能力下降，营运能力相对稳定，偿债能力下滑，发展能力指标下降，钢铁行业的财务状况表现较差。

9. 行业地位依然稳定

由于次贷危机引发的全球性经济危机对国内外的经济增长造成不良影响，经济增长速度普遍下降，有些国家和地区甚至出现负增长。在经济环境不佳的影响下，中国钢铁行业也遭遇了较大的困难和挑战，供需矛盾突出、价格出现剧烈波动，钢铁行业的经营不理想，钢铁行业的工业总产值占 GDP 的比重有所下降，但是，钢铁行业在国民经济中的重要地位还是稳定的。

四　中国钢铁行业 SCP 产业组织分析

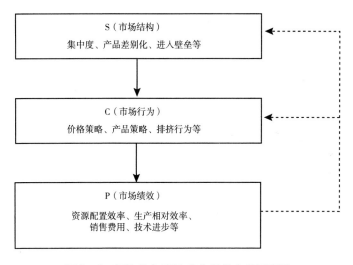

图 1-6　钢铁行业 SCP 产业组织分析示意图

新中国成立 50 多年来，中国的钢铁工业取得了巨大的成就。1949 年中国的钢铁产量只有 15.8 万吨，居世界第 26 位，不到当时世界钢铁年总产量 1.6 亿吨的 0.1%。在三年经济恢复时期和以后的几个五年计划期间，中国钢铁工业在困境中顽强地前进。1978 年，中国钢产量达到 3178 万吨，居世界第五位，占当年世界钢铁产量的 4.42%。1979 年以后，中国逐步走上了改革开放和建设社会主义经济的道路，钢铁工业获得了快速发展的极好机遇和强大的内在动力，新建了宝钢、天津钢管等大型现代化钢铁企业。通过对老企业挖潜改造，钢产量以每年 400 万吨、500 万吨的速度快速增长。20 世纪 90 年代以来，中国钢铁工业飞速发展，钢产量从 1990 年的 6535 万吨，以每年增长六七百万吨的速度大幅度增长。从 1996 年首次超过一亿吨大关，跃居世界第一位以后，中国钢产量连年增长，并一直保持钢产量世界排名第一的位置。

（一）市场结构（S）

产业市场结构是指企业市场关系的特征和形式，是反映市场竞争和垄断关系的概念。在众多影响产业市场结构的因素中，主要选取市场集中度、规模经济、产品差异化和进入退出壁垒四个方面进行分析。

1. 中国钢铁行业市场集中度分析

自 1996 年中国钢铁产量突破亿吨大关之后，又接连在 2003 年、2005 年、2008 年分别突破 2 亿吨、3 亿吨、5 亿吨大关，并且已经连续 13 年位居世界第一。钢铁产业已经成为中国国民经济发展不可缺少的支柱产业。2008 年，中国粗钢产量 5.02 亿吨，比上年增长 2.6%，占世界粗钢产量的 37.8%。虽然中国是一个钢铁大国，但还不是一个钢铁强国，产业规模和产业集中度还没有达到钢铁工业强国的发展水平。

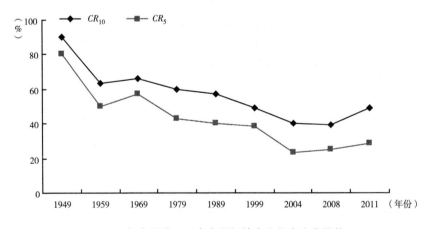

图 1-7 新中国成立以来中国钢铁产业集中度发展状况

图 1-7 显示，新中国成立以来中国钢铁产业集中度（CR_5、CR_{10}）是逐年连续下降的，而 2008 年之后是略有上升的。这一状况的主要原因是，

从新中国成立到改革开放之前，中国是计划经济体制，各产业原料的采购、产品的出售都是由国家各相关部门决定的，不存在市场经济所特有的价格机制，这影响了钢铁产业资源的优化配置以及产业布局的合理调整。由于当时钢铁产业集中度没有引起相关部门的高度重视，只要有相关原材料资源的各级地方政府，均鼓励各种规模钢企的建立，因此，钢铁产业集中度随时间的变化而逐年下降。改革开放以来，虽然钢铁产业的地位及其产业集中度的问题越来越被人们重视，但由于各级地方政府对钢铁产业治理力度不够，并未从根本上改变钢铁产业集中度总体下降的状况。

自1996年中国粗钢产量突破亿吨大关之后，中国钢铁产业发展速度加快。截至2008年，中国的钢产量已占世界钢产量的37.8%，而且在产品品种及质量上都有了很大进步。近些年，随着钢铁产业的不断发展，众多学者开始深入研究钢铁产业的市场结构，特别是对其产业集中度的测算。较为常用的方法是通过对 CR_n 及 HI 指数的测算来描述钢铁产业集中度。

（1）绝对集中度对钢铁产业集中度的描述

绝对集中度是度量产业集中度最常用、最简单的市场结构度量指标。根据中国学者的研究文献及各年度统计年鉴，对中国钢铁产业11年间的产业集中度状况进行统计，结果如表1-5所示。

表1-5 中国钢铁产业集中度 CR_4 和 CR_{10} 对照表

单位：%

年份	CR_4	CR_{10}	年份	CR_4	CR_{10}
2001	28	41	2007	21	33.4
2002	25	37	2008	24	36
2003	21	34	2009	24.4	43.5
2004	19	31	2010	27.8	48.6
2005	18	32.5	2011	29	49.2
2006	18	31.6			

从表1-5可以看出，中国钢铁产业集中度近11年来总体水平不高，2001～2006年，集中度逐年下降，2006年，CR_4 已跌至18%，比2001年下降了10个百分点；CR_{10} 值也仅为31.6%，比2001年下降了9.4个百分点。2007～2008年集中度有所回升，这主要是由于在2005年7月，中国颁布了《钢铁产业发展政策》，该政策就钢铁产业布局调整、产业发展目标、企业组织结构调

整、原材料政策、钢铁节约使用等相关问题做了全面阐述及规定。从 2006 年开始，全国钢铁产业加快贯彻实施淘汰落后产能与调整产业布局相结合的问题，实施结果初见成效，产业集中度略有上升。2011 年，集中度 CR_4 和 CR_{10} 已分别达到了 29% 和 49.2% 的水平。

根据贝恩分类法，中国的钢铁产业还没有达到理想的"寡占型"市场结构。该市场结构对于像钢铁和汽车制造等具有规模经济优势的产业而言，具有更高的生产效率。综观世界各国钢铁产业的发展历程，钢铁产业集中度在技术进步和市场竞争的共同作用下将会不断得到提高。中国较低的钢铁产业集中度不仅限制了本产业生产效率的提高速度，还削弱了在原材料购买、产品运输等环节的谈判能力（国际铁矿石供应商及海运商均被寡头垄断），导致中国从国外进口铁矿石等原材料的价格逐年上涨，进而使中国内销及出口的钢铁产品的价格波动幅度增大，不利于整个产业的健康发展。

（2）HI 指数对钢铁产业集中度的描述

HI 指数可以在集中度既定的任何市场中检验厂商规模的分布是否均匀，并且可以非常敏感地反映市场份额的变化。本书借鉴了有关学者对中国钢铁产业市场利用 HI 指数进行产业集中度度量的方法，就 13 年来中国钢铁产业集中度的 HI 指数进行计算，计算结果如表 1-6 所示。

表 1-6　中国钢铁产业 13 年来 HI 指数变化比较

年份	企业数（个）	产钢量占全国比率（%）	HI
1996	68	89.1	401
1997	68	88.9	384
1998	69	90.8	370
1999	69	90.1	350
2000	68	94.4	456
2001	69	91.1	420
2002	65	89.8	360
2003	66	84.4	322
2004	66	83.1	317
2005	65	82.5	313
2006	68	80.4	315
2007	68	79.8	308
2008	63	78.4	302

从表1-6不难发现，通过 *HI* 指数计算的结果与上文中通过对集中度计算的结果所反映的趋势较为一致。从1996年开始，中国钢铁工业的 *HI* 值逐年下降，至2008年已经下降了24.69%。中国学者魏后凯在《市场竞争、经济绩效与产业集中》一书中，在参照国际上以该指数为基准的市场结构分类方法的基础上，把中国制造业的市场结构分为6种基本类型，即高度寡占型 *HI* < 1800、低度寡占型 1000 ≤ *HI* < 1800、低集中竞争型 500 ≤ *HI* < 1000、分散竞争型 200 ≤ *HI* < 500、高度分散型 100 ≤ *HI* < 200 和极度分散型 *HI* < 100，在此基础上，再根据集中度（CR_8）和企业数量的多少，对各种基本类型进行细分。根据魏后凯的分类方法，通过表1-6可知，中国钢铁产业的市场结构类型属于分散竞争型。

（3）中国与各钢铁强国产业集中度的横向比较

要想全面了解中国钢铁产业集中度发展的状况，还需通过国际间的横向比较来进一步进行分析。从历史发展进程来看，世界钢铁工业集中度是逐步上升的，具体情况如表1-7所示。

表1-7 世界钢铁工业13年来集中度变化情况

单位：%

年份	CR_4	CR_5	年份	CR_4	CR_5
1996	11.0	12.5	2003	15.0	17.0
1997	11.0	12.5	2004	15.2	17.3
1998	11.0	12.6	2005	14.2	16.9
1999	11.9	12.8	2006	15.3	17.9
2000	12.3	14.1	2007	16.7	19.1
2001	12.7	14.6	2008	14.8	17.2
2002	14.4	15.8			

由表1-7可知，13年来，世界钢铁工业集中度总体上来说是上升的。从1996年到2008年，CR_4 从11%上升到14.8%，CR_5 从12.5%上升到17.2%，年平均涨幅分别为2.7%和2.9%。就中国而言，中国钢铁产业集中度与其他产业相比是比较高的。2000年，中国钢铁产业集中度（CR_4）曾经高达32%。但是近十几年来，中国钢铁产业集中度的发展状况却与全球钢铁产业集中度普遍上升的局面相悖。在中国钢产量逐年递增的情况下，产业集中度却在缓慢下降，与世界钢铁产业发展的总趋势相悖。

17

2008 年中国年产 1000 万吨以上粗钢的企业由 2004 年的 2 家增加到 9 家，这 9 家企业粗钢产量占全国总产量的 40.7%，产业集中度有所提高，但是同世界级的钢铁企业如安塞勒－米塔尔集团、新日铁、JEF 钢铁公司等相比较，中国国内钢铁企业的规模从整体上来说还比较小。2008 年，中国粗钢年产量在 500 万吨以上的企业有 22 家，其中最大的钢铁企业宝钢排在世界第三位，与粗钢产量排在第一位的安塞勒－米塔尔集团年产量相差近 7000 万吨。2008 年世界粗钢产量排名前十位的国家钢铁产业集中度对比如表 1－8 所示。

表 1－8　2008 年各钢铁工业强国的产业集中度状况

国家	粗钢产量（亿吨）	CR_1（%）	CR_3（%）
中　国	5.02	7.1	19.2
日　本	1.18	31.8	66.0
美　国	0.92	25.2	47.5
俄罗斯	0.69	27.5	55.2
印　度	0.55	44.4	74.7
韩　国	0.53	59.8	86.1
德　国	0.46	34.6	58.3
乌克兰	0.37	26.8	45.7
巴　西	0.34	60.0	84.5
意大利	0.31	54.5	64.2

表 1－8 显示，中国钢铁产业集中度还远低于其他钢铁强国。比如，在其他九个主要的产钢国中，钢铁产业集中度最低的美国，其集中度也是中国的 3 倍多。CR_1 最高的巴西，集中度是中国的 8 倍多。由此可见，中国钢铁产业集中度与其他产钢大国相比还有很大的差距。在世界钢铁产业集中度逐年上升的情况下，中国钢铁产业集中度却在下降，且下降趋势较为明显。目前，中国钢铁产业集中度的状况无法与其他钢铁强国相抗衡，根据市场结构的相关理论进行分析和判断，不难看出，中国钢铁产业仅属于分散型产业。因此，提高中国钢铁产业集中度是亟待解决的一个关键性问题。

2. 钢铁行业规模经济分析

关于规模经济，一般认为，规模经济是指生产或经销单一（或复合）

产品的单一经营单位因规模扩大而减小生产或经销的单位成本而产生的经济效益。规模经济是描述企业在生产过程中平均成本下降特征的一个指标。

就世界钢铁工业的发展历程来看，钢铁行业具有非常明确的规模经济性。产业内企业的经济效益对企业的组织规模具有极强的依存度。企业的组织规模又主要受市场占有率的高低及主导设备功率的大小影响。从中国钢铁产业的发展历程来看，虽然从新中国成立到现在的60多年来中国钢铁业取得了巨大的成就，尤其是从1996年钢产量突破亿吨大关之后，中国钢产量始终保持着世界第一的位置。但是，从总体来看，综合竞争能力弱、产业集中度低、效率低下依然是中国钢铁产业存在的主要问题，中国钢铁行业尚未实现规模经济。

近十年来，中国钢铁工业飞速发展。年粗钢产量从2001年的1.53亿吨到2005年的3.49亿吨，再到2008年的5.03亿吨。但是，在与其他钢铁强国的企业进行比较时我们不难发现，中国的钢铁企业规模相对较小，还没有达到充分发挥规模经济性的要求。

表1-9　主要国家钢铁企业规模比较（2008年）

国家	日本	美国	俄罗斯	韩国	中国
年产500万吨以上企业数目(个)	4	3	4	2	24
占总产量比例(%)	77.59	54.10	87.88	77.76	60.17

表1-10　中国钢产量排名前10位企业的市场占有率（2008年）

排名	企业	年产钢量(万吨)	市场占有率(%)
1	宝钢集团	3544.3	7.1
2	河北钢铁集团	3328.4	6.7
3	武汉钢铁集团	2773.4	5.5
4	鞍本钢铁集团	2343.9	4.7
5	江苏沙钢集团	23330.5	4.6
6	山东钢铁集团	2184.1	4.4
7	马钢集团	1503.9	3.0
8	首钢总公司	1219.3	2.4
9	华菱钢铁集团	1125.7	2.2
10	包头钢铁集团	983.9	2.0

如表 1-9 所示，在中国，粗钢年产量超过 500 万吨的企业有 24 个，但是这些企业的年产钢总量刚刚占全国钢产量的 60%，这一状况无法与日本、俄罗斯、韩国等钢铁强国相比，因为上述国家钢铁企业的年产量已占据了全国绝大部分的市场份额。中国钢铁企业分布广、数量多，但整体实力不强。2008 年，世界钢铁企业的排名中，中国钢铁企业宝钢位列世界第三。虽然排名靠前，但是宝钢的年产量不到世界最大钢铁企业安塞勒集团的 35%。

表 1-10 显示了中国钢产量超过 500 万吨排名前十家典型企业的发展状况。仅仅从数量上来看，中国超过 500 万吨的企业有 24 家，是世界上最多的国家，但是，就单个钢铁企业来看，生产规模和集中度仍旧较低，排名前十位的企业间产能相差也相当大。根据国际标准，钢铁联合企业年生产能力的最低经济效益规模为 300 万~500 万吨，最佳经济效益规模为 800 万~1000 万吨。按照这一标准，中国仅有 12 家企业处于最佳经济效益规模状态。中国目前仍有一定数量的小型钢铁企业，其生产规模小，机械设备老化，企业内部还采用许多国际上已经淘汰的工艺和装备，这必然导致中国钢铁产业总体上生产能力不高。中国钢铁行业目前还没有实现规模经济，它阻碍了钢铁产业集中度的提高和整个行业的发展。

3. 产品差异化分析

产品差异化，是企业在其提供给顾客的产品上，通过各种方法造成足以引发顾客偏好的特殊性，使顾客能够把它同其他竞争性企业提供的同类产品有效地区别开来，从而达到使企业在市场竞争中占据有利地位的目的。产品差异化是决定市场结构的一个主要因素，也是企业在经营上对抗竞争的一个主要手段。企业间产品的差异性越大，则产品间的可替代性越小，这就意味着企业在市场竞争中有各自鲜明的特色，从而有利于吸引特定客户群，进而提高市场集中度，发挥规模经济优势。

影响钢铁产品差异化程度的主要因素有以下几个方面：第一，不同钢铁企业生产的钢铁产品品种不同，如宝钢集团主要生产汽车板和家电板、武钢则更侧重于建筑用钢热轧中厚板和热轧板卷的生产。第二，由于企业生产和销售条件的不同所引起的产品差别，主要的影响因素便是交易成本。由于钢铁企业的产品在本企业附近因地理位置和交通运输成本上具有很强的优势，因而其地方垄断性很强。第三，由于企业的良好形象、优质服务等因素使消费者产生了对某一品牌的产品的忠诚度。如邯钢公司的两个拳头系列产品，管线钢和高强超厚涂层镀锌板就被列为国内最具竞争力的品牌。

就目前中国钢铁市场的现状而言，除了某些特殊行业外，市场上所需要的钢铁产品基本上都是同质的。由于消费者对钢铁产品的外部包装及质量等都没有较高的要求，因此，钢铁企业所提供的产品差别化程度比较低。企业之间若想通过产品差异化来提高价格、排挤竞争对手难度很大。

4. 进入退出壁垒分析

进入壁垒就是新企业所遇到的若干不利因素。当新企业与原有企业竞争时所遇到的若干不利因素阻碍了新企业的进入，则这种阻碍新企业进入的因素就叫作进入壁垒，进入壁垒一般分为结构性进入壁垒、政策性进入壁垒和行为性进入壁垒三大类。结构性进入壁垒主要包括四种，即规模经济壁垒、绝对成本壁垒、必要资本量壁垒和产品差别壁垒。钢铁工业是一个典型的、高起点、大批量、专业划一的产业，企业必须通过大规模的资金投入才可能进入该产业。加之钢铁产业学习效应较为明显，因而进入壁垒很高。中国的钢铁市场具有巨大的需求潜力，因而市场上供不应求的状况始终存在。再加上近几年中国国民经济的持续增长，与钢铁产业相关的房地产及汽车制造行业对钢铁产品的需求快速增长，这也使资金不断流向钢铁产业；各级政府都将钢铁产业视为本地区经济发展的支柱产业加以扶植，只要经济条件允许，就鼓励钢铁企业成立，因此，较其他经济发达的工业化国家而言，中国钢铁市场存在着进入壁垒低的问题，主要表现在以下几个方面：一是规模经济壁垒失效。从布局上来看，目前国内（除港澳台外）各省、市、自治区，除西藏外，基本都有钢铁企业，钢企总数在1000家以上，可以说是遍地开花。过低的准入门槛使相当多的企业规模小，生产技术水平低，设备落后，导致整个行业生产高耗能、低效率、高污染。这种状况不仅严重影响了中国钢铁产业实现规模经济效益的整体目标，还阻碍了中国钢铁产业的整体发展。二是产品差别壁垒失效。虽然近些年来中国的钢产量始终位列世界第一，钢材出口量也位居世界首位，但出口的产品大多为低附加值的初级产品，国内需求的高档次板材等仍需大量进口。此外，国内钢材市场的产品需求主要受建筑业的影响，产品大多为低附加值的线材产品，这类产品品种少，差别不大，一旦建筑业的需求下降，市场上非常容易出现供过于求的局面。三是政策壁垒失效。自2005年中国颁布了《钢铁产业发展政策》后，钢铁业才真正具备了明确的政策性壁垒。

在此之前，由于各级地方政府都从本地区发展的角度考虑问题，竞相铺新摊子、上新项目，加剧了钢铁业投资及生产的分散化，企业在进入钢铁行业的资本、政策及法律等方面几乎不存在壁垒，政府没有起到政策导向构筑进入壁垒的作用。

对于退出壁垒，现有企业在产业前景不好、企业业绩不佳时准备退出该产业，但由于受多种因素的阻碍，资源难以转移出去，这些阻碍现有企业退出该产业的因素，就构成退出壁垒。中国钢铁行业的退出壁垒主要有：（1）地方保护主义，一些对地方经济增长有重要贡献的钢铁企业，当其因为经营不善欲退出市场时，当地政府出于对自身利益的考虑往往对这些企业给予信贷、财政、税收等方面的支持，使本来面临退出的企业得以继续生存。（2）国内资本市场不健全，在竞争中处于劣势的钢铁企业及其生产要素难以通过市场手段进行兼并、破产、转移。（3）企业职工安置造成企业退出障碍，因钢铁产业属于资源、资本密集型产业，专业化、大型机器设备的购入需要大量资金的投入，钢铁生产从原材料的加工到最终产品成型，整个过程工艺繁杂，每一生产线的建设都需要投入巨额资金，这便形成了产业较高的退出壁垒。但是，由于中国目前钢企数量多，布局分散，行业内尚未形成垄断利润。利益的驱动使中小企业大量涌入，行业内竞争激烈，企业若想退出却受到高退出壁垒的限制，这一状况使产业整体发展受到严重影响。中国钢铁产业的退出壁垒比较高，原因主要在于：地方政府的政策性阻碍、钢铁业的沉没成本大、银行避免呆账的阻碍等。

由上述分析可知，这种低进入、高退出壁垒的特点严重影响了中国钢铁业前几名企业市场份额的扩大，同时也影响了钢铁的市场效益。

（二）市场行为（C）

市场行为，就是企业在市场上为赢得更大利润和更高市场占有率而适应市场，并按市场要求调整其行动的行为。企业所采取的市场行为是由市场结构的状况和特征所制约的，同时，市场行为又反作用于市场结构，影响市场结构的状况和特征。下文主要从钢铁市场上企业的价格行为、兼并重组行为两个方面进行分析。

1. 企业的价格行为

价格行为是市场行为的重要内容。在中国特定的市场结构下，在低差别化、较低集中度和弱化的高进退壁垒的市场结构中，相对于国际钢铁企业，中国钢铁业中单个企业或几个企业很难调节市场价格，没有能力确定一个垄断价格以获取垄断利润。钢铁价格基本是随着国际和国内能源的供求关系与政策的变化而不断地波动起伏。中国钢铁企业对产品的定价主要考虑的是市场环境的变化和竞争对手的行为，在此基础上制定合适的价格。

2009 年 2 月，钢材综合价格指数为 109.69 点，比 1 月份上涨 6.92 点；3 月末钢材价格指数为 120.14 点，比 2 月上涨 3.53 点。但在 4 月国务院对"铁本"事件的处理公布后，钢铁价格应声而落，在 5 月到达全年低谷仅为 108 点，之后一方面主要由于市场需求的作用，另一方面国家钢铁工业协会在 5 月底召集主要钢铁企业召开"稳定国内钢材市场座谈会"，会后各厂家纷纷提价，钢铁价格开始回升，并持续到年底。这种价格的波动起伏加剧了钢铁企业生产经营的不确定性，增加了企业的经营风险。而与此同时我们看到，国际钢铁价格除了在 5 月由于中国价格的影响小幅下挫外，全年比较稳定，保持在 150 点左右的高位。国际价格比国内价格高出近 30%，这也表明中国钢铁企业缺乏定价能力，没有垄断势力。

2. 兼并重组

综观世界钢铁产业的发展历程，兼并、重组始终是钢铁产业进行产业组织结构调整、提高产业集中度的最基本途径。研究表明，中国钢铁企业间的兼并重组可以使其扩大市场份额，提高钢铁产业集中度，提高优势企业集团的行业控制力。兼并重组还会导致进入壁垒的形成，鉴于中国钢铁产业大而不强、产业发展进程中逆集中化现象严重等事实，鼓励中国优势钢铁企业进行跨地区、跨所有制的兼并联合是培育中国自己的具有国际竞争力的钢铁企业集团的一条十分重要的发展之路。从 1996 年至今，钢铁企业大大小小的重组事件就屡见不鲜。近几年来，中国钢铁企业联合重组的步伐逐渐加快，武钢、柳钢联手组建广西钢铁集团。唐钢、邯钢联台重组河北钢铁集团。

钢铁行业是资金密集和规模经济明显的行业，但通过上述分析可知，中国钢铁业存在过度分散的特点，必将面临新一轮的重大调整。对于具有这样特点的行业，企业存在进一步向上游整合和企业间兼并重组的动力。通过联合与重组大型企业集团有利于市场走向相对集中，有利于企业生产能力和市场、资源实现合理配置，优化产业结构。然而由于中国钢铁行业需求旺盛，发展空间很大，生产经营得到改善，生产和技改任务繁重，无力或不热衷于企业的联合与重组，因此整合进程仍处于缓慢发展状态，已有的合并只有上海宝钢和梅山钢铁重组为宝钢股份，湖南湘钢、涟钢和衡阳钢厂并购为华菱集团及大连金牛、抚顺特钢和北满特钢联合为辽宁特钢，但这些整合主要是地方政府干预和区域性经营的结果，产业内兼并重组的动作还不大。从市场集中度可以看出，中国现有钢铁企业 3000 家，重点大中型企业不到 70 家，尽管已有 30 家钢铁企业成立股份公司发行股票筹资，但近几年钢铁增量却主要来自地方和新建钢厂，如何通过合资、兼并和收购等方式壮大实力，组建大型钢铁企业集团，形成一定的规模经济和范围经济，进一步扩大市场占有率是中国钢铁企业所面临的机遇和挑战。

（三）市场绩效（P）

市场绩效，就是在特定的市场结构下，通过一定的市场行为使某一产业在价格、成本、产量、利润、产品质量、品种及技术进步等方面达到的最终经济效果。它实质上反映的是在特定的市场结构和市场行为条件下市场运行的效率。

1. 利润率指标分析

由于中国市场容量较大，市场需求旺盛，产品供不应求，中国国内钢铁企业 2004 年在宏观调控下经济指标仍然明显提高，仅在 2004 年 1 月至 9 月，全国 65 家重点钢铁企业就实现销售收入 7076 亿元，同比增长 54.6%，利税 968.5 亿元，同比增长 42.1%，实现利润 567.1 亿元，同比增长 63.9%。全行业全年实现利润超过 1100 亿元，65 家重点企业实现销售收入 10052.3 亿元，实现利润 811.8 亿元。

由于在完全竞争的市场结构中，企业仅能获得正常的利润，但是资源均衡配置是最优的状态。而寡头垄断会获得超额利润，但其市场绩效不是最优的。据相关资料数据，中国钢铁产业的利润率普遍较低，呈逐年下降的趋势。由于钢铁行业是典型的社会化生产行业，其行业的利润受市场因素影响较大。受金融危机的影响，汽车、造船等下游产业对钢材需求量下降，造成钢铁产销下降，库存升高，影响企业的资金周转，因此中国的钢铁行业利润大幅下挫。而造成钢铁行业利润率普遍较低的原因有近年市场不景气、经济危机的蔓延，同时更重要的原因是产业的集中度问题。

表1-11　中国钢铁行业集中度及利润率情况

年份	CR_4(%)	CR_{10}(%)	利润率(%)	年份	CR_4(%)	CR_{10}(%)	利润率(%)
2000	33	49	4.73	2006	19	33.6	0.83
2001	29	46	3.5	2007	21	36	3.06
2002	22	42	3.9	2008	24	36	3.23
2003	23	37	1.54	2009	24.4	43.5	2.43
2004	19	34	0.35	2010	27.8	48.6	3.5
2005	18	35.5	0.31	2011	29	49.2	2.42

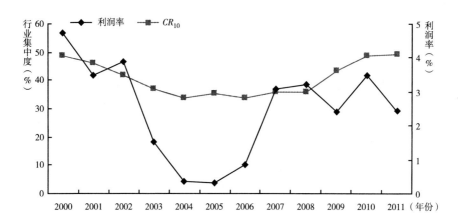

图1-8　2000~2011年中国钢铁行业集中度CR_{10}和利润率变化情况

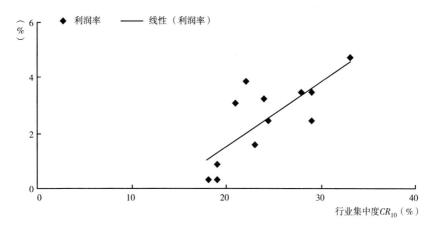

图1-9　中国钢铁行业集中度CR_{10}和利润率变化关系图

由表 1 – 11 可以看出，利润率与 CR_4、CR_{10} 呈正相关，即集中度越高，利润率越大。钢铁行业是典型的社会化生产行业，其集中程度不高会造成低利润率的局面。市场中垄断力量得到增强，市场结构由完全竞争逐步向垄断竞争甚至完全垄断演变时，集中度上升，垄断企业的市场支配力依次增强，获得的超额利润也依次增多。为此，提高中国钢铁行业集中度必然成为发展中国钢铁产业的当务之急。

2. 技术进步

"十一五"时期中国钢铁工业加大研发投入和科技创新力度，钢铁工业大力推广使用高效低成本冶炼、新一代控轧控冷、性能预测与控制及一贯制生产管理等关键工艺技术，促进了钢铁工业的资源与能源节约、生产效率提高和成本降低。在取得如此重大成果的同时，我们不能忽视的是中国的技术水平总体仍低于发达国家，高端钢材仍依赖外国进口。同时，技术创新主要集中在大型的钢铁企业，其分布是不均匀的。因此，钢铁企业为避免技术老化、永葆青春还需要大力发展技术创新。

3. 节能减排

由于中国当前钢铁产业集中度低，供过于求，造成了大量原料、能源的浪费。不过，相关数据表明，在不考虑中国钢铁产业集中度低所造成的浪费的前提下，中国钢铁企业节能减排的能力在国家政策和规划下已得到有效提高。总体来说，中国钢铁产业在国家政策的引导下，在节能减排方面取得了一定的成功。从《钢铁工业"十二五"发展规划》中我们可以预测到，未来中国的钢铁产业将会向资源节约型绿色工业的方向发展。

五　当前中国钢铁行业存在的问题研究

（一）　中国钢铁业目前所存在的主要问题

钢铁行业，是近年来投资增长最快的行业之一，整个钢铁行业发展前景看好。但必须清醒地认识到，目前中国钢铁行业在高速发展的背后仍然存在着一些严重的问题。

1. 过度投资，存在重复盲目建设

近几年来，中国钢铁工业出现了盲目投资、低水平扩张的现象。过快的投资使钢铁行业的发展已经领先经济发展的需求，因投资过热而引起了资源紧缺、能源紧张、物价上涨、环境污染、银行坏账等问题。自 1953 年以来，中国钢铁工业累计完成投资 12678 亿元，累计粗钢产量 312946 万吨。其中"十五"累计完成投资 7167 亿元，累计粗钢产量 119432 万吨，分别占历史总量的 56.4% 和 38.2%。钢铁工业固定资产投资增长率，"七五"期间环比增长 125.65%，"八五"期间环比增长 162.58%，"九五"期间环比增长 24.62%，"十五"期间环比增长 232.8%。有关统计数据显示，近年来新建钢铁企业 50%～60% 的资金都由银行提供——这对于一直努力削减坏账的中国银行业来说，无疑是个坏消息。中国钢铁业投资过度，行业产能过剩，行业在快速的发展过程中潜藏危机。国家为进一步加强钢铁业的投资引导，出台了一系列宏观调控政策，但这些宏观调控政策的出台，并非收缩钢铁业，而是加速行业整合，实力相对较强的大部分钢铁企业将因此而更快发展。

2. 当前钢铁工业结构性矛盾突出，结构调整的任务艰巨

一是中国钢铁行业产品结构性供需失衡，即普通钢材产量过剩，而高附加值钢材产量不足。板材尤其是附加值非常高的薄板消费领域的国内产能不足，不得不进口产品以弥补国内产能不足。据统计，2011 年，全年进口钢材 1558 万吨，其中，85% 是附加值高的板材产品，占到国内市场消费量的 50% 左右。而现在中国钢铁企业，特别是民营钢铁企业扩建、新建的钢材品种中，大部分是低档产品，属于低水平扩张的范畴。加快发展关键钢材品种，成为中国钢铁工业近年来产品结构调整的重点，国家也用国债资金支持了一批项目的建设。但总体看，能力增长速度仍小于需求增长速度，而且由于生产这部分产品技术要求高、投资大，近年发展起来的民营钢铁企业对此却几乎没有贡献，仍需靠宝钢、鞍钢、武钢、攀钢等国有大型企业。二是产业结构严重失调，产业集中度低。近 10 年来，在全球钢铁工业加快产业重组之时，中国炼钢企业却从 20 世纪 80 年代的 114 家剧增到现在的 280 多家，平均规模不足 70 万吨，其中 200 余家小炼钢企业平均规模还不到 10 万吨，散乱差的问题十分突出，难以实现集约化经营，资源得不到合理高效的配置，制约了中国钢铁工业整体竞争力的提高，更难以在国际市场竞争中有所作为。中国钢铁企业的规模小、专业化生产水平低、产业分散是造成钢铁行业重复建设、产品档次低、效率不高的重要原因之一。三是主体设备中小型化，总体技术装备水平低于发达国家，在一定程度上限制了先进技术和工艺的采用。和世界上工业发达国家相比，虽然中

国钢产量居世界第一，但大部分都是由中小设备的产量叠加形成的，而不是由少数大型化设备通过大批量生产形成的，中国钢铁工业中仍然存在落后的工艺设备和产品。据有关专家分析，按生产能力统计，有竞争能力的装备占65%左右，其余是需要改造和淘汰的。如在炼铁高炉中，约有2500万吨的生产能力是落后的；在炼钢转炉中，约有1200万吨属于落后的生产能力；在轧钢设备中，在国际上早已被淘汰的叠轧薄板轧机、横列式轧机、复二重轧机等仍在使用。

3. 钢铁企业地区布局不合理

一些地方和企业在发展钢铁工业时盲目追求经济利益，很少考虑钢铁工业的合理化布局。例如华北地区钢铁产能严重过剩，而同时华北地区严重缺水，根本不宜再扩大钢铁生产规模。2010年，在全国62665万吨粗钢产量中，华北地区生产14877万吨（占全国总量的23.74%）、东北4647万吨（占全国总量的7.42%）、西北2184万吨（占3.49%）、西南2596万吨（占4.14%）、华东13200万吨（占21.1%）、中南4375万吨（占7%）。这种情况反映了钢铁生产在地区布局上不合理的结构性矛盾突出。当前，由于铁路运输的影响，华北、东北产钢多的地区，钢材发往华南、华东地区出现困难，同一品种的钢材地区之间的价格差正是这一矛盾的体现。

4. 环保欠账较多、资源浪费严重

钢铁行业是一种典型的高消耗、重污染行业，环境污染问题突出。钢铁工业生产模式主要特征是"高投入、高消耗、高污染"，中国钢产量已连续8年位居世界第一，2009年，中国钢铁行业消耗的能源以及污染物造成的环境负荷均占整个工业总量的10%，吨钢综合能耗与世界先进水平相比高15%~30%。其中平均吨钢耗新水量约15吨，约高出世界先进水平10吨；吨钢粉尘排放量约6公斤，是世界先进水平的10倍，每年粉尘排放量约110万吨，占工业粉尘排放总量的13%左右。

（二）以宝钢集团面临的困境看中国钢铁行业的问题

1. 宝钢集团简介

宝钢集团有限公司简称宝钢（Baosteel），是中国最大的钢铁公司，也是国有企业，它的总部位于上海。经过30多年发展，宝钢已成为中国现代化程度最高、最具竞争力的钢铁联合企业。2012年，宝钢连续第九年进入美国《财富》杂志评选的世界 500 强榜单，位列第 197 位，并当选为"全球最受尊敬的公司"。标普、穆迪、惠誉三大评级机构给予宝钢全球钢铁企业中最高的信用评级。截至 2011 年末，宝钢员工总数为 116702 人，分布在全球各地。

宝钢集团公司（简称"宝钢"）是中国最大、最现代化的钢铁联合企业。宝钢股份以诚信、人才、创新、管理、技术诸方面综合优势，奠定了在国际钢铁市场上世界级钢铁联合企业的地位。《世界钢铁业指南》评定宝钢股份在世界钢铁行业的综合竞争力为前三名，认为其是未来最具发展潜力的钢铁企业。公司专业生产高技术含量、高附加值的钢铁产品。在汽车用钢，造船用钢，油、气开采和输送用钢，家电用钢，电工器材用钢，锅炉和压力容器用钢，食品、饮料等包装用钢，金属制品用钢，不锈钢，特种材料用钢以及高等级建筑用钢等领域，宝钢股份作为中国市场主要钢材供应商的同时，产品还出口日本、韩国、欧美 40 多个国家和地区。

公司全部装备技术建立在当代钢铁冶炼、冷热加工、液压传感、电子控制、计算机和信息通信等先进技术的基础上，具有大型化、连续化、自动化的特点。通过引进并对其不断进行技术改造，保持着世界最先进的技术水平。宝钢以钢铁为主业，生产高技术含量、高附加值钢铁精品，已形成普碳钢、不锈钢、特钢三大产品系列。2011 年产量为 4427 万吨，位列全球钢铁企业第四位，利润总额 181.5 亿元，赢利居世界钢铁行业第二位，产品广泛应用于汽车、家电、石油化工、机械制造、能源交通、金属制品、航天航空、核电、电子仪表等行业。

2. 钢铁行业现有竞争状况

在产业经济学中，我们根据市场集中度来衡量一个产业的竞争状况。2005 年 7 月 20 日，《钢铁产业发展政策》公布，中国前 15 家钢铁企业钢产量占中国钢总产量的 45%。这个数字与美国、日本相比，能够看出中国钢铁行业市场集中度较低。日本前 4 家钢铁企业钢产量占日本钢产量的 74.29%，美国前 4 家钢铁企业钢产量占美国钢产量的 54.5%。在整体集中度偏低的情况下，作为世界 500 强企业，宝钢在中国的领导地位不容置疑，2008 年，年产量在 2000 万吨以上的钢铁集团有 6 家，其中宝钢以年产 3544.3 万吨高居榜首。但是，在取得成绩的同时，挑战也无处不在。

首先，在各地方政府的支持下，不少民营钢铁企业渐渐成长起来。2008 年，沙钢集团钢产量名列中国十大钢厂第五位、世界十大钢厂第九位，当年实现销售收入 1452 亿元，成功登上"世界 500 强"企业榜。民营钢铁企业的成长加大了钢铁行业的竞争度。

其次，国外钢铁巨头觊觎中国钢铁市场。自 2006 年以来，世界最大的钢铁生产商、印度阿塞勒－米塔尔公司迫切希望进军中国市场。先后与包钢、昆钢、莱钢以及中国第二大钢铁公司鞍钢等企业会谈，希望找到进入中国的突破口。从实力上看，与这些国际巨头相比宝钢明显处于劣势。2008 年阿塞勒－米塔尔集团以 4278 万吨粗钢产量居世界首位。中国宝钢集团以 1987 万吨位列第六。2009 年，进口钢材在国内市场上出现了增长态势，3 月，中国坯材已转为净进口局面，这是 2006 年中国成为钢铁净出口国后的第一次。外国钢铁巨头的种种异动，不禁让中国钢铁行业有所警觉。

最后，行业发展趋势。钢铁行业的发展趋势与国家经济发展趋势紧密相连，受 2008 年金融危机的冲击，钢铁需求大幅减少，特别是建筑业、汽车业等对钢铁需求大幅缩水。国家统计数据显示，2007 年 11 月，炼钢业销售利润率为 5.15%，2009 年 2 月，下降为 0.32%；2007 年 11 月，产品销售收入比上年同期增长 41.17%，2009 年 2 月，同比下降 10.96%，5 月更是下降 23.72%。当整个世界经济不景气时，中国钢铁行业面临的处境尤为艰难。

3. 供应商的议价能力

2009 年 7 月发生的力拓间谍门事件震惊全国。据报道，涉案人员可能是将所在钢铁企业或业内重要的机密数据泄露给了力拓等铁矿石谈判对手，相当于"出卖"国内铁矿石谈判团队的底线。此案一出，石破天惊。中国 2003 年加入国际铁矿石谈判之后，2004～2008 年，中国钢企签订的"铁矿石协议价"历年涨幅分别为 18.6%、71.5%、19%、9.5% 和 79.88%。由此数据可以看出，中国钢铁企业，包括宝钢在内，面对着强有力的供应商，无论是因为商业机密被出卖，还是因为铁矿石的自然垄断因素，供应商强大的议价能力是宝钢必须要面对的难题。

4. 购买者的议价能力

根据波特的分析，决定购买者议价能力的因素主要有四个。

第一，相对于企业能力的购买需求。第二，购买商的增长潜力。第三，购买商的价格敏感度。第四，相对议价能力。2007～2009 年上半年的资料显示，影响购买者议价能力的主要是购买商的增长潜力和购买商的价格敏感度。原因首先是受国际金融危机的影响，其次是因为钢材占购买商成本的比重大。在房地产、汽车等重点钢材购买行业不景气的影响下，钢材市场在享受了连续多年 GDP 高速增长带来的全行业繁荣以后走进了严冬。购买商的增长潜力大幅下降，其价格敏感程度也相应上升。2009 年前 5 个月，钢铁行业处于全行业亏损状态。宝钢厚板产品 2009 年上半年出现亏损，厚板产品成交价较 2008 年平均价下降了 38%。

5. 替代品的威胁

随着科技的迅速发展，钢铁材质的替代品层出不穷。从最初的铝制品代替铁制框架门窗，到高密度塑料代替钢管、钢架，从高纤维玻璃代替铁门、钢板隔离墙，到超级橡胶代替钢制或铁制固定产品。这些新材料都在一次又一次地冲击着钢铁市场。2008 年景德镇陶瓷学院完成的"高性能低膨胀陶瓷材料及其产业化"项目获国家科技进步奖二等奖，陶瓷也将成为耐高温、耐腐蚀钢材有力的替代品，并且现在已经研制出陶瓷汽车。可以说，整个钢铁行业都面临着来自替代品的很大的威胁。此外，旧钢材回收利用后再生产的次级钢材也对宝钢的产品带来有力的替代品威胁。

6. 新进入者的威胁

在五种力量中，宝钢所面临的"新进入者威胁"这一种力量是最小的。原因主要有两方面：首先，钢铁行业具有极高的进入障碍，规模经济效益明显。简言之，就是新进入者若以小规模进入钢铁行业就要长期忍受高成本的压力。而以大的生产规模进入，那么高资本、高技术投入使财力不够雄厚的大多数企业望而却步。其次，分销渠道难以开拓。钢铁市场的分销渠道已被现有企业牢牢掌握，并存在严重的地方保护，新进企业在短期内难以打开市场，将面临极高的经营风险。

六　促进钢铁行业发展的相关建议

（一）国家及行业角度

1. 合理控制钢铁工业发展规模

中国钢铁行业如果想尽快摆脱亏损的局面，国家应该加强引导与宏观调控力度，抑制钢铁工业盲目发展的势头，建立钢铁工业发展的预警机制，加强宏观引导。在社会主义市场经济条件下，也存在经济发展的盲目性和滞后性，需要加以引导，而不能完全依靠市场机制调整。随着中国市场经济的不断发展和世界经济一体化进程加快，信息资源对各产业部门和企业健康发展的指导作用越来越突出。因此，国家有关经济管理部门应该建立和完善钢铁工业发展的预警机制，及时发布国内外钢铁工业和相关产业的信息，指导企业健康发展。制定科学合理的钢铁行业发展战略及企业发展规划，通过一系列的科学发展规划使企业主动降低产能，淘汰科技含量低的落后产能，根据市场的供求关系，实现资源的优化配置，加大自主创新能力，提高产品的科技含量，进而提高产品的竞争力。

2. 关、停、并、转一批高耗能、高污染、无资源的生产企业，从全局出发，杜绝地方利益干扰

虽然国家进行了钢铁产业结构调整，关闭了一些耗能高、污染重、生产工艺简单、附加值低的生产企业，但由于国外市场需求强劲，大量低端产品出口失控，变相给本来应予淘汰关闭的小钢铁企业输了血，使它们得以生存。这些企业的生存给市场、环保、能源和运输带来了一系列问题，特别是它们的低价竞销、不规范的市场购销行为，破坏了市场公平竞争，给国家和行业带来很大损失，是导致中国钢铁产业散、乱、差的一个不可忽视的原因。一些地方政府以局部利益代替全局利益，为了地方经济发展，增大地方财政收入，不计后果大建快上小钢铁企业，形成了今天小企业与大企业争原料、争市场的恶性竞争局面。政府应强化以内需为主的调控措施，要有硬手段，不留后路，不留死角，进一步提高生铁、钢锭、盘条、线材等产品的出口关税，颁发出口许可证，在特定情况下可考虑限制出口。根据需求适当进口铁矿粉，平抑铁矿石价格，减缓海运费和国内运输压力。关、停、并、转一批高耗能、高污染、无资源的生产企业，从全局出发，杜绝地方利益干扰。

3. 大力发展钢铁循环经济，实现可持续发展战略

可持续循环经济发展的模式要求企业必须重视企业生产与生态环境之间的友好协调关系，是一种以资源的高效利用和循环利用为核心，以低消耗、低排放、高效率为特征的经济增长模式。钢铁行业作为中国资源与能源消耗和污染物排放大户，必须采用可持续循环经济发展战略，并营造社会友好型的钢铁企业绿色生态环境，从而真正实现企业全过程、全方位的循环经济发展。传统的线型经济是一种物质单向流动的经济发展模式，其模式是经济活动按照"资源－生产－消费－废弃物排放"的线路单向运行，这种经济发展模式的本质是一种资源消耗的过程，其特征就是"大量生产、

大量消费、大量废弃"。这种经济发展模式最终结果不仅造成资源的严重浪费，而且对生态环境造成严重危害。总之，钢铁企业要实现可持续循环经济发展，就必须建立生态化的企业生产过程，以及生态环境，其目的在于使企业从产品设计、制造、包装、运输和使用到报废处理的整个生命周期，对环境负面影响最小，资源利用率最高，企业的经济效益、环境效益和社会效益协调优化，从而真正实现企业全过程、全方位的循环经济发展。

4. 加快海外资源基地建设，确保稳定资源渠道

由于中国没有稳定的海外资源基地，随着中国进口铁矿石数量的快速增加以及铁矿石价格的不合理增长，中国进口铁矿石价格与日本平均到岸价每吨相差 16~45 美元，比日本的价格平均每吨高出 316 美元。从全球铁矿石供求关系来看，一方面，在过去几年铁矿石供应紧张，造成进口铁矿石价格飞涨，各国铁矿石供应商已获得巨额暴利。在巨额利益的刺激下，各国铁矿石供应商都加大了对矿山的投资，使铁矿石供应能力大大提高。事实上，仅三大铁矿石巨头就相继增加 165 亿吨的供应量，如力拓公司近两年约增加 5000 万吨供应量。近年来，中国钢铁行业利润锐减，国际市场铁矿石价格上涨速度远高于钢铁成品价格上涨速度，对中国钢铁产业的可持续发展以及长远利益是不利的，而且也无益于矿山公司本身的发展。目前，中国进口铁矿石价格高、运费贵，造成中国钢铁企业在矿石成本上远高于国外竞争对手，在原料成本上先输掉一大块，这将严重影响中国钢铁工业国际竞争力。在不断扩大对外交流的基础上，作为世界钢铁产品生产大国、占世界铁矿贸易量 40% 的第一铁矿石进口国，在今后的铁矿石价格谈判中，中国政府应主动采取措施，同时要特别加快建立稳定的海外资源基地，确保稳定的资源渠道。

5. 提高钢铁行业准入条件，坚决杜绝高耗能、高污染、无资源的钢铁生产企业进入

钢铁行业要全面严格落实《国务院关于发布实施〈促进产业结构调整暂行规定〉的决定》《国务院关于加快推进产能过剩行业结构调整的通知》，对钢铁行业新建、改扩建的高耗能项目，严格按照准入条件进行审批、核准、备案。积极按照国家"上大压小、扶优汰劣、有保有压"的政策，提高钢铁行业准入条件，坚决杜绝高耗能、高污染、无资源的钢铁生产企业进入。

钢铁行业要以 2012 年实际产能、产量为基础，对近三年来新增产能、

产量的企业和项目进行逐一检查，并按照固定资产投资管理、产业发展政策、行业准入标准及土地、环保等方面的规定，全面检查项目建设中存在的问题，严肃查处违规建设行为，重点淘汰 200 立方米以下高炉和 20 吨以下转炉及电炉，土法炼焦和炭化室高度小于 4.3 米的焦炉。同时，积极引导钢铁、建材、电力工业要按照精品化、专业化、深加工方向，抓品种、抓质量、抓整合，增高减低，上大压小，扶优汰劣，尽快提高产业集中度和技术水平。

6. 加快钢铁企业联合重组，提高产业集中度，积极发挥产业生产的规模效应

"十一五"期间，中国钢铁行业通过结构调整，向集约化生产方式迈进了一大步。中国钢铁行业企业数量多，大多数企业原有规模小，尽管最近几年大型企业数量增多，产量大幅度增加，但产业集中度与发达国家相比仍然较低。特别是最近几年地方钢铁企业发展很快，影响全行业集中度提高。随着中国钢铁行业企业联合重组和淘汰落后产能步伐加快，企业实现规模经济为生产工艺和技术装备大型化、现代化创造了有利条件。与工业发达国家不同，中国钢铁行业企业向集约化生产方式转变，主要依靠企业在原有基础上通过技术改造实现规模扩张和结构优化，而国外钢铁行业企业更多是通过兼并重组实现做大做强。另外，由于转变方式不同，中国大型钢铁行业企业产量份额的提升并未从根本上改变中国钢铁行业企业数量过多、产业分散的局面。联合与重组是世界钢铁行业发展的潮流，发展很快；在中国却是一条漫长而艰难的路，进展迟缓。目前中国钢铁行业产能过剩，国内外市场竞争激烈，正是企业通过联合重组实现资源与市场合理配置、实现产品专业化分工、提高装备水平和产品竞争力的大好时机。

经过近几年钢铁行业产能的快速扩张，中国绝大多数钢铁行业企业是在原来较小的规模基础上依靠滚动发展，但今后继续走原地扩大规模发展的道路会越来越窄，受产业政策限制和发展条件制约，有些企业谋求异地发展的难度也很大。因此，中国钢铁行业最好的选择是走联合重组发展之路，加快钢铁企业联合重组，提高产业集中度，积极发挥产业生产的规模效应。

7. 积极调整产业布局

中国钢铁行业布局是在 20 世纪五六十年代依靠国内资源就近建厂的基础上逐步形成的，80 年代宝钢开始大量使用进口铁矿石，最近 10 多年，由

于钢铁行业发展规模大幅度增长，中国对国外资源依赖程度不断加大，钢铁行业发展重点向沿海和长江中下游地区转移。2000年华北地区钢产量占全国的25.8%，2005年上升到33.3%，2010年升至35.52%，特别是河北省产钢7386万吨，占全国的21.1%；同期，东北地区钢产量占全国的比重从14.2%下降到10.8%；华东地区钢产量占全国的比重一直保持在30%左右的高水平，该地区经济发展快，钢铁行业需求旺盛，利用进口矿方便；中南地区钢产量占全国的比重为12.9%；西南和西北地区受资源和运输条件限制，钢产量占全国的比例变化不大，分别仅为7%和3%左右。

当前，中国钢铁行业应加快沿海大厂建设步伐，以适应中国钢铁行业布局的发展要求，但是，优化中国钢铁行业布局不能简单地理解为在沿海地区新建大型钢铁行业工厂，还应主要依靠调整现有企业的产品分工与产能布局，控制不符合布局条件地区钢铁企业的发展规模，支持发展条件好的企业通过结构调整和联合重组适当扩大产能。优化布局最主要的动力是提升企业竞争力，应主要依靠市场机制发挥作用。在激烈的竞争中，优势企业可通过跨地区、跨所有制兼并重组，实现专业化分工，重新配置生产能力。这样既可以形成有竞争力的大型企业集团，又可以减少弱势企业淘汰落后产能后的损失，增强社会稳定性，尽可能减小优化产业布局的阻力。

8. 积极改善产业组织结构

众所周知，钢铁产业属于资金、技术相对密集的产业，这也决定了钢铁企业的核心竞争力不是单项技能，而是多项要素的有机整合。就目前世界钢铁产业的发展现状来说，中国钢铁行业必须提高以下竞争力：①技术研发能力，即企业拥有世界范围的、本行业领先的技术及产品的基础研究、应用研究和技术开发能力，并拥有知识产权、人才及相应的资源。②创新协调能力，即企业已经形成完整的驾驭整合人才、技术、资本等各种资源的科学高效的管理制度和运行机制，不仅建立起企业和产品的品牌、信誉、营销、成本和效益等优势，而且能够根据市场和需求的变化，不断重新整合企业资源，实现技术创新、产品和工艺创新、管理创新和制度创新。③先进高效的生产制造能力。④强大、灵活、快速反应的营销能力。⑤良好的资本运营能力。

中国优势钢铁企业应在明确自身资源优势的基础上，以打造企业核心竞争力、提高企业市场竞争力、扩大企业的行业影响力和控制力为目标，选择适宜的钢铁企业进行兼并重组，并积极改善产业组织结构。

（二）企业角度

1. 优化钢铁品种结构，满足国内外市场需求

目前，中国钢铁生产存在两个主要问题：第一，品种结构不合理，板带比仍比较低。钢铁产品的板带比是衡量一个国家钢铁工业发展水平和钢铁消费档次的重要标志，世界工业发达国家板带比一般超过60%。钢铁消费板带比低反映中国工业化水平较低，生产板带比低反映中国钢铁生产品种结构不合理，不能满足国内需求，还要依赖进口解决。第二，部分关键钢铁品种生产能力不足，少量品种不能生产。由于缺乏全面、有效的技术创新能力和机制，科技成果系统集成与技术改造脱节，炉外精炼装置、热连轧机、冷连轧机、镀锌机组、钢铁冷轧机和冷轧硅钢片机组等重大装备的关键设备和技术还需要从国外引进，特别是还不能全面掌握高附加值产品的生产技术诀窍，影响品种结构优化和产品质量提高。主要表现在，轿车面板、高牌号取向硅钢和无取向硅钢、钢铁板等高附加值品种生产能力不足，产品实物质量标准不高，国内自给率低。

对于中国钢铁工业的产品结构，也要有一个正确的认识，它不是由我们的主观愿望所能决定的，而是根据市场发展要求来决定。中国钢铁需求具有多元化、多层次的特点，既有高档次的钢铁满足消费升级的高质量需求，同时还有广大农村和城镇等基础建设的一般需求。总的来说，根据钢铁市场消费特点和要求，中国钢铁品种的确需要不断优化、不断调整、不断开发市场需要的钢铁品种，特别是首先瞄准开发目前大量进口的钢铁品种。在今后相当长的时期内，中国钢铁产品结构的总体趋势是长材仍将占相当大的比重，长材的消费比重仍将占到50%左右，钢铁的消费比重逐步提高，但是不可能像发达国家那样很快达到60%以上。这是由中国的国情和发展阶段决定的。因此，优化品种结构，提高产品质量，满足市场需求，仍然是今后中国钢铁工业结构调整的主要内容。加强研发能力，开发新产品，优化钢铁品种结构，满足国内外市场需求，降低生产成本是品种结构调整的永恒主题。

2. 加速淘汰落后技术设备，实现生产设备现代化

中国钢铁工业在经历几年快速发展以后，大规模扩张阶段已经基本结束。目前中国钢铁工业产能大于国内钢铁工业市场需求，国际钢铁工业市场竞争激烈，导致钢铁工业市场疲软，企业利润下降。由于钢铁工业产能

以超常速度发展，世界原材料市场一时供应短缺，铁矿石价格和海运费大幅度上涨，使钢铁工业行业效益受到双重挤压。

为有效缓解供需矛盾，一方面要严格控制新开工项目，特别是扩大产能项目，另一方面要加大力度加速淘汰落后技术设备，实现生产设备现代化。2009 年底，小于和等于 300 立方米高炉 710 座，总能力 9880 万吨，占全国炼铁能力的 26%；小于和等于 20 吨转炉 162 座，总能力 3400 万吨；小于和等于 20 吨电炉 381 座，总能力 2095 万吨；全国热轧一次材轧机能力 37 亿吨，其中低水平轧钢生产能力 7900 万吨。根据钢铁产业发展政策要求，将有 1 亿吨炼铁、5000 万吨炼钢和 8000 万吨轧钢落后产能需要淘汰。加快淘汰这部分落后产能，不仅能减轻供大于求的矛盾，在很大程度上还可提高钢铁工业的技术装备水平，实现生产设备现代化，以达到节能降耗和减轻环境污染的目的。

3. 增强企业自主创新

世界钢铁动态（WSD）发布的 2013 年 8 月世界级钢铁企业竞争力排名，在 23 个影响因素中，技术创新能力、规模、赢利能力等占比最高，排名前五位的没有一家中国企业。在参与排名的 34 家钢铁企业中，中国钢铁企业共有 5 家入围，分列第十一位、第二十二位、第二十八位、第三十位、第三十三位。从整体上看，中国钢铁企业总体竞争力非常弱，技术创新能力与世界领先企业相去甚远。随着 2007 年以来，中国钢铁企业高度重视自主创新工作，不断加大科技投入力度，通过多种途径不断提升原始创新、集成创新、引进消化吸收再创新三种能力。但是，在钢铁冶炼核心技术方面还是与世界先进技术有较大差距。因此，我们必须不断增强钢铁企业自主创新能力，把技术创新的重点放在优化产品结构上。实现品种质量的高级化；突出节能降耗技术；采用国际上成熟的先进工艺装备、技术，改造重点企业，实现装备国产化。其整体要求是赶上世界技术，将钢铁工业结构转到适应社会主义市场经济体制的轨道上来。

4. 强化利用境外矿产资源力度

在矿产资源方面，进一步强调矿产资源属国家所有，大型钢铁企业要不断进行铁矿等资源勘探开发。同时，钢铁企业要不间断地积极实施走出去战略，努力建立全球矿产资源战略保障体系。一些有条件的大型骨干企业集团要到境外采用独资、合资、合作、购买矿产资源等方式建立铁矿、铬矿、锰矿、镍矿、废钢及炼焦煤等生产供应基地，特别是加大对外投资力度，力争通过投资在国外生产以满足 50% 以上中国每年所需要进口的这些重要资源。沿海地区钢铁企业所需的矿石、焦炭等重要原辅材料，应主要依靠海外市场解决。一些有条件的大型钢铁企业要通过对矿山的投资或以参股和控股的方式，与矿石供应商建立战略合作伙伴关系，或者建立海外原料基地，与国外原料供应商在平等互利互惠的基础上，发展长期、稳定、安全的贸易关系，不断强化利用境外矿产资源的力度。

七 钢铁行业发展前景及预测

（一）宏观经济对钢铁行业的影响

1. 人民币升值对钢铁行业的影响

人民币升值对于进口铁矿石占主要部分的钢铁企业来说，可以说是有利有弊。如图 1－10 所示，人民币升值趋势较为明显。从进出口成本因素考虑，人民币升值会降低进口成本，提高出口成本；而从企业管理角度以及国际关系角度考虑，也有深远的影响。

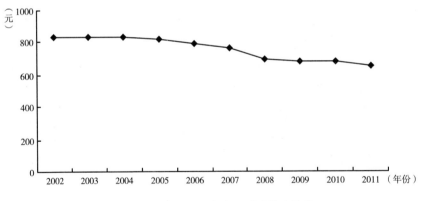

图 1－10 2002～2011 年人民币升值走势情况

数据来源：《中国统计年鉴》。

（1）升值会对原材料、产成品进口产生影响。

中国钢材产量呈逐渐加快的增长态势，与中国钢材产量大幅度上升相对应的是，中国对铁矿石等原材料产品的进口需求大幅度增长。钢材、铁矿石需求量以及进口铁矿石量是明显的正相关态势，保守估计，中国铁矿石的对外依存度在 50% 以上。实际上，根据中钢协的统计，我国特别大型的钢厂铁矿石的对外贸易依存度已经达到了 70%。从铁矿石采购角度来说，中国是全球最大的铁矿石采购商，但是，由于全球铁矿石供应基本由三大铁矿石供应商（力拓、必和必拓、淡水河谷）垄断；中国的需求虽然很大，但是产业集中度却不高，所以在矿石定价中的话语权并不强。铁矿石的价格已经每年以百分之几十的增速递增，而中国只能被动地接受涨价。一方面，人民币升值，对于以美元核算的进口铁矿石成本来说，算是一个利好因素，因为这样会降低进口付汇的金额。但是另一方面，由于铁矿石涨价速度过快，铁矿石的涨价因素带来的成本增加已经完全覆盖了人民币升值本身所带来的成本减少。同时，由于国内钢铁企业生产的产品质量以及生产范围有限，中国每年还需要进口大量的钢铁产成品，人民币升值也可以降低进口成本，提高进口企业的利润空间，这也是人民币升值的利好因素。

（2）升值会对产成品出口产生影响。

一般而言，本国货币的升值会对出口造成不利影响。由于产品的国内销售采用人民币计价，而出口产品收费基本以美元计价。因此人民币升值会导致以美元计价的产品出口价格提高，降低产品的竞争力。由于钢铁产品销售多以期货为准，那么签订合同、订货、生产、出运、收汇往往有一个月到两个月的时间差。在人民币急剧升值的时段，这样很容易造成出口企业的亏损。而如果在核算成本上加上升值预期的话，又会造成价格过高，失去竞争力。中国是钢材出口大国，由于国家对资源性、高污染产品出口的限制，钢铁产品出口从比较高的出口退税到逐渐降低，甚至对部分产品征收高额的关税。国家对出口的限制，加上人民币升值的双重影响，造成出口企业出口产品竞争力降低，出口数量减少，出口利润大幅度下降，同时外汇风险增加，很多钢铁出口企业可以说是举步维艰，甚至很多小型出口企业的生存面临着严峻的考验。

由于国家对资源性产品出口的限制，出口艰难，自然促使生产企业优化产业结构，促进产品升级。因为高附加值的产品的出口还是被鼓励的。同时，人民币升值造成成本增加，企业可以从自身管理角度等入手，降低成本，提高管理水平；人民币升值也可以减少贸易摩擦，缓解贸易摩擦带来的压力。

2. 通货膨胀对钢铁行业的影响

由表 1-12 可知，中国近十几年的通货膨胀还是很温和的。目前国内的通货膨胀，属于明显的成本推动型通胀。就这种发展趋势而言，国内通货膨胀持续升温，将意味着钢材价格被铁矿石等原材料推到较高的水平上，届时钢材企业利润必将被压缩。国家出台的各种宏观调控措施必然对钢铁行业产生影响。一方面以房地产行业为例，房价调控更多的是从增加供给的角度出发的，而不是抑制需求，只有这样，才能更好地缓解目前的通货膨胀率高企的局面，因此，对钢铁需求的负面影响将相对较小；另一方面，从宏观调控对各行业的影响来看，由于钢铁产能释放已经基本结束，目前钢铁产量正处于低增长阶段，相比之下，下游行业因为投资的高增长使得产量增速明显快于钢铁行业，相反，钢铁行业的产量增速明显慢于下游行业，因此即使宏观调控对需求产生负面影响，对钢铁行业的影响将小于对下游行业的影响。

表 1 - 12　2002～2011 年中国通货膨胀（CPI）变化情况

年份	居民消费价格指数（CPI）	年份	居民消费价格指数（CPI）
2002	99.2	2007	104.8
2003	101.2	2008	105.9
2004	103.9	2009	99.3
2005	101.8	2010	103.3
2006	101.5	2011	105.4

数据来源：《中国统计年鉴》。

（二）行业预测

“十二五”期间，中国经济发展仍处于可以大有作为的重要战略机遇期，钢铁工业将步入转变发展方式的关键阶段，既面临结构调整、转型升级的发展机遇，又面临资源价格高企，需求增速趋缓、环境压力增大的严峻挑战，产品同质化竞争加剧，行业总体上将呈现低增速、低赢利的运行态势。

1. 发展环境

从国际环境看，世界经济复苏与增长有利于拉动全球钢铁工业发展，发展中国家特别是新兴经济体国家经济持续快速增长为钢铁工业提供了新的市场空间，同时也将加剧各国钢铁企业间的竞争。经济全球化深入发展将有利于中国钢铁企业广泛参与国际合作与竞争。同时，国际金融危机影响深远，国际钢铁市场各种形式的贸易保护主义抬头，围绕市场、资源、标准等方面的竞争更加激烈。全球铁矿石等原燃料供应及价格波动将对中国钢铁工业运行继续产生重大影响。应对气候变化和环境保护等因素对钢铁工业发展提出了更高的要求。中国钢铁工业发展的国际环境更趋复杂。

国内环境方面，中国在"十二五"期间将以内需拉动为主，经济发展仍将保持平稳较快势头，但国内生产总值增长速度比"十一五"期间将有所降低，固定资产投资增速将放缓，消费及第三产业对经济增长的拉动作用将逐渐增强。钢铁消费需求还将继续增长，但增速减缓。转变经济发展方式将降低单位国内生产总值钢铁消费强度，新型材料将取代一部分钢铁产品，下游行业转型升级和战略性新兴产业发展将对钢材品种质量提出更高和更新的要求，钢铁工业与其他产业之间的融合发展将进一步加强。资源环境约束趋紧，节能减排将继续抑制钢铁产能释放。受进口大宗原料和燃料价格不断提高和其他要素成本上升的影响，钢铁生产成本压力将继续增大，经营风险进一步增加。

2. 2015 年粗钢消费量预测

钢材消费量主要受经济总量和经济结构、发展阶段、固定资产投资规模等因素影响。"十二五"时期，工业化、城镇化不断深入，保障性安居工程、水利设施、交通设施等大规模建设将拉动钢材消费。同时，中国将加快转变发展方式，推动工业转型升级，培育发展战略性新兴产业，钢材"减量化"和材料替代等因素将对钢材消费量和消费结构产生重大影响。综合考虑以上因素，规划采用以下三种方法对 2015 年国内粗钢消费量进行了预测。

行业消费调研法。调查分析建筑、机械、汽车、交通、矿山、石油化工等 13 个主要下游行业的"十二五"用钢需求，预测 2015 年消费量为 7.5 亿吨左右。

地区消费平衡法。根据各省市公布的"十二五"国内生产总值发展目标，结合各地区现有钢材消费水平和发展趋势，预测 2015 年消费量为 8.2 亿吨。

消费系数和回归分析法。根据《国民经济和社会发展第十二个五年规划纲要》提出的目标，设定了"十二五"期间国民经济快速、较快和适度等三种不同发展情景，综合采用国内生产总值钢材消费系数法、固定资产投资钢材消费系数法和回归分析法，预测 2015 年消费量分别为 8.1 亿吨、

7.5 亿吨和 7.1 亿吨。

综合预测，2015 年国内粗钢导向性消费量约为 7.5 亿吨。

3. 中远期粗钢消费量预测

参考美、德、日等国钢铁工业发展规律，考虑中国地域广阔，各地区经济发展不平衡，对钢材消费总量和持续时间都将产生较大影响。综合各种因素，采用国内生产总值消费系数法和人均粗钢法，预测中国粗钢需求量可能在"十二五"期间进入峰值弧顶区，最高峰可能出现在 2015 年至 2020 年期间，峰值约 7.7 亿~8.2 亿吨，此后峰值弧顶区仍将持续一个时期。随着工业化、城镇化不断深入发展，以及经济发展方式转变和产业升级，城乡基础设施投资规模增速放缓，中国钢铁需求增速将呈逐年下降趋势，进入平稳发展期。

4. 关键钢材品种需求预测

根据各行业用钢需求，可预测 2015 年关键钢材品种消费量。

表 1-13 2015 年关键钢材品种消费量预测

单位：万吨

序号	品种	2010 年	2015 年
1	铁路用重轨	400	380
2	铁路车轮、车轴钢	54	60
3	高强钢筋	5650	11200
4	轴承钢	370	500
5	齿轮钢	207	250
6	合金弹簧钢	260	450
7	合金模具钢	30	50
8	造船板	1300	1600
9	高压容器用钢板	100	160
10	汽车用冷轧及镀锌薄板	835	1400

专题二
浅议中国光伏产业发展

一 光伏产品制造业的背景及意义

光伏产业作为一种新兴的能源产业，发展极快。光伏产业利用太阳能的最佳方式是光伏转换，即利用光伏效应，使太阳光射到硅材料上产生电流直接发电。以硅材料的应用开发形成的产业链条被称为"光伏产业"，包括高纯多晶硅原材料生产、太阳能电池生产、太阳能电池组件生产、相关生产设备的制造等。太阳能是未来最清洁、最安全和最可靠的能源，发达国家正在把太阳能的开发利用作为能源革命的主要内容来长期规划，光伏产业正日益成为国际上继 IT、微电子产业之后又一爆炸式发展的行业。目前各主要发达国家均从战略角度出发大力扶持光伏产业发展，通过制定上网电价法或实施"太阳能屋顶"计划等推动市场应用和产业发展。国际各方资本也普遍看好光伏产业：一方面，光伏行业内众多大型企业纷纷宣布新的投资计划，不断扩大生产规模；另一方面，其他领域如半导体企业、显示器企业携多种市场资本正在或即将进入光伏行业。

中国是光伏产品的生产和出口大国，在国际市场上占有一定份额。但近年来中国光伏产品出口面临的障碍重重，既有内部原因，也有外部因素，使中国光伏产品出口面临严峻挑战。基于分析中国光伏产品出口的优势及面临的障碍，本章提出整合产业链、实现自主创新、开辟出口市场多元化、积极应对贸易争端，以促进中国光伏产品出口。

近年来，我国许多地区都建立了光伏产业集群，主要分布在环渤海、长三角、珠三角和中西部四大区域。许多地方政府看中光伏产业的发展潜力，力求以光伏出口带动本地区经济增长。因此，政府积极扶植光伏产业集群的发展，在税收、信贷、基础设施建设等方面给予优惠政策，引导和鼓励企业加入产业集群。产业集群内部产业链上下游企业协同合作，实现了资源的优化配置。产业集群的发展，实现了优势互补和效率提升，进一步降低了生产成本，提高了技术整合能力，有利于提高光伏产品出口的国际竞争力。

国产晶体硅电池效率为10%～13%，国外同类产品效率约18%～23%。由一个或多个太阳能电池片组成的太阳能电池板称为光伏组件。截至2013年，光伏发电产品主要用于三大方面：一是为无电场合提供电源，主要为广大无电地区居民生活生产提供电力，还有微波中继电源、通信电源等，另外，还包括一些移动电源和备用电源；二是太阳能日用电子产品，如各类太阳能充电器、太阳能路灯和太阳能草坪灯等；三是并网发电，这在发达国家已经大面积推广实施。中国并网发电还未起步，不过，2008年北京奥运会部分用电由太阳能发电和风力发电提供。

从中国未来社会经济发展战略路径看，发展太阳能光伏产业是中国保障能源供应、建设低碳社会、推动经济结构调整、培育战略性新兴产业的重要方向。"十二五"期间，中国光伏产业将继续处于快速发展阶段，同时面临着大好机遇和严峻挑战。

二　中国光伏市场发展现状

（一）中国光伏应用领域分类情况

中国光伏产业的应用领域非常广泛，市场分类多样化。适应各种需求的光伏产品不断问世，除了大型并网光伏电站外，与建筑相结合的光伏发电系统、小型光伏系统、离网光伏系统等也将快速兴起。太阳能电池及光伏系统的成本持续下降并逼近常规发电成本，仍将是光伏产业发展的主题，从硅料到组件以及配套部件等均将面临快速降价的市场压力，太阳能电池将不断向高效率、低成本方向发展。以下就是光伏产业的应用领域分类情况（如图2-1所示）：

1. 通信和工业应用（大约占36%）

微波中继站；光缆通信系统；无线寻呼台站；卫星通信和卫星电视接

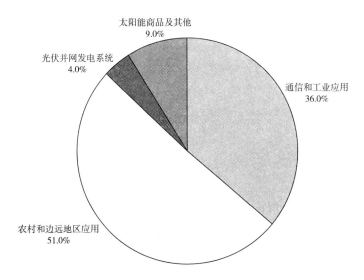

图 2 - 1 中国光伏产业应用领域分类示意图

数据来源：原始数据来自 2008～2012 年光伏产业工作报告。

收系统；农村程控电话系统；部队通信系统；铁路和公路信号系统；灯塔和航标灯电源；气象、地震台站；水文观测系统；水闸阴极保护和石油管道阴极保护。

2. 农村和边远地区应用（大约占 51%）

独立光伏电站（村庄供电系统）；小型风光互补发电系统；太阳能户用系统；太阳能照明灯；太阳能水泵；农村社团（学校、医院、饭馆、旅社、商店、卡拉 OK 歌舞厅等）。

3. 光伏并网发电系统（大约占 4%）

当前处于试验示范阶段，全国总装机容量大约仅有 2MWp。

4. 太阳能商品及其他（大约占 9%）

太阳帽；太阳能充电器；太阳能手表、计算器；太阳能路灯；太阳能钟；太阳能庭院；汽车换气扇；太阳能电动汽车；太阳能游艇。

（二）中国光伏产业的市场现状

1. 太阳能电池的生产大国、光伏发电市场应用的小国

作为中国新能源产业的重要代表，光伏产业在国内发展迅速。而中国也已经成为国际新能源市场上举足轻重的力量和全球光伏产品的主要

45

生产国。但在中国生产的光伏产品中，竟有九成以上用于出口，光伏产品在国内迟迟不能打开市场，产业一直面临"墙内开花墙外香"的窘境。

　　光伏产业在中国的发展可谓方兴未艾，但中国目前是太阳能电池的生产大国、光伏发电市场应用的小国。中国太阳能电池的生产量约占到世界产量的33.0%，但是光伏市场应用仍然主要集中在欧洲，其次为美国和日本等发达国家，中国的光伏市场应用份额不到1%，即光伏产业主要面向欧美等发达国家出口（如图2-2所示）。

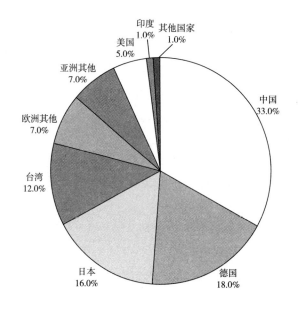

图2-2　全球太阳能电池生产量份额示意图

数据来源：原始数据来自2008～2012年光伏产业工作报告。

　　2008年中国的光伏产能首次超过德国，位居世界第一。2010年全球太阳能电池产量达16GWp，中国太阳能电池总产量高达8GWp，占全球总量的50%。其中，国内太阳能电池龙头厂商无锡尚德2010年产量约为1.8GWp，排名全球第一，而河北晶澳太阳能有限公司产出1.45GWp，排名全球第二，并且太阳能电池的产量继续呈现快速增长的趋势。中国光伏产业海外上市市值最高的10家公司（数据截止到2012年8月13日）如图2-3所示。

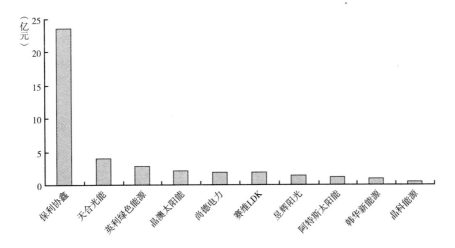

图 2 - 3　中国光伏产业海外上市市值最高的 10 家公司市值图

数据来源：原始数据来自 2008～2012 年光伏产业工作报告。

2. 产业规模不断扩大，国际化程度稳步提升

中国太阳能电池继续保持产量和性价比优势，国际竞争力日益增强。产量持续增大，2012 年，中国太阳能电池产能超过 40GW，产量超过 24GWp，同比增长 50% 以上，占据全球半壁江山，生产成本进一步下降。多晶硅、硅片、电池片和组件环节加工成本分别降至 19 美元/千克、0.18 美元/瓦、0.18 美元/瓦和 0.25 美元/瓦，垂直一体化企业的组件成本达 0.73 美元/瓦，同比下降 27%。产品质量愈加稳定，多数企业产品质保达到 10 年，功率线性质保达到 25 年。国际化程度进一步增强，受国内市场消纳能力有限和国外贸易壁垒影响，中国光伏企业将加快国际化进程，通过在海外建厂或并购方式，加快在海外的本土化发展，以增强企业竞争力和国际化水平，成长为国际大型企业。多晶硅生产技术持续进步，产业自给能力迅速提高。

2012 年，中国万吨级多晶硅生产线投产，低能耗还原、冷氢化、高效提纯等关键技术环节进一步提高，副产物综合利用率进一步增强。先进企业的综合电耗已达到 80 千瓦时/千克、生产成本达到 19 美元/千克的国际先进水平。2012 年中国投产的多晶硅企业达到 60 家以上，产能超过 16 万吨，产量达到 13 万吨，可满足国内 80% 以上市场需求，形成约占世界市场份额 40% 的良好态势。多晶硅自给能力的迅速提高，将为中国光伏产业保持全球竞争优势提供有力支撑，也将为中美之间可能爆发的光伏产品贸易战取得

更加有利的筹码。国外市场增速趋缓，国内市场加速崛起。2011 年出台了系列利好措施：一是国家发改委正式出台了全国统一的 1.15 元/度上网电价；二是国家太阳能发电"十二五"装机量规划，由最初的 5GW 改为 10GW，最终改为 15GW，极大地拉动了国内市场发展，2011 年国内装机量超过 1.5GW。2012 年仍保持较高的发展态势，主要原因有三：一是当前中国光伏产业产能增长过快且产品主要依赖出口，急需加速启动国内市场以缓解对外依赖度过高的问题；二是启动国内市场也是应对美国启动的"双反"调查的有力回击；三是 2011 年国家出台了上网电价，且国内装机成本大幅下降，加上光伏市场竞争激烈，组件企业纷纷向下游的光伏系统集成延伸。因此，2012 年光伏装机量达到 3GW，但即使如此，中国近 90% 的光伏产品仍需依赖国外市场。

3. 光伏产业整合速度加快，整合力度加强

光伏产业作为朝阳产业，未来市场将会呈现指数增长。但短期内，产业仍将承受较大的供给压力。当前，光伏产业整合速度逐渐加快，整合力度不断加强，极有可能被国外资本乘虚而入，利用产业整合和贸易战等时机，掌控中国优势企业主导权，甚至使中国光伏产业日益空心化。

综上所述，2012～2013 年，中国光伏产业将步入大幅度调整期。虽然产业规模仍将保持稳步增长，产业对外依赖度逐步下降，但由于市场供需失衡严重，外加美国"双反"调查重压，行业竞争将愈加残酷与非理性，产业整合迫在眉睫，企业开始进入薄利时代，优质企业将面临国外资本入侵的严峻挑战。

三 中国光伏产业存在的问题

近年来，中国光伏企业抓住欧美政府对光伏补贴的政策机遇，产能迅速扩张，已经形成了包括高纯硅生产、太阳能电池及组件制造、光伏系统安装及相关配套产业在内的较完整的太阳能光伏产业链。从 2008 年起，中国光伏组件制造量就占据了全球光伏组件的半壁江山，而且保持了快速增长。2011 年，在全球光伏市场低迷、欧债危机和美国"双反"的不利国际环境下，依然占据了近 50% 的份额，且取得了 37% 的年增幅。

但是，光伏产业飞快的市场增速和 2011 年以前的暴利，实际上是建立

在政府补贴和制造业从实验室到产业化过渡初期的暴利基础上的。这种情形使得光伏市场极端依赖政府补贴政策，因此，当金融海啸、欧债危机这些涉及政府要动用资金的危机情形出现时，光伏产业所受的影响首当其冲。近期江西赛维、无锡尚德所暴露出来的问题，就是这种影响的典型表现。下面将以中国光伏产业在发展过程中的热点问题来分析阐述中国光伏产业存在的问题。

（一）行业发展面临"高能耗、高污染"的局面

光伏产业特别是上游多晶硅环节发展时间短，在发展初期由于技术尚未完全掌握，部分企业存在能耗高、副产物得不到充分利用等问题，光伏产业戴上了所谓"双高"的帽子。虽然近些年来，随着多晶硅企业规模的壮大和技术的进步，生产能耗不断降低，万元GDP产值已达到全国平均水平，绝大多数企业已实现闭环生产，四氯化硅等副产物也得到有效利用，但"双高"的帽子并没有从多晶硅头上摘掉，反而被错位至下游的电池组件环节，被认为"光伏产品大量出口相当于大量输出紧缺能源"，使得光伏项目的审批、技改、产品出口等受到制约，严重影响了中国光伏产业的战略性新兴产业布局。据悉，相关部门2012年对光伏产品的出口退税进行了调整，此举无疑使中国光伏产业发展雪上加霜，加剧产业走出困境的难度。

（二）市场规模化发展面临"并网难"的牵制

国内光伏市场启动主要症结在于光伏并网。一是并网标准滞后，光伏发电的波动性使其在接入电网时，可能会产生谐波、逆流、网压过高等问题，对现有电网造成一定的冲击，因此也受到电网公司的消极处置。二是电源结构不合理，光伏发电的间歇性和不可预测性等特点使得在调峰调频方面需要较多的其他电力来平衡，如抽水储能、燃气燃油电站等，这将给电网的调度增加负担，也会影响到现有电厂的利益。三是电网配套落后，利益关系有待厘清，中国并网的光伏项目主要建设于西北地区，就地发电就地消化，但当地电网的消纳能力有限，而若不能尽快建成高压远距离输电，实施大区域调度和理顺电网公司等各方利益关系，则并网难的问题仍将存在，国内光伏市场的启动可能仍将是空口号。并且光伏并网的审批和操作程序复杂，上网补贴主体资质设定过高，上网电价并未明确，从而使社会上用能主体并没有太高积极性。

49

（三）各路资本竞逐光伏产业，行业竞争愈加残酷

2012 年，一些竞争力低下的中小企业逐渐被淘汰，但也有一些行业外的大型企业利用产业整合期，凭借资本和管理优势涌进该行业，如富士康高调宣布投资 1000 亿元进入电池组件环节，未来光伏行业的淘汰与发展将并行。同时，未来行业的竞争，将不是产业链某个环节间的横向竞争，而是不同产业链条之间的整体竞争。为了增强自身的抗风险能力，光伏企业要么自身垂直一体化发展，要么以产业集团军的形式，通过长期合约或控股整合上下游产业链，通过供应链管理降低企业的生产成本。此外，部分资源丰富的西北部城市也纷纷出台以资源换项目的政策吸引光伏企业投资，一些企业的光伏业务仅仅是换取其他资源的筹码，企业的小额盈亏已并不重要。业内普遍认为光伏产业"前途是光明的，道路是曲折的，只要熬过此严冬，未来一片美好"，因此寒冬期的竞争将会更加激烈和非理性。

虽然中国曾经涌现过江苏中能、无锡尚德、江西赛维、天威英利等一批国际知名企业，甚至还占据过各自环节的世界第一名的地位，但是，由于没有科学发展的预见性，没有自主技术，一旦行业波动较大，这些巨人倒下的速度，远远比它们发展起来的速度快得多。实践证明，凡是没有自主技术的企业，越是崇洋媚外、不思创新、一味引进，倒下得就越快，其倒下的速度与企业规模无关。

（四）产业整合成本较大，行业规范难度不小

据光伏产业研究所不完全统计，全国 156 家电池组件企业 2011 年的太阳能电池产能已超过 36GW，并且 2012 年产能在 45GW 以上。欧盟 2012 年 9 月发布的报告也显示，2012 年全球太阳能电池产能将达到 80GW，中国占据超过 50% 的份额。与快速增长的太阳能电池供给量相比，光伏需求量增长则显得相形见绌。据 2011 年 6 月欧洲光伏工业协会对 2011～2015 年的市场需求量预测数据，2012 和 2013 年光伏市场需求在 30GW 左右，因此仅当前中国的产能来说已可满足未来 2～3 年全球光伏市场需求，光伏市场的增长速度远不能跟上产能扩张的步伐。因此光伏产业的整合迫在眉睫，但是 2012 年光伏市场仍将承受价格和整合的压力，一批不具备竞争力或贸然进入光伏领域的光伏企业将在激烈的竞争中被整合或淘汰，规模较小的企业

将被并购或是倒闭，而存活下来的企业，也将面临过度供给所带来的毛利压力，耗费大量人力和物力资源。值得关注的是，在供需失衡加剧的情况下，中国在海外上市的光伏企业股价可能持续下跌且遭受国外评级机构唱空。由于竞争激烈，产品价格下降趋势加快，预计组件价格将下降8%~10%。因此光伏产业在发展进程中整合成本较大。

光伏产业的行业规范力度不足，难度不小。浙江省中小企业居多，据不完全统计，截至2012年8月，浙江省光伏企业的数量已经突破了290家。浙江省是仅次于江苏省的国内第二大光伏制造大省。对于这样的局面，"标准"能否有所区分地对待小企业，直接关系到浙江光伏企业的生存和发展。但是之前光伏产业的标准定得太低，不少企业都能进入光伏行业，目前，由工信部起草的《太阳能光伏行业准入条件》草案已经完成，该准入条件对企业生产规模、研发能力、转换效率等方面做出明确规定，涉及硅棒、硅片、电池、晶体硅组件以及薄膜太阳能电池。但是实施之后仍有不少不符合规范和资格的企业隐瞒实际情况，注册进军光伏产业，草案也很难起到抑制产能过剩的作用。因此，光伏产业的行业规范难度仍不小。

（五）过度依赖国外市场，产业面临严峻贸易保护挑战

中国光伏产业的发展主要依赖国际市场，2012年仍有近90%的太阳能电池用于出口，过分依赖国外市场。随着全球金融危机的冲击，发达国家加强对本国新能源产业的保护，中国光伏产业发展面临着国际贸易保护主义的严峻挑战，一旦国外补贴政策发生变动或实施贸易保护，中国光伏产品的市场格局将受到冲击。特别是在国内光伏产品还没有大规模应用的情况下，企业生存将会受到严重威胁。

2011年10月19日，以德国Solar World为首的7家企业联合向美国政府递交了对中国出口到美国的太阳能电池（板）进行反倾销和反补贴（简称"双反"）调查申请，而美国商务部已于2011年11月8日启动立案调查。据悉Solar World目前也在游说全球最大的欧洲市场，对来自中国的光伏产品进行"三反"（反垄断、反倾销和反补贴）调查，一旦中国应对美国的贸易诉讼不利，极有可能被欧盟搭便车，届时在中国光伏市场尚未及时启动的情况下，中国光伏产业便可能遭受毁灭性打击。预计美国"双反"案件将会持续到2012年第三季度，对中国光伏产业造成的影响可能有：一是官司耗时耗力耗财，致使中国光伏企业不能集中精力开拓国外市场；二

是来自美国的订单将会有较大的税率风险，对美光伏产品出口规模可能会萎缩，如果欧盟跟进，情况愈甚；三是促使国内光伏产业向东南亚等地区转移，以规避贸易风险；四是来自中国台湾地区的光伏企业将会渔翁得利，加速崛起，对大陆光伏企业带来巨大冲击。

四　以尚德破产案为例分析中国光伏产业的发展

近日来，无锡尚德公司申请破产重组，引起了业内外的极大震动，由于无锡尚德是中国光伏产业的龙头企业，曾经被寄予厚望，是中国制造的优秀代表，其董事长施正荣也曾凭借公司的良好业绩，荣登中国首富，而如今的破产重组实在让人唏嘘不已。究竟是什么原因让曾经辉煌一时的无锡尚德走向了没落，本文试图通过相关的分析找出答案，并希望给予光伏产业内的其他企业以启示和帮助。同时通过对尚德个体的分析总结出整个光伏产业所面临的问题与机会以及解决方案，并引出关于中国光伏产业发展的几点思考。

（一）无锡尚德公司的基本情况

无锡尚德是尚德电力公司旗下资产规模最大的生产基地，集中了尚德电力公司 95% 以上的产能，其光伏组件产能在 2012 年达到 2.4GW，是全球四大光伏企业之一。据统计，截至 2013 年 2 月底，包括中国工商银行、中国农业银行、中国银行等在内的 9 家债权银行对无锡尚德的本外币授信余额折合人民币已达到 71 亿元。

公司债务状况：尚德电力在美国上市后，股价曾经涨至 40 美元，施正荣也以 23 亿美元身价成为 2006 年的"中国首富"。此后，受益于国内对光伏产业的扶持，无锡尚德出现"裂变"式增长。2006～2011 年，6 年间尚德电力主营收入从 44.9 亿元人民币提升至 202 亿元，股价曾一度超过 90 美元。但到最近，尚德电力股价已暴跌至不足 1 美元，跌幅高达 40.27%，报收 0.35 美元。

根据尚德电力披露的 2012 年一季报，当期实现营业净收入 4.095 亿美元，同比下滑 53%，其总利润则仅为 240 万美元，同比下滑 99%，归属于普通股股东的净收益则为亏损 1.33 亿美元。从当期资产负债表的情况来看，截至 2012 年 3 月底，尚德电力的总负债达到了 35.754 亿美元，其中包括短期借款 15.746 亿美元，应付账款 5.799 亿美元，长期银行借款 1.312 亿美元以及可转债 5.578 亿美元。其中资产负债率由 2010 年的 63.96% 上升到 2011 年的 78.79%，直到 2012 年一季度的 81.8%。而同期的现金流量表则显示，截至 2012 年 3 月末，尚德电力所有的现金及现金等价物总额仅为 4.737 亿美元。尚德当前总债务超过 35 亿美元，到 2013 年 3 月到期的短期债务达 20 亿美元左右，而尚德目前手中现金不足 5 亿美元，偿付能力远远不足。

（二）尚德破产受理后的情况

2013 年 3 月 18 日，由 8 家中国的银行组成的债权人委员会向无锡市中级人民法院提交了对无锡尚德进行破产重整的申请，之后尚德电力方面宣布其子公司无锡尚德对此"没有异议"。

依据《企业破产法》，在重整期间，无锡尚德将在法庭的监督下进行各方利益的调整，并接受生产经营上的整顿和债权债务关系上的清理，以避免破产。在此期间，除经法院同意，无锡尚德的董事、监事、高级管理人员不得向第三人转让其持有的债务人的股权。若在计划期内公司恢复运行良好，则重整计划结束，公司重回正轨；否则，则宣布无锡尚德正式破产。关于偿付债务的解决方案，以尚德 CEO 金纬为代表的美国投资者提出"一半偿还，一半债转股"的方案，即 5.7 亿美元可转债中的 2.85 亿美元，可以分为几年期来偿还，年息 6%，需要国内银行担保，另外 2.85 亿美元将转成股票。无锡尚德的贷款银行方面也表示，重整过程中，将力求通过改组和完善治理结构，寻找合适的战略重组第三方，实施债务重组、技术创新、降本增效、资产处置、有效拓展国内外两个市场、盘活资产、优化管理措施、创新商业模式等举措，力争使企业重生。

（三）尚德破产及国内光伏产业低迷的原因分析

无锡尚德破产的直接原因是公司内部管理层的战略性失误，主要是当初尚德电力对主要光伏原材料多晶硅的价格走势两度判断失误。在光伏产业发展之前，多晶硅是价格极为便宜的工业原料，光伏产业发展后，硅成为疯抢的对象。2007 年初，多晶硅黑市价每公斤上涨 100 美元，升至 300 美元。2007 年底，黑市价格更是创下每公斤 400 美元的天价。当硅处于价格高位时，施正荣与美国、韩国的多晶硅企业签订了近 70 亿美元的多晶硅供货合同，合同期长达十年。与此同时太阳能电池需求却在放缓。多晶硅后来骤降至 20 美元每公斤左右。这些合约的违约令尚德损失巨大。而且尚德电力一度认为，薄膜电池可能是未来技术发展方向之一，追加数千万美元的投资，但也成了"竹篮打水"。

无锡尚德破产最根本的问题还是光伏产业的全球性产能过剩，光伏组件出现的恶性价格战拖垮了尚德。政府出于政绩的考量，出台种种政策扶持光伏产业，导致光伏产业盲目扩张，产能过剩，过度竞争，使得光伏市场供过于求，其不合理的市场发展也阻碍了企业的健康发展。无锡尚德"市场在外"，产品基本上销售给境外关联公司。尚德 99% 的市场依赖欧美市场，而欧美国家对中国的组件、电池和硅片实行反倾销和反补贴调查后极大地减少了海外的需求，这就抑制了尚德的国际化发展。

与此同时，2010～2013 年，中国光伏产业持续低迷，主要原因有四个：

（1）市场长期高速增长，使得许多中国的投资者和从业者忽视了光伏市场作为一个产业发展初级阶段的重要特点，那就是，技术和设备更新快，而且所有技术更新都是围绕"低成本、高效率"来展开的。这个特点使得光伏产业的设备更新快，设备的生命周期短，往往一台设备上市两三年后，就有新的设备使之面临淘汰的命运，因此，建立工厂时，设备投资不宜超前过多。但中国光伏企业几乎集体忽略了这一点。

（2）光伏产业持续多年的暴利使投资者忽略了自有技术的研发。由于光伏产业是新兴产业，因此，还没有形成一套成熟的产业技术、装备和工艺，目前各大装备公司所生产的设备也是根据基础研究和实验室试验结果加上少量的实验，开发出来后很快投向市场。这时，用户自身的研发就显得尤其重要，如果能够对设备做些小的改进，就很容易带来生产效率的大幅提高和成本的大幅下降。但中国几乎所有的光伏企业都忽视了这一点。

（3）中国政府上网电价制定不够合理导致市场价格降速过快。2011 年 8 月，国家发改委公布了光伏上网电价，2012 年为 1 元/度。由于未对全国不同日照条件的地区进行区别电价，因此，导致根据上网电价倒推回来的组件价格比当时的市场价格低很多，这是中国光伏组件价格从 13 元/瓦降到 6 元/瓦以下的主要原因。

（4）由于 2010 年德国提前透支安装量造成的超高增速和当时的暴利，造成中国光伏产业的产能增速高达 300%。过度的产能扩张与价格下跌结合在一起，使得中国大部分光伏企业面临着资金的巨大压力，不得不以低于成本价很多的价格清仓。造成了行业的恐慌，这种恐慌随着不少光伏上市企业的财务报表逐步蔓延到了投资界和金融界，造成了谈光伏色变的局面。

（四）尚德破产对中国光伏产业发展的启示

尚德的破产似乎传递了一个信号，在欧美国家反倾销、反补贴贸易政策下，作为全球最大的光伏产品加工与制造国家，由于海外市场萎缩，以及标志性企业破产，中国光伏行业整体发展落入低谷。

但我们依然应该相信，光伏太阳能是朝阳产业，尚德破产不能代表整个光伏产业的没落。光伏产业依旧有前途，原因如下：一是太阳能发电的成本不断下降，而化石能源的成本在不断上升；二是化石能源在不断枯竭；三是基于环保的考虑，火电厂将逐渐被太阳能发电厂取代。正如美国麻省理工学院出版的《技术评论》杂志中指出的，中国光伏整合未必是坏事。"只有更多企业倒闭，产量供大于求、价格直线下跌的局面才能缓解，企业才能购买更多设备并投入新技术，长期来看太阳能才能同化石能源一较高低。"然而，中国光伏产业中其他企业必须面对与尚德同样的问题，这就要求各个企业要充分地吸取尚德的教训，同时合理利用外部机会，加强自身的竞争力，努力经营，适当合作，使中国的光伏产业朝着健康良性的方向发展。以下是针对光伏企业的几点提示。

1. 积极扩大内需，摆脱国际市场束缚

中国光伏产业联盟提供的数据显示，光伏组件价格从 2011 年的每瓦 1.4 美元下降至目前的 0.7 美元，与此同时，全球太阳能光伏总产能大于实际需求量 1.5 ~ 2 倍。

中国光伏产业联盟秘书长王勃华指出，2011 年统计的企业数为 262 家，2012 年已经降至 112 家。"这意味着超过一半的企业退出了光伏行业，即便如此，2012 年中国建成的光伏组件产能达 4500 万千瓦，是 2009 年的 700％。"江苏中能硅业科技有限公司副总经理吕锦标表示，中国光伏产品在低端环节严重过剩，企业之间竞相杀价。"特别是 2012 年，一些企业在亏损状态下仍大量出口，形成恶性竞争。"

据分析，美国 2012 年 11 月对中国晶体硅光伏电池片等产品征收 18.32％ ~ 249.96％ 的反倾销税，以及介于 14.78％ ~ 15.97％ 的反补贴税。2013 年一季度，中国加工制造的光伏电池片基本退出了美国市场。欧美国家的贸易壁垒固然是一个重要因素，但中国光伏企业的结构性产能过剩，以及竞相杀价、恶性竞争等问题，恐怕也是一个重要原因。据了解，中国有 100 多个城市建设了光伏产业基地，但九成以上的产品依赖国际市场，国内需求不足 3%。2012 年，欧美国家"双反"政策一经启动，中国光伏龙头企业英利、尚德、天合、阿特斯等没有一家赢利。

因此，光伏产业的其他企业不能再像过去一样指着依靠政府的补贴一味地向欧美国家出口，这无疑是饮鸩止渴，终究受损失的只能是自身，买单的也只能是我们国家。扩大内需才是解决问题的关键，希望政府能够出台相关政策在国内推广太阳能应用。

2. 努力降低成本，利用政策扶持

在国际市场上，由于贸易壁垒，中国的光伏产品出口困难；而在国内市场，由于成本较高，光伏产品同样面临需求不足问题。分析人士指出，中国的光伏产品发电成本大约为每度电 1 元人民币，与煤电或水电等能源产品相比，成本尚不具备竞争优势。"因发电成本较高，光伏产业至今处于'引导扶植期'——依赖政府补贴，才能具有应用市场。这决定了光伏产业不仅是各国之间的企业竞争，更是国家战略的竞争。"国家能源局新能源和可再生能源司司长王骏说，"无锡尚德破产重整反映出中国发展光伏产业的国家战略还有很多薄弱之处，释放出整个产业滑向失利的危险信号"。

以无锡尚德为例，一方面政府一味鼓励企业扩大产能，没有通盘考虑海外市场是一个"政策市场"，忽视了企业在海外市场过于强势会招致打压。另一方面在国内市场的启动上，缺乏长远战略，一味追求"低价竞标"，在研发、品牌等方面投资甚大，空有产品质量与性能优势，实际上是亏本销售，苦苦支撑。因此，必须制定长远战略，积极利用政府政策，完善企业机制，促进企业长期发展。

3. 平衡债务关系，避免过重债务

当前，中国四大光伏龙头企业除苏州阿特斯的债务相对较轻外，已经宣布破产重整的无锡尚德，以及常州天合、河北英利均是债务累累，资金紧张。无锡尚德破产的一个重要原因就是金融界对公司失去了信心。江苏省光伏协会秘书长许瑞林介绍，中国四大光伏龙头企业不仅聚集了中国光伏产业最有实力的研发中心，还在国际市场上创出了自有品牌。一旦由无锡尚德引发龙头企业倒闭潮，中国光伏产业十多年发展才形成的优势将受到根本性冲击。国家职能部门应对此有所防范，引导银行等金融部门与光伏产业共渡难关。中国光伏产业长期存在产业链发展失衡的问题，下游光伏电池、光伏组件产能严重过剩的同时，上游原材料环节的多晶硅产业却"优质产能"不足。因此，对晶硅产业的龙头企业更应从国家战略的高度，加大扶持力度，平衡债务关系，避免过重债务。

4. 要规范行业竞争，避免恶意价格战

美国对使用中国产晶体硅电池组件"双反"的仲裁结果为，征收介于 18.32% ~ 249.96% 的反倾销关税，以及介于 14.78% ~ 15.97% 的反补贴关税。即使这样，中国光伏组件企业仍没有停止在欧美市场打恶性价格战，一些中小企业的组件价格从 0.8 美元 / 瓦，降至 0.65 美元 / 瓦。业内人士表示，中国传统产业屡屡出现一哄而上、低端产能过剩，继而因恶性价格战导致行业性亏损的"周期律"。在国家大力扶持光伏产业的同时，相关部门、地方政府、光伏产业各方都应反思，为何一个刚刚兴起的产业又走了传统产业的老路。因此，必须要规范行业竞争，避免恶意价格战。

五　促进中国光伏产业"重生"策略

（一）　提升光伏发电战略地位

太阳能发电是一种新型的能源利用方式，中国需要科学、有效、稳定的光伏激励政策，保持光伏市场稳定、快速、健康的发展。一是大力宣传光伏发电的积极意义，提高公众和主管部门对太阳能发电的认知度。破除对光伏产业"高能耗、高污染"的误解。同时太阳能发电的经济性问题决定了光伏发电在未来一段时间内尚需国家补贴扶持，需要加深公众对太阳能发电的认识与理解，愿意承担开发太阳能等绿色能源的成本。二是制定切实可行的太阳能发电中长期发展规划和发展目标，稳定投资者信心，以调动各方资本对光伏产业的发展进行长期投入。三是统筹制定产业、财税、金融、人才等扶持政策，建立健全太阳能发电服务体系建设，积极促进中国光伏产业健康发展。

（二）　规范光伏行业发展制度

中国光伏产业发展制度存在很多问题和隐患，从根本的制度问题上必须进行规范化发展，一是建立健全准入制度，制定太阳能光伏行业准入条件，及时剔除行业发展中所出现的一些不良因素，促进产业健康协调发展。二是以中国自主知识产权为基础，按照市场需求及企业技术水平，会同有关标准主管部门，制定光伏产品和系统的相关标准。三是推进太阳能光伏产业监测预警体系建设，定期发布检测报告，引导协调统筹各地方光伏产业发展规划，避免低水平重复建设，给产业发展带来隐患。四是加快中国光伏产业联盟等行业组织建设，加强行业协作和自律管理，不断提升中国光伏行业总体形象，更好地应对和参与国际竞争。最终还是要加强自身的抗风险和持续赢利能力。

（三）引导光伏产业有效整合

目前中国光伏产业发展比较零散，整合光伏产业必将有利于应对国外"双反"政策。具体措施如下：一是加强对制定光伏产业整合政策的研究，整合企业、地方政府等资源，做好应对光伏行业整合的准备；二是探讨区域中小企业联合经营模式，抱团应对外来挑战；三是鼓励优势企业兼并中小企业，优势互补，增强企业核心竞争力；四是及时跟进产业发展情况，加强有关部门和企业的沟通，做好应对可能发生的国外资本收购中国优质光伏企业的准备。同时加强完善光伏发电并网技术与标准，使中国的光伏产业技术科技化、操作规范化。一是加强光伏并网技术的研发力度，建立微电网工程示范，同时推进智能电网建设。二是组织电网公司、光伏电站安装商与运营商、光伏并网与储能设备制造商、组件制造商等有关单位研究制定光伏并网环节的各项技术标准，完善光伏发电并网标准体系。三是做好项目规划、合理布局，坚持以资源指导规划、以规划定项目，先规划、后开发的原则，有序推进光伏电站项目建设。四是加强发电企业和电网企业间的沟通和协调，明确发电企业与电网企业的权责，协调和引导有条件、并网难度小的光伏发电设施率先并网，先易后难，不断完善光伏并网的管理体制，推进电力改革。五是做好监管服务工作，及时解决协调并网过程中可能发生的难题。

（四）鼓励企业自主创新

目前，中国虽然是光伏制造大国，但并非光伏制造强国。以多晶硅为例，国外对中国的销售价格降低至 15 万元/吨，还有赢利，但中国几乎所有的企业都只能停产。这就是依赖国外的技术所造成的恶果。但中国这些年的制造经验，实际上已经为创新作了丰富的积累，实际上，也有不少企业已经开发出了许多"低成本、高效率"的光伏制造技术。例如，上海普罗所开发的 PM 法多晶硅提纯技术，可以在实现 99.99995% 的纯度下，将成本降低到 6 万元/吨，仅为国外西门子法多晶硅成本的 1/2.5。国内许多厂家正在开展的铸造单晶技术，已经处于国际领先地位。只要中国光伏企业大胆使用这些创新技术进行自主创新，大胆采用国内的成果，就能够进一步大幅降低光伏发电成本。

在这种情况下，即便欧债危机持续发酵，即便美国坚持"双反"，中国的光伏产业依然能够摆脱对欧美市场与技术的依赖，而独自领跑世界。这样还会使欧美越建立贸易壁垒，对其自身的光伏产业发展危害越大，而中国则能够发展得更好。

（五）积极培育和发展多样化的光伏市场

光伏产业市场的多样化有利于其稳定、安全发展。积极培育多样化的光伏市场应首先继续利用政策引导国内光伏市场健康快速启动。落实并完善"上网电价"实施细则，继续实施"金太阳工程"等扶持措施。坚持并网发电与离网应用相结合，以"下乡、富民、支边、治荒"为目标，支持与建筑相结合的光伏发电系统、小型光伏系统、离网光伏系统等应用，开发多样化的消费光伏产品。

光伏企业应当在西部建设光伏电站的同时，将光伏制造和其他载能高的项目与光伏电站进行同步建设，这样，不仅能够解决光伏发电的西部电力去向问题，也能够真正实现西部大开发，用制造业的长期效益，为西部带来真正的效益和税收，解决劳动力就业问题。在东部地区应当大力发展工业建筑的屋顶光伏发电。中国东部地区缺电，东部地区不仅阳光资源较差，而且土地资源紧缺，人口密集，而光伏电站恰恰需要大量的占地。实际上，光伏发电不一定要开展大规模地面电站。以德国为例，目前德国的光伏总装机超过了 30GW，其中 75% 以上是屋顶电站。当然，中国由于人口多，在城镇地区开展住宅屋顶发电尤其是高层住宅的屋顶发电，经济性较高。东部经济发达，工厂众多，在工厂的屋顶进行屋顶发电，可以在白天对工厂供电，无论是工业园区的工厂屋顶，还是大型超市等商业建筑的屋顶，均可大力发展屋顶发电。

（六） 积极应对国外贸易保护措施，规避国际贸易壁垒

中国的光伏产业需要一边继续巩固国外传统光伏市场，一边开辟新的光伏市场。应组织企业积极应对国外贸易保护主义措施，规避国际贸易壁垒，巩固和发展国际市场，增强产业的安全防范意识。密切关注国外政策和市场竞争环境动向，抓住新兴市场发展机遇，引导企业抢占新兴市场。发挥协会作用，切实反映业界诉求，加强合作，增强行业竞争力。

中国光伏企业应加强与金融部门、政府部门以及科研院所的合作，推进产品标准、企业评价、质量检测体系的建立，避免行业无序竞争，增强企业抵御风险的能力。发挥行业协会、检测中心和标委会的作用，促进中国光伏行业的健康发展，中国光伏产业可以自发组织光伏产业协会，维护自身产权及经济利益。

六 中国光伏市场的发展趋势及前景

（一） 光伏发电应用需要国家政策的驱动

国家政策的支持力度将对今后若干年的光伏市场发展速度起到比较关键的作用。光伏发电技术的大规模市场化应用——光伏并网发电技术的推广需要国家政策的强力驱动。同时光伏产品的价格受市场规模和供需关系影响，并且启动中国光伏市场的条件已经基本具备，政策环境基本具备、投资环境基本具备、市场环境基本具备、产业条件已经基本具备。光伏产业链基本完整，太阳电池产能、产量远高于国内市场目前安装量。光伏系统的推广建设对逐步改变中国能源结构有明显好处，光伏电力上网电价与常规能源电价的差距已经大大缩小。适度放开光伏上网电价是国内光伏系统的应用，特别是大型光伏电站的应用大幅度增长的关键。

（二） 光伏发电在通电建设中发挥主要作用

尽快解决无电人口通电问题具有重大社会效益，将继续得到中国各级政府的高度重视。无电地区均地处偏远、交通不便、人口居住分散，光伏发电（风光互补发电）几乎成为唯一选择。因此光伏发电将继续在无电地区通电建设中发挥主要作用，解决居民的生活用电及工业用电问题。这些

地方，多为边远偏僻的山区、牧区、高原、海岛，缺乏常规能源资源，也少有技术经济上可供开发利用的小水电资源，同时远离大电网、人口稀少、居住分散、用电负荷不大、交通极不方便，但其太阳能资源相当丰富，多处于中国太阳能资源的高值区。因此，充分利用这些地区得天独厚的太阳能资源，有计划有步骤地、因地制宜地推广应用户用光伏电源系统，以满足这些无电地区广大农牧民照明、听广播、看电视等生活用电的需要，是一条重要的途径。当前，这些地方由于没有电，人们仍然过着"日出而作，日落而息"，远离现代文明的生活，经济不发达，科学文化落后，文盲多，人口素质低下。如果有了电，就可大大促进这些地区经济的发展，科学文化水平的提高，人口素质的改善，尽快摆脱贫穷落后，走上文明富裕之路。而使这些地区尽快脱贫致富，不但对于全国经济的平衡协调发展和缩小东部与西部地区之间的差距具有重要意义，而且对于增强中国各民族间的团结和保持稳定具有重要意义。

（三）基本商业化的光伏应用市场有望加快发展步伐

光伏企业产品研发力度将得到加强，应用产品将会不断拓宽。随着光伏产品成本的继续降低，光伏技术应用在一些"特殊领域"的经济性也会逐渐显现。农村、牧区、渔业等纯商业零售市场随国家加大对通电建设的支持力度会受到一定影响，但部分地区用户对产品更新换代的需求将使这个市场长期持续。通信、石油、铁路、气象、交通、海事等方面的应用有望继续扩大。

（四）大型荒漠电站建设将成为投资热点

中国的西北部拥有充沛的太阳能资源可以利用，太阳能年辐射量约为 $6680 \sim 8400 MJ/㎡$，年日照时数约为 $3200 \sim 3300h$，而且有大量荒置的沙漠化土地和干旱、半干旱土地可以利用。以新疆为例，新疆土地总面积 166.49 万平方公里，荒漠戈壁约 100 万平方公里，占总面积的 60%，荒漠戈壁每年接收的太阳能辐射相当于 4000 亿吨标准煤的能量，适合建造大型荒漠光伏发电站。按年发电量 150 千瓦小时/平方米计算，新疆荒漠戈壁全年发电量将达到 1.5×10^6 亿千瓦小时，相当于中国目前年电能消费量的 24 倍，是一个巨大的、洁净的光伏能源宝库。因此，在上网电价的支持下，相对于不断下降的光伏组件价格和可以忽略不计的土地使用成本，其收益是可观的，也是长久的。目前华电、中电投、中节能、中广核、大唐电力等企业正在新疆从事光伏电力基地建设。

（五） 与建筑结合的光伏发电系统将进一步推广应用

与建筑结合的并网系统——低压端自用系统，是光伏应用的主要方式之一，主要方式有在城市架设屋顶并网发电系统（BAPV）及光伏发电建筑一体化集成光伏系统（BIPV）。中国房屋总建筑面积约为 400 亿平方米，城镇住宅屋顶可利用面积约为 8 亿平方米（按 10 层楼计算），农村住宅屋顶可利用面积约为 32 亿平方米（按 5 层楼计算），若上述面积屋顶和南立面面积的 20% 用来安装光伏设备的话，总安装容量约为 100GWp。但是，由于特殊组件价格高，朝向和倾角很难保持最佳以及建筑物的美观协调等因素，目前比较难达到荒漠光伏电站的规模效应，因此大规模安装和向网上售电等方式期待国家相关政策的支持。

七　结论与展望

光伏产业目前虽然处于低谷，也有不少光伏巨头可能会倒下，甚至破产。但是，光伏产业还处于刚刚起步的时期，处于一个新兴产业的初级阶段。"沉舟侧畔千帆过，病树前头万木春"，大浪淘沙，更新换代，只会使光伏这个产业更加健康，更加成熟。只有那些凭自己的知识产权坚持做出好的产品的公司，才会成为长青之树，实现长期可持续发展。

光伏产业作为一个新兴的产业，必定可以在中国的市场上发挥更大的作用，无锡尚德的破产不是光伏产业的末日，也不是光伏产业发展的终点，相反是整个光伏产业重新调整洗牌后的一个新开始，各个公司可以重新审视自身所面对的问题，积极应对国内外的竞争，让自己融入全球化竞争的浪潮中，提高自身的实力。同时通过分析我们也应该意识到，政府的政策应该适可而止，不要一味追求税收和政绩工程，而盲目的补贴会导致光伏产业的产能过剩，使得国内不能消化，而国外又因为贸易政策而减少需求，这无异于自己为自己做的蠢事埋单。相反，政府要相信市场的自动调节能力，市场能解决的问题就不需要政府参与，政府需要负责的是建立一个平等互信、公平竞争的经营环境，让企业无论大小，无论新旧都能参与到市场中来而不会受到相关的壁垒限制，可以自由地进入，而不必卷入恶意的价格竞争。不仅是光伏产业，中国其他相关产业如钢铁、煤炭、纺织业也同样正经历着产能过剩，赢利能力不足的问题，这也就涉及老生常谈的产业升级的问题，淘汰落后产业，引入新兴产业，这也是市场规律，但最主要的还是自身的竞争力不够强，这也同样要求政府能够引入相关机制来帮助企业走向正确、合理、科学的经营方式上来。

我们有理由相信，未来的光伏产业肯定能走出现在的阴霾，迎来崭新的明天。

专题三

中国航空业发展研究

一 背景

航空业兴起于 20 世纪中叶，现在已经成为各国国际往来、交通运输的重要组成部分，并因其特殊性而处于难以替代的地位。

中国航空业是在中国社会经济体制转变和社会变革的基础上发展起来的。新中国成立以前，民用航空业基本上是不存在的，那时的航空业属于军事航空，主要应用于作战和与军事相关的活动。新中国成立后，中国航空业完全为国家所有，此时航空业呈现出规模小、涉及业务范围小、技术低下等特点，这与当时中国的国情和经济发展水平是紧密相关的。直到改革开放后，中国从计划经济逐步转向市场经济，经济得到较快的发展，航空业才开始有了广阔的发展空间，一批符合市场经济条件的现代化民航企业先后成立，并在激烈的市场竞争中不断发展、改进、完善，最后逐步形成一个较为完整的航空体系。2001 年加入 WTO 后，中国完全面向了国际市场。在日趋激烈的国际市场竞争中，一方面，中国航空业的发展远远落后于西方发达国家，面对强大的国际竞争对手，中国航空业举步维艰；另一方面，在竞争中求发展，加入 WTO 为中国航空业带来了发展机遇，中国航空业面临更加广阔的发展空间和前景。

在世界经济一体化、国际经济全球化的时代背景下，从 20 世纪下半叶开始，中国的航空运输业发展速度加快，中国民航运输顺应世界潮流，在改革过程中不断发展壮大。但是，也应看到中国航空业目前存在的问题，尤其是 2008 年金融危机以来，中国航空业的发展受到了强烈的冲击，导致大部分航空公司赢利能力下降，甚至出现利润负增长情况。换一个角度讲，正是基于目前存在的问题，中国航空业转型升级和重组的形势更加急迫，这无疑是中国航空业未来发展的一大机遇。总体来看，中国航空业的发展潜力仍具有上升的空间。

从概念上理解，航空产业主要是指在国内和国际航线上使用大、中型客、货机、支线飞机和直升机进行的商业性客货邮运输的行业。它所涵盖的范围较广，通常包括航空器的提供者和经营者、发动机制造商、燃油供应者、机场及空中交通管制系统等。本文所涉及的航空产业主要是民用航空、航空公司及部分辅助业务。

本文通过对中国航空业的现状、问题的深入分析，并结合 SWOT 分析法与 SCP 分析法，有助于读者了解中国航空业发展情况，更好地把握中国航空业未来发展态势，也有助于相关部门为中国航空业制定更有利于其发展的政策措施。

二 中国航空业的发展现状

（一）中国航空业概述

航空业作为中国产业的重要组成部分，是一个国家经济发展的重要体现。在国家综合交通运输体系中有着举足轻重的地位，尤其是改革开放以来，中国航空业在长距离高速旅客、货物运输和国际旅客、货物运输中占据特殊而重要的地位。航空业的发展，作为衡量中国经济发展的重要产业经济指标，其健全发展也体现了中国更强的竞争力和经济实力。近年来，中国航空运输业快速发展，运输能力和国际地位显著提升。航空运输总周转量在国际民航组织缔约国中的排名由 2000 年的第九位提高至目前的第二位，中国民航成为全球仅次于美国的第二大民航运输系统，中国成为国际民航组织第一类理事国。但与美国或欧洲相比，中国的民航运输市场仍存在很大的差距，具有很大的发展空间。

截至 2012 年底，中国共有颁证运输机场 183 个，其中，东北地区 20 个，东部地区 47 个，西部地区 91 个，中部地区 25 个。共有运输航空公司 46 家，按不同类别划分：国有控股公司 36 家，民营和民营控股公司 10 家；全货运航空公司 10 家；中外合资航空公司 14 家；上市公司 5 家。定期航班航线 2457 条，按重复距离计算的航线里程为 494.88 万公里，按不重复距离计算的航线里程为 328.01 万公里。

（二）中国航空产业链基本分析

对于全球航空业而言，上游产业主要为航油生产企业和客机生产企业，国际航油市场价格直接影响航空公司成本；下游为旅客相关企业和需要进行航空货物运输的企业，受到宏观经济的影响。对于中国航空业而言，航空产业的存在和发展依赖于飞机制造商、燃料制造商和运营商的生产经营活动，已经形成中国航空产业运营业的大产业链，见图 3 - 1。

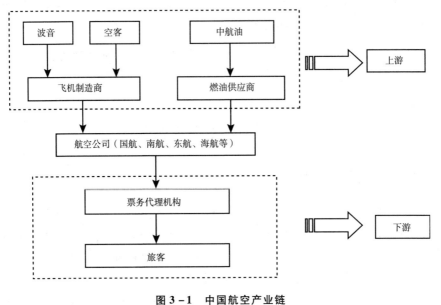

图 3 - 1　中国航空产业链

资料来源：中国民航网。

从图 3 - 1 可以看出，中国航空业产业链上游产业主要为航油生产企业和客机生产企业。中国最大的航油生产企业是中国航空油料集团公司，它是国务院国有资产监督管理委员会直接管理的国有大型航空运输服务保障企业，名列中国企业 500 强第 76 位。中国航空油料集团一直从事航空油料供应，该公司与中外众多航空公司同为国际航空运输协会（IATA）合作计划成员。目前，该航油企业已初具规模，业务范围覆盖全国绝大多数机场。同样，飞机制造商也作为航空业的上游产业，主要的飞机生产企业有沈阳飞机公司、成都飞机公司、西安飞机公司、哈尔滨飞机公司、南昌飞机公司等，它们均隶属于中国航空工业第一集团公司和中国航空工业第二集团公司两大国有集团。

目前中国航空业核心——航空公司按国家股权规模划分为三个层次，第一层次为隶属于国资委的三航：中国国际航空、中国南方航空、中国东方航空；第二层次为地方航空，如隶属于地方政府的海南航空、上海航空、深圳航空；第三个层次主要为民营航空、支线航空、货航，如春秋、东星、吉祥等。从市场份额上来看，国航、南航、东航、海航四大航空公司所占市场份额达到90%以上，为中国主要的航空公司。

中国国际航空股份有限公司于1988年在北京正式成立，是中国航空集团公司控股的航空运输主业公司，不仅提供国际、国内的客货运输服务，而且承担国家领导人的专机任务。中国国际航空公司现经营114条航线，其中国际航线43条，国内航线71条，每周定期航班1000多个班次，飞往世界19个国家的29个城市，通达国内大部分省会、主要城市和旅游热点地区。截至2009年10月底，国航拥有以波音、空客为主的各型飞机256架，运营覆盖32个国家和地区的250条航线，通过国航以北京为核心枢纽的强大、均衡的全球航线网络，乘客可以便捷地到达87个国内目的地、56个国家及地区目的地。国航在全球范围内与22家著名航空公司建立了合作伙伴关系，将服务进一步拓展到159个国家的912个目的地。截至2011年10月底，国航拥有以波音和空中客车系列为主的各型飞机277架。2012年国航股份共实现运输总周转量176.7亿吨公里，旅客运输量0.73亿人次，货邮运输量73.3万吨。通航22个国家和地区，其中国际城市近40个，国内城市70多个，每周定期航班4160班。

中国南方航空股份有限公司是国内运输航班最多、航线网络最密集、年客运量最大的航空公司。截至2007年，南航经营包括波音系列、空中客车系列在内的客货运输飞机300余架，国际国内航线600余条，形成了以广州、北京为中心枢纽，密集覆盖国内，辐射亚洲，连接欧美澳大利的航线网络，通往全球152个大中城市。2012年，南航运输总周转量162.1亿吨公里，旅客运输量近0.68亿人次，在中国民航各航空公司中率先进入世界航空客运前十强。南航占有中国国内民航三分之一的市场份额。

中国东方航空股份有限公司是一家总部设在中国上海的国有控股航空公司，在原中国东方航空集团公司的基础上，兼并中国西北航空公司，联合云南航空公司重组而成，是中国民航第一家在香港、纽约和上海三地上市的航空公司，是我国三大国有骨干航空运输集团之一。截至 2010 年 1 月，东航集团总资产约为 1085 亿元人民币，拥有大中型运输飞机 330 多架，通用航空飞机 18 架，通航点 151 个，从业人员超过 6 万人。由 400 余架平均机龄不满 7 年的大中型飞机构成的东航机队，每年为全球 7000 多万旅客提供服务。2012 年，东航集团完成飞行 141.7 万小时，完成运输总周转量 144.1 亿吨公里，完成旅客运输量 0.73 亿人次，完成货邮运输量 141.7 万吨。

海南航空股份有限公司，是一家总部设在海南省海口市的中国第一家 A 股和 B 股同时上市的航空公司，是海航集团旗下的航空公司之一，是中国内地唯一一家 SKYTRAX 五星航空公司。海南航空是继中国国际航空公司、中国南方航空公司及中国东方航空公司后中国第四大航空公司，先后建立了北京、西安、太原、乌鲁木齐、广州、大连、深圳七个航空营运基地，航线网络遍布中国，覆盖亚洲，辐射欧洲、北美洲、非洲，开通了国内外航线近 500 条，通航城市近 90 个，是中国发展最快和最有活力的航空公司之一。2012 年，海航集团完成飞行 79.2 万小时，完成运输总周转量 70.5 亿吨公里，完成旅客运输量 0.42 亿人次，完成货邮运输量 58.0 万吨。

下游为旅客和需要进行航空货物运输的企业，下游的需求常受宏观经济的影响。票务代理机构和旅客作为航空产业链的下游，是航空公司的服务主体和利润来源，同时对航空公司的服务效果和满意程度做出直接反应。一方面，航空公司旅客作为航空公司的下游市场，安全、服务、正点的追求成为乘客对航空公司的基本要求。航空业下游的产业，将直接影响旅客的利益。近几年，受自然灾害等不可抗力因素的影响，突发事件增多，以至于飞机晚点、航班取消的事件时有发生，航空业安全成为影响航空业发展的重要因素。另一方面，中国航空公司的客票销售主要通过票务代理机构进行，票务代理机构对票务的销售垄断有时会阻碍航空公司对客户偏好、客户资料的了解，从而不利于航空公司及时调整客票销售价格和最优票价策略的制定。目前，航空公司正在采取各种措施，力争获得机票销售的主导权。

（三）客货运情况

从 2008 年到 2012 年，在世界经济不景气的情况下，航空主要运输指标一直保持平稳较快增长。

1. 运输总周转量

2012 年，全行业完成运输总周转量 610.32 亿吨公里，比上年增加 32.88 亿吨公里，增长 5.7%，其中货运周转量 446.43 亿吨公里，比上年增加 42.90 亿吨公里，增长 10.6%；货邮周转量 163.89 亿吨公里，比上年减少 10.02 亿吨公里，减少 5.8%。2012 年，国内航线完成运输周转量 415.83 亿吨公里，比上年增加 35.22 亿吨公里，增长 9.3%，其中港澳台航线完成 13.66 亿吨公里，比上年增加 1.02 亿吨公里，增长 8.1%；国际航线完成运输周转量 194.49 亿吨公里，比上年减少 2.35 亿吨公里，减少 1.2%。

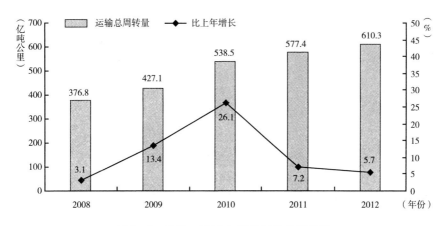

图 3-2　2008～2012 年民航运输总周转量

资料来源：《2012～2013 年中国通用航空产业发展研究年度报告》。

2. 旅客运输量

2012 年，全行业完成旅客运输量 31936 万人次，比上年增加 2619 万人次，增长 8.9%。国内航线完成旅客运输量 29600 万人次，比上年增加 2401 万人次，增长 8.8%，其中港澳台航线完成 834 万人次，比上年增加 74 万人次，增长 9.7%；国际航线完成旅客运输量 2336 万人次，比上年增加 218 万人次，增长 10.3%。完成整个旅客运输量 6.8 亿人次，比上年增长 9.5%。其中，东北地区完成旅客运输量 0.43 亿人次，中部地区完成旅客运输量 0.67 亿人次，西部地区完成旅客运输量 1.81 亿人次。

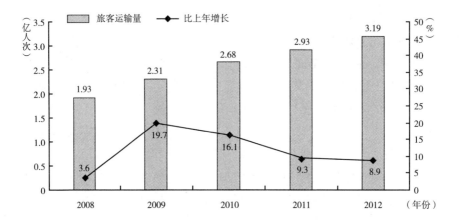

图 3 - 3 2008～2012 年民航旅客运输量

资料来源：《2012～2013 年中国通用航空产业发展研究年度报告》。

3. 货邮运输量

2012 年，全行业完成货邮运输量 545 万吨，比上年降低 2.2%。国内航线完成货邮运输量 388.5 万吨，比上年增长 2.4%，其中港澳台航线完成 20.8 万吨，比上年降低 1.1%；国际航线完成货邮运输量 156.5 万吨，比上年降低 12.1%。2012 年全国运输机场完成货邮吞吐量 1199.4 万吨，比上年增长 3.6%。

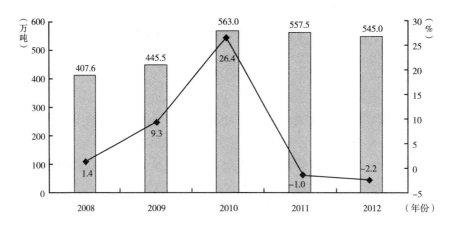

图 3 - 4 2008～2012 年民航货邮运输量

资料来源：《2012～2013 年中国通用航空产业发展研究年度报告》。

4. 机场吞吐量

2012 年，年旅客吞吐量 100 万人次以上的运输机场有 57 个，1000 万人次以上的机场有 21 个，其中北京、上海和广州三大城市机场旅客吞吐量占全部机场旅客吞吐量的 30.7%。其中，北京首都国际机场完成旅客吞吐量 0.82 亿人次，位列亚洲第一。

2012 年，货邮吞吐量 1 万吨以上的运输机场有 49 个，比 2011 年增加 2 个，吞吐量占全国的 98.5%。其中北京、上海和广州三大城市机场货邮吞吐量占全部机场货邮吞吐量的 53.5%。

表 3 - 1　2012 年旅客吞吐量 100 万人次以上的机场数量

单位：个

年旅客吞吐量	机场数量	比上年增加	吞吐量占全国比例(%)
1000 万人次以上	21	0	74.0
100 万 ~ 1000 万人次	36	4	21.3

资料来源：《2012 ~ 2013 年中国通用航空产业发展研究年度报告》。

三　中国航空业 SWOT 分析

（一）竞争优势

1. 航空科技水平的进步

随着科技水平的进步，中国不断增加新飞机，淘汰旧飞机，这有力地支持了航空业在技术方面的完善。1998 年底，全国民航共有各型运输飞机 523 架，其中大中型运输飞机占 85% 以上。当时新引进的飞机有 B777、B747、B767、B757、B737、A340、A310、A320、MD11、MD82、MD90 等。到目前为止，中国民航的主力机队已配备了世界上最先进的机型，机龄短、技术新、经济性能好，提高了飞行的安全性、舒适性和航空公司的经济效益。

以 RNP 为代表的新型导航技术在更多机场的应用，全面提升了各民航机场的航班安全保障级别；卫星通信技术在航空公司运行控制系统的应用，改善了航空公司的运行效率和安全保障能力；以新一代空管设备为代表的全新空中交通管制程序的应用，增加了飞机在繁忙航路上的通过能力，减少了大型机场飞机起降的等待时间。中国民航通过原有技术升级和高新技术引进，全面提升了整个民航系统的航班保障能力，缓解了因软硬件设施滞后而引起的航班延误现象。

2. 民航企业资产质量显著提高

中国民航部门通过政策支持和机制完善，不断助力民航企业改善其资产质量，获得了显著成效。目前，民航企业资产规模不断扩大，平均资产负债率呈明显下降趋势。截至 2011 年，民航企业资产规模总计达到 10842 亿元，比 2007 年增加了 4328 亿元，增长 66.4%。民航企业平均资产负债率由 2007 年底的 66.2% 下降为 2011 年底的 63.6%，其中，航空公司由 81% 下降为 77%，机场由 49% 下降为 42%。2011 年，中国航空公司整体赢利 280 亿元人民币，整体利润占全球航空公司利润总额的 55%，占据了全球航空企业赢利额的"半壁江山"。

（二）竞争劣势

1. 安全级别较低

尽管过去 10 年，中国民航的安全水平不断提高，2001～2010 年中国民航运输航空重大级以上事故率已经下降到 0.1/百万小时，安全水平步入世界先进行列。但总体上看，中国民航的安全基础仍相对薄弱，安全生产管理体制和运行机制正在完善之中，安全综合保障能力与航空业的快速发展还不适应，与航空发达国家相比还有较大的差距。未来 10 年，如果按照规划中的航空运输的增长速度和 2001～2010 年的航空运输重大事故率推算，将发生 9 起以上运输航空事故，这是无论如何都难以接受的。因此，必须大力提高中国民航的安全水平。

2. 内部资源不足

中国航空业面临着内部资源不足的竞争劣势：一是民航可用空域资源严重不足。在北京、上海、广州、深圳、成都、昆明等地，民航可用空域的飞行量已经饱和，这也是目前航班大量延误的最主要的原因，同时也带来了严重的安全隐患。随着航空运输和通用航空需求的不断增长，民航对空域资源的需求将越来越大，军民航空域活动的矛盾日益突出。二是人力资源不足。飞行员、机务维修、空中管制等专业技术人员和管理人员短缺，人力资源跟不上民航快速发展。三是机场、空管设施等资源不足。中国航空业持续稳定的发展有赖于完善的机场建设，以此来为其提供一个良好的

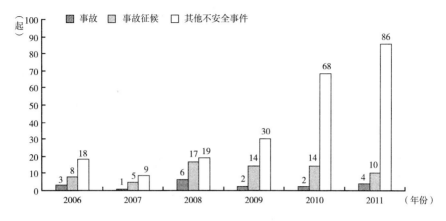

图 3 - 5　2006~2011 年民航事故统计

资料来源：国家统计局。

发展空间。然而，中国民用机场数量少、密度低，每万平方公里只有 0.25 个民用机场，美国为 5.98 个，巴西、印度等国家机场密度也大于中国。中国空中交通管制系统中的雷达系统、仪表着陆系统、导航台站等空管设施，只能达到美国 1/6~1/4 的水平，还没有真正意义上的全国流量管理能力、气象服务能力和成熟的卫星导航系统。

（三）发展机遇

1. 国家政策支持力度加大

为了促进中国航空业健康稳定发展，国务院提出了若干政策意见指明其发展路径。2012 年 7 月 8 日，《国务院关于促进民航业发展的若干意见》（以下简称《若干意见》）正式出台，标志着民航发展正式上升到国家战略高度。《若干意见》总体要求明确，具有指导性。《若干意见》提出了促进民航业发展必须坚持的五项基本原则，分别是：以人为本、安全第一；统筹兼顾、协调发展；主动适应、适度超前；解放思想、改革创新；调整结构、扩容增效。《若干意见》明确指出了民航业的发展目标，并从加强立法和规划、加大空域管理改革力度、完善管理体制机制、强化科教和人才支撑、完善财税扶持政策、改善金融服务六个方面提出了中国民航进一步发展的实现路径。同时，《全国民用机场布局规划》《关于促进支线航空运输发展的若干意见》《中小机场补贴管理办法》《支线航空补贴管理办法》等法规政策的实施，也都明确了对支线航空企业以及相关机场给予资金和政策上的支持。2012 年 12 月，中国民用航空局、财政部联合印发的《通用航空发展专项资金管理暂行办法》（以下简称《办法》）正式颁布实施，这标志着中国将对通航产业实行专项补贴。

2. 航空运输市场需求旺盛

伴随着中国经济快速稳定的发展和产业结构的调整，中国航空服务业覆盖范围逐渐扩大，国内航空运输将更具增长潜力；同时受益于扩大内需及消费升级，中国航空运输业面临着持续增长的庞大市场需求，预计未来 20 年中国民航旅客运输量将保持 10% 以上的增长速度，到 2020 年，中国航空客运市场将达到 8 亿人次，人均乘机 0.57 次；到 2030 年，中国国内航空客运市场需求将达到 17 亿人次，人均乘机 1.2 次。主要缘于以下三个方面：

（1）消费者购买力水平提高。改革开放以来，中国经济突飞猛进，GDP 持续稳定增长，居民的消费能力不断提升，因此对交通工具有了更高的要求，高效省时的航空交通方式越来越受到消费者的青睐。

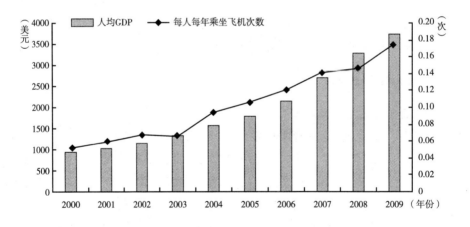

图 3－6　人均 GDP 增长与中国平均每人每年乘坐飞机次数的对比图

资料来源：国家统计局。

（2）旅游业带动航空运输市场旺盛需求。航空运输业和旅游业具有关联性极强的特点，随着中国居民收入的不断提高，出国旅游人数逐年递增，这也为国际航空市场带来了巨大的市场需求。据联合国世界旅游组织的报告统计，自 2000 年开始，中国人出国游的次数以每年约 22% 的速度增加。

到 2009 年，中国已超过法国成为全球第四大国际旅游消费国，预计到 2020 年，出国旅游的中国人数将会增长到 1 亿。

（3）"公务机"需求逐年增加。以公务飞行服务、空中医疗救援、私人飞机飞行、海洋资源开发、偏远地区通勤等为代表的通用航空和通勤航空需求显著增加，更多的企业领导者、国内政要名流及富豪会选择乘坐"公务机"。尤其是在改革开放不断深化阶段，中国同世界其他国家无论是政治、经济合作，还是学术交流等方面都呈现急速发展的局面，这也必将成为确保中国航空未来十年快速发展的有力增长引擎。

（四）外部挑战

1. 不可抗力的影响

自然灾害（如地震、海啸等）与特殊事件（"非典"、"9·11"恐怖袭击）等，对人类社会所造成的危害是巨大的，航空产业尤其如此。据统计，受"非典"疫情影响，2003 年 5 月中国民航航班缩减达 40.6%，运送旅客比 2002 年同月下降 76.1%，全年运送旅客仅比 2002 年增长 1.6%。不可抗力的影响是航空产业面临的最大不确定因素。

2012 年也是全球政治局势动荡的一年。对中国民航而言，钓鱼岛问题造成的中日政治关系空前紧张，由此波及中日经济交往和文化交流层面，使双方交流基本停滞。中日航线客货运输量显著下降，各航空公司纷纷大幅削减该航线的运力。由于中日航线在中国国际旅客运输中占有相当大的比重，地缘政治的不稳定局面制约了中国民航国际客运市场的持续增长。可见，地缘政治动荡严重制约国际客源的增长。

2. 欧盟碳税实施构成挑战

欧盟碳税的实施，将对中国航空业构成巨大的挑战，具体表现在两个方面：一是欧盟航空碳税推高了中国航空公司运营成本。迄今欧盟共有 27 个成员国，目前中国在其 12 个国家拥有航权。据中航协估计，欧盟碳排放税的征收将使中国民航业每年增加 8 亿元人民币（约合 1.23 亿美元）的开支，到 2020 年将增加两倍以上。如果航空公司将成本全部转嫁给消费者，预计 2012 年飞往欧洲的国际航线机票价格将平均上涨 50 美元（约合 300 元人民币）。中国飞往欧洲的航班每增加一班，一年将增加 1500 万元人民币的额外成本。二是航空碳税隐含的贸易壁垒影响中国航空业未来发展。中国航空公司历史排放量少，使现在获得的免费配额远小于欧洲竞争对手。欧盟航空业增长缓慢，配额需求增长有限，欧盟 27 个国家进港和出港的航空公司只需要付 15% ~18% 的碳排放税，而中国航空业正高速发展，飞往欧洲的中国航企需要购买超过 60% 的配额，高出欧盟企业的 4 倍左右。此外，欧盟规则"奖劣罚优"，中国航空企业运输效率较高，未来减排潜力小。国航统计显示，由于中国机龄较欧盟短，新飞机燃油效率高，中国航空公司单位排放低于欧美公司平均水平。欧盟航空公司凭借其较高的免费配额和减排潜力，可以轻松完成减排任务，甚至会有富余配额出售。按照欧盟的规则，中国航企燃油效率高，却要为其业务增长支付更多的"碳税"。

3. 国外航空公司抢占中国市场

同国外航空公司相比，中国航空公司竞争能力较弱。截至 2010 年底，与中国建立双边航空运输关系的国家达 116 个，而中国航空公司开辟国际航线的国家只有 54 个，大量国际航权无力使用，特别是至非洲的航线只有 5 条，至南美的只有 1 条，至中东的只有 6 条。据统计，在国际客运市场上，中国航空公司的市场占有率已从 2001 年的 53% 下降到 2010 年的 42%；在进出中国的国际货运市场上，中国航空公司的市场占有率已从 2001 年的 39% 下滑到 2010 年的 30%。航空货运有被边缘化的趋势。此外，中国航空枢纽建设刚刚起步，周边日本成田和关西、新加坡樟宜、泰国曼谷、韩国仁川机场在国际市场占有明显竞争优势，抢占中国国际市场份额。中国航空公司的国际航线少而分散，与国内航线衔接性较差。

4. 高速铁路异军突起

除了国外竞争者的进入对中国航空业造成影响外，本国的高速铁路也是其另一强大竞争对手。尽管航空运输以其快捷、方便、安全的优势，成为高中端旅客的首选，但是，随着高速铁路在中国各地的开通运营，铁路和航空的竞争也越来越激烈。从目前已经开通的高铁线路中可以看出，航空业处在非常被动的局面，越来越多的航线被迫停飞。据业内专家统计，2012 年"四纵四横"的高铁网络基本形成后，将覆盖中国民航 58% 以上的市场。有专家预计，对于民航 500 公里以下的航线市场将产生颠覆性的影响，对于 500 ~800 公里航线市场旅客客运量产生 20% ~30% 的影响，对于 1000 ~1200 公里航线市场客运量产生 15% ~20% 的影响。

四 中国航空业 SCP 分析

（一）SCP 理论框架

SCP（structure-conduct-performance，结构－行为－绩效）模型是由美国哈佛大学产业经济学权威乔·贝恩（Joe S. Bain）、谢勒（Scherer）等人于 20 世纪 30 年代建立的，是产业组织理论的主流学派之一哈佛学派的核心理论体系。SCP 框架的基本含义是，市场结构决定企业在市场中的行为，而企业行为又决定市场运行在各个方面的经济绩效。其逻辑结构如图 3 - 7 所示：

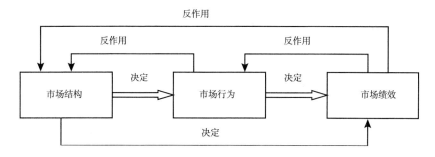

图 3 - 7 SCP 模型

（二）中国航空业 SCP 框架分析

由于本研究报告所涉及的航空业以民用航空为主，因此下面主要分析民用航空的市场结构、市场行为和市场绩效。

1. 航空业市场结构分析

（1）市场集中度

市场份额是一个企业对于其所属产业内整个市场需求的掌控情况，很大程度上反映了企业的竞争地位和赢利能力，是企业非常重视的一个指标，同时也体现出该产业本身的市场结构状况以及竞争程度的大小。本文以 2008～2012 年运输总周转量为依据对各个航空集团公司以及旗下的主体股份公司的市场份额进行分析测算，以此来反映整个航空业的市场结构。

表 3 - 2 2008～2012 年各航空集团的市场份额（测算）

	2008 年	2009 年	2010 年	2011 年	2012 年
中航(%)	21	24	33	31	29
南航(%)	19	24	24	25	27
东航(%)	13	18	25	24	24
海航(%)	14	10	11	11	11
其他(%)	33	24	7	9	9

表 3 - 2 显示，目前中国航空集团公司、中国东方航空公司、中国南方航空公司和海南航空公司四大航空公司占据了整个市场份额的 90% 左右，四大国有航空运输集团公司的主体公司日益成为航空产业中市场份额的主要贡献者，例如中国航空集团公司在整个航空业的发展过程中起到引领性的作用，对整个航空市场上的价格起决定性的作用。而地方性的小型民航企业在市场中所占份额较小，之间的差距也较小，理论上它们基本是市场价格的跟随者。在实际市场行为上，小型民航企业更多的是以差异化的产品价格战略来保证利润。这样，民航业市场高度集中，说明整个行业中，样本企业对整个民航市场具有空前的影响力，即民航业属于寡头垄断行业。

（2）产品差异化

差异化竞争是指航空公司提供的产品和服务与众不同，航空公司应该从服务内容、服务方式、服务对象等许多方面去实现，进而综合形成自己的产品特色，形成比较理想的竞争差异，从而给旅客以独特的客户体验。具体每一个航空公司都应该分析目前中国航空业的市场情况，选择两个或两个以上的细分市场作为自己的目标市场，同时为每个细分市场确定一种竞争。各种竞争在产品、价格、经营方法、销售渠道等方面都应该有所区别。

民航以航空客运服务为例，服务产品可以描述为：旅客从购票开始到乘机，直到离开飞机。在整个过程中航空公司提高各种服务。我们可以概括为三种：①核心服务，它为顾客提供本质的、最基本的服务；②便利性服务，为了顾客能够使用核心服务下的一些附加服务，它是航空客运服务产品的必备服务；③支持性服务，即用来服务或有别于竞争的服务，是核心服务发挥最低效用的服务。

然而就中国民航管理机构的法规和现存的客观条件而言，各个航空公司能提供个性化、差别化服务的空间并不大。另外，中国偏高的航油价格和不配套的机场条件也是阻碍低成本航空公司运营的因素。在同一条航线上，各航空公司提供的服务基本相同，无显著的差别。

（3）进入壁垒

对一个产业来说，主要存在六种壁垒源：规模经济、产品歧义、资本需求、转换成本、获得分销渠道、与规模无关的成本劣势。对于航空业，高的进入壁垒通常导致行业价格的提高和垄断利润的产生。我们上面分析得到航空业具有明显的寡头垄断属性，因此在价格决策上，航空公司也必然采取寡头垄断的价格决策，而这些高额的票价则需要乘客来承担。这样就需要有新的公司进入民航企业。但是，民航业是高投入高风险行业，航空公司只有具备一定的规模，才能降低运营成本，形成竞争力，公司注册后还需要大量资金投入才能持续运营，没有一定的资本实力只能亏损。同时随着机队规模的扩大，资金压力也不可避免。

又由于在寡头或垄断的市场结构条件下，市场结构已经成为一种可以被主导厂商控制的内生变量，主导厂商可以在潜在竞争对手进入市场之前改变市场结构，进而改变潜在进入者的利润。

2. 航空业市场行为分析

（1）价格行为

目前中国航空业市场价格竞争主要集中在国有航空公司普通舱之间、民营航空公司豪华商务舱之间以及国有大中型航空公司和民营小型航空公司之间。民航市场各航空公司根据需求和季节变化，自主实行折扣优惠，基本上是"一种票价、多种折扣"。以南方航空为代表的国有航空公司，多采用需求弹性定价法。一方面采用时间差别定价，对旅游旺季和淡季以及高峰季节进行分别管理，在季节性、时段性的票价调节中，实现航班收益最大化。另一方面实行座位存量控制策略，重点在于充分了解旅客类型及订票的规律性，从而掌握不同类型旅客的需求特征，以此制定出合理的舱位等级和票价结构。

与国有航空公司相比，民营航空企业在品牌效应方面处于劣势。为吸引乘客，民营航空企业会采取多种方法、渠道降低航空成本，通过低票价吸引乘机者。例如：春秋不进入中航信的全国销售联网系统，自行开发了B2C（商业机构对消费者）网上机票销售系统，直接降低销售费用70%～80%，减少了销售费用在机票中所占的份额。服务方面，采取"缩水"策略，一般情况不提供餐饮服务，节省了餐食成本，减少了清洁时间、清洁费用，减少了每个航班的乘务员数量，降低了人员成本。此外，低成本航空公司不用对号入座，省去选座系统的费用；同时，也不接受旅客行李托运，省去了使用机场行李系统的费用和装卸行李以及货物的时间。通过这些措施降低运营成本，提高赢利能力。

（2）非价格行为

在中国，国际航线由骨干国有航空公司垄断，国际航线的垄断与竞争情况主要体现在两方面，一是各航空公司运营的国际航线数，二是参与运营主要国际航线的公司数。在国内航线方面，国有航空公司扎堆在主要干线城市，干线运力过剩，虚耗严重，出现过度竞争。

国有航空公司具有航线网络、销售网络优势。以南航为例，其国际国内航线 600 余条密集覆盖国内 150 多个通航点，全面辐射亚洲 40 多个通航点，连接欧美澳非的发达航线网络，这无疑使其拥有较大的旅客群体。事实证明，其旅客运输量连续 29 年居国内各航空公司之首。此外，南航重视机队规模、性能的扩大和创新，机队规模跃居世界前六。在安全控制方面，南航机务维修实力雄厚，拥有 SOC 和 IT 系统。重要的一点，南航重视其品牌特色的打造。近几年，南航不断强化客户关系理念，加大客户关系工作力度，在创造顾客终身服务和终身价值上取得一定成效。目前，南航拥有超过 565 万会员、里程累积机会最多、增值最快的常旅客俱乐部——明珠俱乐部；首度推出中国首张电子客票，率先提供电子客票网上值机和手机值机服务。"明珠"常旅客服务、地面头等舱公务舱贵宾室服务、南航中转服务、南航五星钻石服务热线—"95539"等多项服务在国内民航系统处于领先地位。这形成了南航的非价格竞争优势。

在非价格行为方面，民营航空业主要致力于销售创新机制和差异化产品。可见，国有航空公司和民营航空企业在提高产品的差异化程度、实行服务差异化、市场定位差异化等方面都投入了较多的关注。

3. 航空业市场绩效分析

（1）资源配置效率

到目前为止，中国民航业形成了中国国际航空公司、中国东方航空公司、中国南方航空公司、海南航空公司四大航空企业。随着经济的发展和竞争的加剧，四大航空企业凭借其雄厚的基础，越来越显示出其自身在竞争中的优势，市场份额总体呈现不断上升的趋势。同时四大航空企业之间市场份额不断变化，体现了其争夺市场资源的竞争异常激烈，并通过激烈的竞争，扩大四者总的市场份额。但是，由于支线航班频率过低，竞争不足，这也大大影响了中国民航业竞争的有效性。同时，中国民航业内部竞争异常激烈，大量新的民营航空公司不断涌入，但由于国有及地方航空公司牢牢控制着市场份额，使得新兴的航空公司发展举步维艰，资源配置效率不高。

（2）经营业绩

航空业是一种高风险、高投入、高科技、低收益的服务型行业，受外界因素影响很大。1997年前，由于实行高度计划管理体制，中国的民航业一直处于赢利状态。从1997年开始，民航总局开始放开机票价格，多数企业陷入价格战的漩涡，航空业首次出现了亏损。1999年和2000年民航总局通过对直属航空公司削减运力、减少非营利航班、减少成本支出等，全行业开始转亏为盈。由于受金融危机的冲击，中国航空业的增长势头在2008年出现大幅度回落，导致各大航空公司于2008年出现普遍亏损的局面，这使得航空业在接下来的几年都不景气。虽然2010～2012年中国三大航空公司的经营业绩开始有所回升，但是，三大国有航空公司的营业利润和净利润仍然呈下降趋势，目前整个航空业继续受金融危机影响。

五　中国航空业未来发展趋势预测及建议

（一）中国航空业未来发展趋势预测

1. 中国航空市场最新动态

国内一直有舆论声称：先由国务院国资委成立一个航空控股总公司，取代目前的南航集团、中国航空集团和东航集团，成为三大航空公司唯一的控股大股东；下一步，由航空控股总公司收购三大航空公司的流通股，予以"私有化"；最后，将三大航空公司合并重组为一家国有航空公司，再行整体上市。支持者的理由是，鉴于全球航空业竞争日益加剧，利润下滑，组建超大型航空公司已成为避免"内耗"，增强各国航空竞争力的有效手段，且英国、法国等欧洲国家早已形成了以一家特大型航空公司为主的市场格局。虽然目前三大航空公司均对此消息予以否定，但是一家航空公司占优将是中国未来航空运输格局的必然趋势。目前，国航成为处于困境的东航的第三大股东，国航意欲收购东航的想法已是路人皆知。为了摆脱被收购的"窘境"，东航目前一直与准备投资的新航加紧联系，目前还没有进一步的说法。从各方面情况来看，无论是国家行政重组还是市场优胜劣汰，最终民航运输市场的最优格局都将走向寡头垄断的格局。对于中国目前比较分散的市场集中度以及相对较弱的国际竞争力，只有组成一个特大的航空公司参与国际竞争，才能使国内外市场格局更趋合理化。

2. 最优发展目标——构建一特大航空公司占优寡头格局

中国民航业未来市场结构的发展，其目标取向应该是提高市场集中度和形成分层竞争的格局，促进寡头市场的形成。在寡头市场形成方面，究竟是应该选择一厂商占优呢，还是应该选择多厂商并存呢？根据目前中国各大航空公司的现状和未来发展趋势，中国航空业可以借鉴国际上法国航空公司及荷兰皇家航空公司的成功整合案例，即选择一厂商居优型的寡头市场，这样中国就能形成一个旗舰航空公司，就能够较好地使市场竞争者分成国际、国内干线和国内支线三个层次，且将一厂商居优型寡头作为重组的最优目标。构建一个大型的旗舰航空公司，是符合国际发展趋势的。多厂商并存型寡头从国际竞争的角度来看是一个次优目标，但从中国目前民航市场过于分散的现状来看，也是完全可以接受的。

（二）改善中国航空市场格局的建议

目前，中国民航市场过于分散，正处于一个向多厂商寡头垄断发展的格局。对于未来中国民航运输市场格局最终会走向何方，不但取决于政府引导的重组，更取决于市场竞争，原因是政府引导的重组只是暂时的力量，而市场竞争才是持久的力量。对于政府来说，主要是运用市场方法来引导航空公司良性发展，主要体现在以下几个方面。

1. 鼓励航空公司合并、兼并，提高市场集中度

通过航空公司的合并、兼并来提高规模实力和市场集中度，以此来推动寡头市场格局的形成并催生具有国际竞争力的大型航空公司。中国航空业几十年来一直受到政府保护，并形成了几个骨干航空公司的雏形。然而在市场化日益发达的今天，中国航空业却面临市场集中度低、运力分散等诸多问题，只有通过合并、兼并来实现行业重组，才是中国航空业未来发展的必然选择。客观来说，产业结构的合理化是提高经济效益的一条捷

径，关键是必须按市场规律行事，停止继续搞"拉郎配"。重组最好先重组债务，像东航那样背靠大上海的航空公司靠节衣缩食是翻不过身来的。应靠大投入，重建产品和品牌，重振士气。合并重组不靠政府撮合，并不等于不要政府审核，相反，美国政府三堂会审式的严格制度值得借鉴：运输部审核合并航空公司的财务健康状况，不为未来产业的稳定留下隐患；FAA 审发安全许可；司法部审核合并对市场竞争的影响，不致造成产业的垄断。

需要指出的是，通过合并、兼并来组建大型航空公司，提高市场集中度，目的是抑制过度竞争，而不是压制正当的、合理的竞争。根据中国目前的情况，我们的政府部门应该致力于创造一个公平的竞争环境，有利于不同规模的企业在合理的游戏规则中开展正常的竞争。在这方面，主要是要求政府部门改变航线资源的配置方式，在航线配置中引入公平竞争机制，提高透明度，防止大型航空公司对航线资源的不正当、不公平的垄断。

2. 采取股权转让实现航空公司之间相互持股

通过股权转让，实现航空公司之间的相互持股，尤其是大型航空公司对中小航空公司的控股和参股，以扩大大型航空公司的市场覆盖面和提高小型航空公司的渗透性，带动市场分层竞争；在分层竞争格局形成的基础上，缔造国内航空联盟，提高航空公司之间航线网络的一体化程度。中国民航运输业的现状是，航空公司无论大小，基本上都在同一市场层面进行竞争，眼睛盯着的大都是热门航线，地区性的、短途的支线市场却不够发达。事实上，中国的地形地貌特点决定了支线航空是有市场的，随着经济的发展和中西部地区开发的延伸，支线市场需求将会越来越旺盛，支线飞行的配套条件也将会越来越好。但是小航空公司不会自动转向支线市场，只有当大型航空公司在国际干线市场上的规模优势无法挑战时，只有当小型航空公司可以通过同大公司联盟等方式提高渗透性时，分层竞争才会出现。同时，战略联盟只有建立在国际—国内市场、全国—地区市场、干线—支线市场分层竞争基础上，并以大型航空公司为核心，才是牢固的。因此，股权转让和大航空公司对小航空公司的持股，对中国民航运输业的良性格局的形成具有重要的意义。

3. 对长期亏损和资不抵债的企业实行破产

现如今，政府保护已成为过去，市场正呈现优胜劣汰的竞争局面，政府对一些经营不善的航空公司不能再进行保护而导致其纷纷破产，甚至大型公司也不例外。破产倒闭，是民航运输市场放开后企业退出的一种重要方式；没有退出，市场优胜劣汰机制就不能彻底发挥作用，市场集中度就不能提高，寡头市场格局就不能形成。美国民航业放松管制后由过度竞争走向寡头竞争的历史就是一部破产倒闭与合并兼并史，如美国东方航空公司，曾是一个骨干公司，但由于经营不善，于1987年破产；泛美航空公司更是风云一时，也于1991年破产倒闭。目前来说，中国一部分航空公司处于长期亏损和资不抵债的状况，如不实行破产，将对航空运输业市场结构，乃至中国整个航空产业都产生不利的影响。

专题四

中国物流业振兴之路

——以"菜鸟网络"为例

中国经济学家樊刚认为，今后世界只有三个系统，即生产系统、物流系统、技术系统。其他系统都是从这三个系统分离出来的。美国著名咨询机构麦肯锡公司对中国物流业进行调查后写了一个《中国物流市场白皮书》，认为物流业"将在未来中国的经济发展中起到关键作用"。物流业在国民经济中的重要地位已经被政府、研究机构和企业各界充分认识，大力发展物流业意义重大、刻不容缓。但是，目前中国物流业的发展还存在许多问题。例如，物流基础设施"瓶颈"制约突出，社会物流依然粗放、供需不平衡的矛盾依然存在，物流综合协调能力薄弱，存在体制和政策环境的"软约束"等。

现代物流业属于推进型经济部门，实现其跨越式发展，可以推动整个国家制造业、运输业、流通业等行业的普遍提升，它被认为是国民经济发展的基础产业，也是衡量一国现代化程度和综合国力的重要标志之一。因此，运用产业经济学的理论深入探讨物流产业的发展问题，是一个极有现实意义的研究领域。例如，在中国加入 WTO 后，区域经济的发展需要与之相适应的现代物流业为保障，如何发展现代物流业以促进区域经济的合理布局和协调发展，这些问题有待于进一步的理论研究和实证分析。

一 振兴物流业的研究背景

（一）提出振兴物流业的背景

1. 经济增速放缓时期，物流业战略地位凸显

国际经验表明，经济增速放缓时期，物流业"第三利润"的战略地位

会得到更大凸显。作为世界第二大经济体，中国继续通过投资拉动、劳动力投入等实现经济增长的机会大大降低，企业继续通过产能扩大、工艺改造实现利润的空间也大大缩小。物流成本平均占企业总成本的30%，物流时间平均占生产和销售过程的90%，向物流要效益的潜力巨大，也成为企业在增长困境压力下，挖潜增效、提升利润的重要源泉。

2. 后危机时代，振兴物流业是提振经济的重要举措

随着改革开放的纵深化以及中国积极融入世界经济，中国企业已经成为全球产业供应链的一部分。2008年下半年以来，由美国次贷危机引发的金融风暴最终导致了全球性的金融危机，并蔓延到实体经济领域，全球性经济衰退引发全球商贸受阻。物流业作为全球商贸的承载体遭受了沉重打击，中国物流业也受到了一些影响。

金融危机直接导致中国出口量明显下降，这对物流行业的不良影响从直接服务于外贸物流的相关行业如航运、港口和国际货代业开始，逐步向中国的生产物流、商贸物流和消费物流领域传导；从东部经济发达地区，向中西部地区扩散。中国物流行业的业务量明显下滑，对物流企业造成很大的冲击。因此，在一段时期内振兴和发展物流业将是提振经济的重要举措。

3. 中国经济发展中长期物流需求旺盛

中国未来二十年有望成为世界第一大经济体，由此将成为物流需求增量和物流市场规模最大的国家。中国工业化推进过程中工业仍将有较大发展，大宗能源、原材料和主要商品的大规模运输方式和物流需求仍将旺盛。从中等收入国家迈向高收入国家，居民消费的水准、心理、方式和结构的变化，要求物流发展更加注重效率、特色、个性和人性，基于更高时间和空间价值的物流需求会越来越大。

从中国经济发展趋势来看，经济增长和结构升级带来物流市场的广阔前景，城市化和区域增长新格局将对物流空间分布、效率、获得性等提出更高要求。从国际市场形势看，全球化纵深和开放新格局推动物流市场深刻调整。此外，新技术突破和广泛应用将与物流业深度融合，促进物流业升级。立足中国经济发展特征和要求，可持续发展和要素成本上升等驱动物流业发展转型，应急和民生物流体系的重要性日益凸显。

（二）物流业的重要性

物流业是将运输、储存、装卸、搬运、包装、流通加工、配送、信息

处理等基本功能根据实际需要实施有机结合的活动的集合。物流业是一个新兴产业，不能仅仅等同于运输业或仓储业，是一个新兴复合型或聚合型产业兼生产性服务业。

物流业的产业规模并不算大，缘何能够挤上十大振兴规划的"末班车"？很多业内人士表示，这主要是由现代物流在国民经济中的产业地位和功能价值所决定的。虽然现代物流业在中国发展的时间并不是很长，但它作为生产性服务业的重要组成部分，直接支撑了现代经济的发展。物流业和互联网产业被称为第三利润源泉。流通效率决定市场竞争力，流通速度和效率的高低决定着一个企业、一个行业甚至一个国家经济效率和速度的高低。

曾有经济专家形象地表示，物流产业乃是现代都市经济发展的"加速器"。随着区域协调发展、产业分工协作趋势不断增强，生产社会化、专业化程度不断提高，现代物流业逐渐被广泛认为是继降低物资消耗、提高劳动生产率之后的又一个重要的利润源泉，日趋发展成为中国国民经济体系中重要的基础性服务产业。大力发展物流业对于降低全社会的交易成本，优化资源配置，提高市场竞争能力有重要意义。

现代物流业作为中国现代服务业的重要组成部分，对提高国民经济运行质量、优化经济流程、调整经济结构、扩大内需、增进社会福利等都具有全局性的积极影响。在时间上，现代物流业通过消灭耽搁迟滞，可以减少其他产业的库存积压和断档脱销，加快生产和流通节奏、优化经济流程。在空间上，可以实现物质产品生产地和消费地之间的有效衔接，通过消灭无效生产，可以优化资源配置和产业结构，促进相关产业高效、协调发展，提高经济运行质量。具体来说，现代物流作为社会经济生产中的一种增值性活动，其功能价值主要表现为时间效益、空间效益、增值服务效益和整合效益四大方面。

二　中国物流业发展、现状及存在的问题

（一）中国物流业发展及现状

1. 中国物流业发展历程简介

2001 年物流业发展进入"十五"规划，六部委出台首部关于加快物流发展的"若干意见"，首家全国性物流行业协会挂牌，为中国物流发展的"起步年"。

2002 年，是中国加入 WTO 的第一年，物流业从"务虚"到"务实"

的"转折年"。

2005 年 12 月 11 日后，中国物流业全面开放，如允许外资企业在中国设立独资公司，由此世界物流业强手纷纷抢滩中国物流市场。具备代表性的跨国物流公司基本上可分为两类，一类是空运、速递，如美国 UPS、德国 DHL、美国 FedEx、荷兰 TNT 等；另一类则是以海运为主，逐步向综合物流发展的，如马士基、东方海皇等。

2006 年中国物流业全面开放的第一年，外资的激进、内资步步退却成为市场常态。在新的生存压力之下，除了被并购整合投奔外资巨头，寻求靠山之外，中国一些有实力的物流企业开始寻求新的发展之路，中国物流行业掀起并购和上市的热潮。中国远洋、中外运发展、中储股份等大型国有企业，成功地在资本市场举起了物流上市企业的大旗。

2008 年中国物流业规模快速增长，全国社会物流总额达 89.9 万亿元，中国物流业总体趋势向好，物流服务水平显著提高，发展的环境和条件不断改善，为进一步加快发展中国物流业奠定了坚实基础。

2009 年 3 月，国务院出台《物流业调整和振兴规划》，物流业成为被列入十大调整振兴产业中唯一的生产性服务业。

2011 年 8 月 19 日，工业和信息化部网站登出了国务院发布的《关于促进物流业健康发展政策措施的意见》，从税收、土地等方面对物流业给予扶持，俗称物流"国九条"。政策持续给力，物流业振兴前景光明，为物流业迎接下一个"黄金十年"铺路奠基。

2. 中国物流业发展图表分析

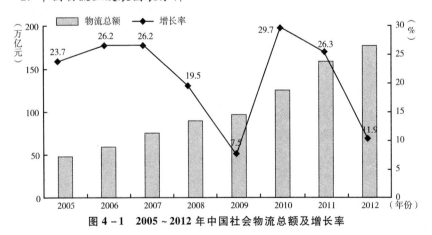

图 4 - 1　2005 ~ 2012 年中国社会物流总额及增长率

数据来源：国家发改委、国家统计局、中国物流与采购联合会。

88

表 4 - 1　2005～2012 年中国社会物流总额及增长率

年份	2005	2006	2007	2008	2009	2010	2011	2012
物流总额(万亿元)	48.19	59.60	75.23	89.9	96.65	125.4	158.4	177.3
增长率(%)	23.7	26.2	26.2	19.5	7.5	29.7	26.3	11.9

数据来源：国家发改委、国家统计局、中国物流与采购联合会。

（1）社会物流总额持续增长。

由图 4 - 1、表 4 - 1 可以看出，2005～2007 年全国物流总额持续快速增长，物流市场需求不断增加；2008～2009 年物流总额增长率迅速回落。从宏观的国际环境来分析，2008 年的金融危机是造成 2008～2009 年全国乃至世界物流总额增速缓慢的主要原因。2010 年至今，世界经济形势较为好转，但仍未摆脱经济危机的阴影，物流总额的增长率较缓慢。

（2）社会物流成本逐渐下降。

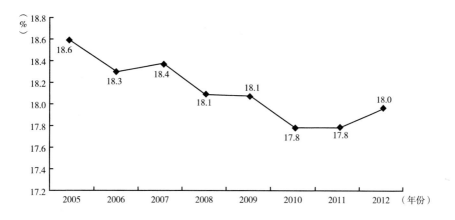

图 4 - 2　2005～2012 中国社会物流总成本占 GDP 的比重

数据来源：国家发改委、国家统计局、中国物流与采购联合会。

表 4 - 2　2005～2012 年中国社会物流总费用及增长率

年份	2005	2006	2007	2008	2009	2010	2011	2012
社会物流总费用(万亿元)	3.386	3.8414	4.5406	5.4542	6.08	7.1	8.4	9.4
同比增长率(%)	12.9	13.5	18.2	20.1	11.5	16.8	18.3	11.9

数据来源：国家发改委、国家统计局、中国物流与采购联合会。

由上述图表可以看出，2005～2010年全社会物流总成本基本持续下降，2011年社会物流成本同比持平，2011年之后，物流成本增长率小幅回升，但总体上物流运行效率有所提高。从宏观环境分析，2008～2009年的社会物流成本下降趋势维稳归因于2009年国家出台的扩大内需政策和《物流业调整和振兴规划》。2011年至今，在经济危机持续影响下，中国社会物流成本上升主要是受原料、燃料和劳动力成本上升，贷款利率上调等要素价格上涨的影响。

（3）运输费用占社会物流总费用的一大半。

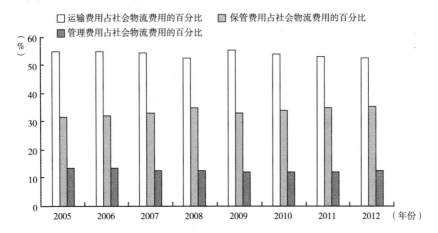

图4－3　2005～2012年中国物流各部分费用占社会物流总费用的百分比

数据来源：国家发改委、国家统计局、中国物流与采购联合会。

表4－3　2005～2012年中国物流各部分费用占社会物流总费用的百分比

单位：%

年份＼百分比	运输费用占物流费用的百分比	保管费用占物流费用的百分比	管理费用占物流费用的百分比
2005	55.0	31.4	13.6
2006	54.7	32.1	13.2
2007	54.4	32.9	12.7
2008	52.6	34.7	12.7
2009	55.3	32.8	11.9
2010	54.0	33.9	12.1
2011	52.8	35.0	12.2
2012	52.5	35.2	12.3

资料来源：国家发改委、国家统计局、中国物流与采购联合会统计数据整理所得。

从上述图表可以看出，2005～2012 年，各项费用占物流总费用的比例变动不大。在物流总费用的各组成部分中，运输费用占了一半以上的比例。保管费用所占比例居中，管理费用所占比例最少。由此可见，降低物流运输成本对提高运输效率，降低物流总成本有着重要的作用。

3. 中国物流业振兴政策出台后业界的变化

2009 年是新世纪以来中国经济发展最为困难的一年。党中央、国务院审时度势，果断决策，连续推出并不断完善应对国际金融危机的一揽子计划和相关政策，较快扭转了经济增速下滑的局面，实现了国民经济总体回升向好。国务院发布《物流业调整和振兴规划》，各地区、各部门共推物流业发展。物流市场总体上企稳回暖，季节性和结构性变化明显，物流企业向规模化经营和专业化服务扩展，物流企业兼并重组形式多样，步伐加快。产业物流加快融合互动，制造业与物流业联动发展增强了共识。国务院把物流业与其他九大产业一起列入调整和振兴的十大产业，表明物流在产业链中的地位和作用受到重视。总体来看，汽车、家电、电子等先进制造业与物流业融合速度加快，供应链一体化增强。钢铁、有色、建材等行业集中整合物流业务，与物流企业结成战略合作伙伴关系。"两业"联动逐步延伸到采购、生产、销售等环节，供应链金融介入产业链物流运作。物流基础设施建设突飞猛进。2009 年，是物流基础设施建设发展最快的一年。全国铁路全年完成基本建设投资 6000 亿元，超过"九五"和"十五"的总和；营业里程达 8.6 万公里，跃居世界第二位。

（1）物流业受到国家高度重视并快速发展。

首先，国家明确物流产业地位，发展加快，产业作用日益突出。

物流业是以生产性服务业为主导的支柱产业。2009 年 3 月国务院发布首个《物流业调整和振兴规划》，明确了物流业的产业内涵与产业地位；物流业是融合运输业、仓储业、货代业和信息业等的复合型服务产业，是国民经济的重要组成部分，涉及领域广，吸纳就业人数多，促进生产、拉动消费作用大，在促进产业结构调整、转变经济发展方式和增强国民经济竞争力等方面发挥着重要作用。2011 年全国物流业增加值为 3.2 万亿元，是 2008 年的 1.6 倍；2011 年物流业增加值占 GDP 的比重为 6.8%，比2008 年提高 0.2 个百分点；占服务业增加值的比重为 15.7%；对国民经济的贡献增强。

其次，各类物流企业在开放竞争市场环境中不断发展。

中国自 2001 年底加入 WTO，至 2005 年底物流市场实现了全面开放，中国物流市场形成了多种所有制、多种服务模式、多层次的物流企业群体。到 2011 年底，A 级物流企业已达 1506 家，同比增加 445 家，增长 42%；其中 5A 级物流企业达 98 家，同比增加 22 家，增长 29%；表明物流业的核心市场群体正在形成。据对 2011 年全国重点物流企业的统计，主营业务收入同比增长 26.3%，继续保持了较快增长。当前物流企业发展的特点是，传统运输、仓储、货代企业实行功能整合和服务延伸，加快向现代物流企业转型；部分制造企业，商贸企业开始采用现代物流管理理念、方法和技术，实施流程再造和服务外包；运用新技术、新服务模式的一批新型的物流企业在迅速成长。

再次，物流基础设施条件逐步完善。

"十一五"以来，物流业积极应对国际金融危机，落实物流业《规划》，推动了交通与物流基础设施的规模跨越式增长。到 2011 年底，全国铁路运营里程达 9.9 万公里，其中高速铁路运营里程达 9778 公里，在建规模 1.2 万公里；公路网总里程达 405.54 万公里，其中高速铁路运营里程达 8.5 万公里；全国港口拥有生产用码头泊位 31968 个，万吨级及以上泊位 1762 个；民航已有 11 家全货运航空公司，货机达 91 架，提供腹舱货运的客机达 1000 多架，运营的民用机场 175 个；物流园区建设加快，入选中物联《2012 年度中国物流园区（基地）名录》的各类物流园区 754 家，比 2008 年的 475 家增长 58.7%。仓储、配送设施现代化水平提高，一批区域性物流中心正在形成，物流的技术设备更新和信息化建设加快。

（2）"物流业国九条"出台与逐步落实

1）国务院出台"物流业国九条"。

2011 年 6 月，温家宝总理主持国务院常务会议专题研究支持物流业的发展。8 月，国务院同意印发《国务院办公厅关于促进物流业健康发展政策措施的意见》（国办〔2011〕38 号），简称"物流业国九条"。普遍认为，它不仅是与国家首个物流业《规划》的有效衔接，更是把"十二五"期间国家支持物流业的政策措施系统化了，通过全面落实，将有效地改善物流业的发展环境，意义重大。

2）调整运输业与物流业的税费政策，具体表现在：

①差额营业税试点工作效果明显，减少物流企业的重复纳税。到 2011 年底已有 7 批共 934 家企业批准试点。中物联 2011 年的调查显示，被调查

企业中有 51 家参与试点，占 43%。试点企业平均减少重复纳税额 372 万元。按照"物流业国九条"的要求，从第八批起放宽了入选条件，申请试点企业的相关要求降为 50 万元。

②营业税改征增值税试点由上海扩大至 10 省市。

③物流企业土地使用税减半征收。

④免征蔬菜流通环节增值税。2011 年 12 月，财政部、国家税务总局发布《关于免征蔬菜流通环节增值税有关问题的通知》（财税〔2011〕137 号），自 2012 年 1 月起实施。有利于降低物流费用，抑制农副产品物价，惠及民生。

3）清理公路收费，改善交通环境。

（二）当前中国物流业的主要问题

1. 从中外物流业对比看中国物流业现存问题

目前，中国物流成本占 GDP 的比重为 18% 左右，而美国等发达国家只有 8% 左右。中国流通现代化的投入不足，对流通信息化建设的投资较少。与发达国家相比，中国流通业在资金规模、营销技术、管理方式等方面都存在很大差距，竞争能力还不强。总体来看，中国的流通规模还比较小，效率比较低，现代化水平不高。

进入 21 世纪，尤其是经过"十一五"的努力，中国物流产业的总量有了相当规模的增长，但是粗放经营的传统增长方式并未得到根本改变，物流产业仍处于初级发展阶段。主要问题有：物流服务的社会化程度低，多数物流企业的市场竞争力较弱，物流企业成本上升而利润率降低，经营困难加大，政府鼓励政策到位难，综合交通运输体系配套性较差，物流业服务质量有待提高，物流业人力与人才均显不足，绿色物流刚起步，诚信建设滞后。

表 4 - 4　中国物流业与全球物流业发展形势之间的对比与借鉴

中国物流业发展的阶段性特征	1. 物流大国地位基本确立，但远非强国。 2. 物流需求旺盛并将保持较长时间。 3. 物流业全面开放格局形成，中国物流市场竞争激烈。 4. 物流业地域性和行业性不均衡态势明显。 5. 物流业增长方式粗放。 6. 物流业发展总体滞后于经济社会发展要求。

全球物流业 形势	1. 发达国家物流成本与 GDP 的比率一直处于下降态势，而且下降趋势还在继续。 2. 第三方物流发展迅速。 3. 企业物流的供应链组织模式逐步兴起。 4. 配送中心、物流中心和物流园区有较大发展。 5. 跨国企业兼并重组推动物流产业组织格局的调整。 6. 循环物流逐步得到重视。 7. 物流安全体系建设不断增强。
中国物流业 未来发展的 战略思路	1. 加快构建高效的现代物流服务体系。 2. 推动物流业与相关产业联动发展。 3. 注重物流要素发展与资源整合，优化物流产业组织结构。 4. 积极转变物流增长方式，优化运输结构，发展绿色物流。 5. 推进区域和城乡物流协调发展。 6. 统筹中国与国际物流发展。 7. 加强应急物流体系建设。 8. 完善物流市场体系、机制与物流管理体制，加强对物流业的政策支持。

资料来源：《中国流通经济》2009 年第 10 期。

2. 基于产业经济学理论看中国物流业发展中的问题

物流业可以从经济学的角度去论述，可以从管理学的角度去论述，可以从营销学的角度去论述，可以从技术学的角度去论述，也可以从社会学的角度去论述。总之，物流业是一门综合学科，物流产业是一个新兴聚合型产业，它的理论与实践必然会形成一个新的经济增长点。这里从产业经济学的角度来探讨中国物流产业发展中存在的问题。

（1）中国传统产业经济学理论基础。

在中国依照产业经济学的研究，传统产业经济学主要包括以下三方面的理论：

1）产业结构理论

产业结构理论主要研究各国产业结构演进的一般规律，进而结合各国具体国情进行产业结构优化和产业结构调整等应用性的研究，如罗斯托的经济发展阶段理论、主导产业论、发展中国家的幼稚产业论等。

2）产业组织理论

产业组织理论主要研究产业内企业之间的关系，特别是企业之间的交易关系、资源占有关系、利益关系和行为关系。其研究目的在于通过对经济运行过程中产业组织状况的分析研究，得出对特定市场效果和竞争秩序状态的判断，从而为政府维持基本的市场秩序和竞争效率提供实证依据和理论指导。如市场集中度、自由竞争、垄断、规模经济理论等。

3）产业布局理论

产业布局是指产业在一国或一地区范围内的空间分布和组合的理论。主要研究产业空间分布规律，为合理布局提供规划方案和政策。如古典区位理论、以后起国为出发点的增长理论和二元经济理论等。

（2）产业经济学视角下中国物流业存在的问题。

依据产业经济学的基础理论和研究方法对目前中国物流产业的发展现状进行分析，可以发现，从市场结构看中国物流业不仅职能部门众多，而且每个职能部门属下几乎都拥有自己的运输系统、仓储系统、配送系统等产业相关企业，较低的市场集中度与中国的经济结构发展水平是不相符的。综观世界各国的经济发展规律，中国正处于应合理鼓励市场兼并以追求规模经济效益的发展阶段。作为基础产业的物流业，其规模经济收益尤为显著，更应避免过度竞争，努力发挥物流业的资源整合优势。

从市场行为看，中国物流业应加强竞争，这里指的是公平竞争，而非过度竞争。作为计划经济体制遗留下来的问题，中国的物流市场存在许多不公平竞争现象，究其原因主要是由于行政区划和行业人为分割、政府行为过多介入造成人为的市场进入壁垒等。只有减少行业保护和行政干预，导入市场运行机制形成有效竞争，才能规范物流企业市场行为，真正实现企业的优胜劣汰和物流资源的优化组合，并最终实现物流业结构调整和结构优化。

由于市场结构和市场行为决定市场绩效，因此中国物流业的市场绩效也是不甚理想的。主要表现在各物流企业的物流规模都相对较小，不能取得规模收益；库存成本太高；物流能力利用率低；无法实现柔性化的 JIT（Just In Time）物流作业；供应、生产和销售物流分离，不能整体优化。

从产业演变的角度看，中国生产性服务业与制造业呈现出显著的互动关系，表现为相互作用、相互依赖、共同发展的动态的协调发展关系，但关联效应仍处于较低水平。无论是生产性服务业还是制造业的发展，都离不开彼此的互动协调。生产性服务业与制造业协调发展将促进制造业产业升级并提高制造业的国际竞争力，不仅会带来更高的附加值与更大的利润空间，而且可为消费者创造更方便、价值更高的产品或服务。理论和实践表明，制造业的结构升级和国际竞争力提高不仅要依靠制造业自身的进步，同时还有赖于生产性服务业等相关配套产业的发展，生产性服务业对突破制造业发展的瓶颈具有举足轻重的作用。

三　中国新物流模式案例分析：菜鸟网络

2013 年 5 月 30 日，由阿里巴巴集团领投的"菜鸟网络科技有限公司（简称菜鸟网络）"在深圳宣布正式成立，并启动在全国多个城市建设仓储系统的"中国智能骨干网（简称 CSN）"项目，规划总投资 3000 亿元。

（一）菜鸟网络与中国智能骨干网

1. 菜鸟网络

菜鸟网络将中国智能骨干网定位为"开放的社会化仓储设施网络"。菜鸟网络将利用先进的互联网技术，建立开放、透明、共享的数据应用平台，为电子商务企业、物流公司、仓储企业、第三方物流服务商、供应链服务商等各类企业提供优质服务，支持物流行业向高附加值领域发展和升级。最终促使建立社会化资源高效协同机制，提升中国社会化物流服务品质，打造中国未来商业基础设施。

业内人士表示，土地和资金是仓储物流建设中至为重要的两个因素，阿里巴巴集团庞大的电商体量，有助于其从地方政府拿地，并进一步获得融资，获得规模效应。

2. 中国智能物流骨干网构建模式与目的

菜鸟网络方面表示，中国智能骨干网要在仓储物流的基础上搭建一套开放、共享、社会化的基础设施平台。据悉，中国智能骨干网体系，将通过自建、共建、合作、改造等多种模式，在全中国范围内形成一套开放的社会化仓储设施网络。

物流网分为两部分，一是基于大数据，做信息共享、物流共享的平台；二是做仓储物理平台。

中国智能骨干网不仅是电子商务的基础设施，更是中国未来商业的基础设施。中国智能骨干网将应用物联网、云计算、网络金融等新技术，为各类 B2B、B2C 和 C2C 企业提供开放的服务平台，并联合网上信用体系、网上支付体系共同打造中国未来商业的三大基础设施。

3. 菜鸟网络与 CSN 项目的现实意义

（1）菜鸟网络的诞生对于市场的供求关系具有现实意义。

鉴于中国物流市场的巨大潜力，外资工业地产巨头纷纷在华投资，并将物流仓储地产作为其中国市场布局的主要战场。随着中国工业物流地产需求不断上升，供应开始出现短缺。据中国仓储协会提供的数据，中国对现代化物流仓库的需求量为 17%，但现在中国却只能提供 3% ~5%。目前，中国拥有国际标准的物流仓储设施供应严重不足，巨大的需求缺口引发外资物流地产商的新一轮投资热潮。中国物流仓储市场的供求关系，是吸引他们布局的直接原因。国内，电子商务企业亚马逊中国、京东、当当、1 号店等也纷纷进入物流地产市场。

自 2011 年开始，京东宣布圈地 1400 亩落户 5 城自建大型物流中心，而 2013 年底京东投资 35 亿元的物流中心"亚洲一号"将投入使用。而易迅网 2013 年将在全国新建 10 余个仓储配送基地。苏宁未来三年计划投入 200 亿元建设物流系统。京东、苏宁都计划将自建物流系统发展成平台型业务，即向第三方商家或者快递开放配送、仓储的能力。菜鸟网络的出世，意味着电商物流地产竞争的进一步白热化。

（2）菜鸟网络的仓储物流代表了中国物流业发展的主攻方向。

中国物流业发展潜力巨大，但居高不下的物流成本却制约着行业发展。据统计，中国物流成本约占 GDP 的 18%，而欧美国家物流成本仅占 GDP 的 8.5%。相关数据表明，在 10 ~20 年中，美国、德国、日本的运输费及管理费占 GDP 的比率基本不变，变化大的是保管费占 GDP 比率的下降。也就是说，物流成本下降的主要空间在降低仓储费用，减少库存，加快周转。而中国，运输费、保管费及管理费占 GDP 的比率基本不变，不仅说明了中国物流的粗放经营，更说明中国物流业发展没有抓住关键。另一组数据是中国物流保管费用的比例。2012 年，中国物流总成本为 9.4 万亿元，其中保管费为 3.3 万亿元，比 2011 年增长 11.8%，占整个物流总费用的 35.2%。在 2012 年物流业增加值中，74.1% 来自运输，来自仓储、邮政业及其他的只占 7.4%，说明仓储业的效益比较差。在物流业的发展中，运输与仓储必不可少，是物流业的物质基础。因此可以得出结论，减少库存，加快货物周转速度，是中国物流发展下一步的主攻目标。

（二）菜鸟网络物流地产模式分析

1. 物流地产界定

物流地产属于工业地产的范畴，指投资商投资开发的物流设施，比如物流仓库、配送中心、分拨中心等。

现代物流地产的范畴包括物流园区、物流仓库、配送中心、分拨中心等物流业务的不动产载体。同传统的物流地产相比，它更强调管理的现代化、规模效应、协同效应。

普洛斯公司对物流地产的定义是：根据顾客的需求，选择合适的地点，建设、运营与管理专用物流设施，而且准备采用本地与全球的专业技能开发物流配送设施，与客户比如制造商、零售商、物流公司等建立密切的合作关系，为其在合适的时间与合适的地点，提供合适的现代物流设施。

2. 菜鸟物流地产运营模式：自建兼合作

轻资产模式的特点使阿里免去了实体物流的建设成本，而马云选择的合作圈子以房地产为主营业务的大型集团为主，这能令他们在物流地产的选择方面更精准地把握地块的综合便利性以及升值潜力，而且无论是前期拿地还是后期开发、招租运营都更容易借鉴以往的经验而迅速上手。

（1）物流商自有地产，自己经营管理。

物流企业是相关物流设施投资建设的主体，建成后也是自己经营，自己管理。优点是可以节省一部分租金，而且物业的折旧费用可以享受到税收减免的好处。缺点就是管理水平可能比较低、非专业化，同时需要占用大量的资金，运营成本比较高，而且由于建设上的非专业性，建设成本可能较高。

中国大多数物流企业都是这种模式。比较典型的是上海百联集团、大商集团等。百联集团以商业地产、物流作为集团的支撑业务，在管控模式方面，实行"集团总部—事业部—经营公司"三级架构，并依据该模式设立八大事业部和四大中心，而八大事业部则包括了房产置业、物流等。这样可能是加强了管理的有效性，但同时也可能提高了管理成本。

（2）地产商、物流商直接合作经营。

物流商、地产商通过成立项目公司或协议、合同等其他契约方式共同出资、合作经营，各自发挥自己相关领域的优势，对于项目建成后的收益按照协议分享，同时共担风险。

优点是可以发挥地产商在拿地、设施建设等方面的优势，同时发挥物流商在物流效率设计、物流运营方面的优势，实现物流商和地产商的共赢。但是缺点在于双方前期面临信用风险，在后期利益分配问题、风险分担上可能出现矛盾。

3. 中国主要物流地产运营模式

（1）政府主导的经济开发区模式。

以政府为主导的经济开发区模式是在特定的开发规划、政策和设立专门的开发部门的组织下，将物流园区作为一个类似于目前的工业开发区进行开发和建设。

该模式运营过程中产生如下问题：一是以政府为主导的经济开发区模式，政府在决策和规划上都有很强的计划意识形态，将物流园区的开发作为政府支持物流业发展的形象工程，决策带有很强的盲目性和政绩色彩。二是对项目的市场风险意识淡薄。一些地方性的物流园区建设，主要内容都放在了如何推进当地物流业的扩张、建设上，盲目贪大，不讲实际，不问市场，未能充分考虑周边的物流需求及应有的规模标准，所建设的物流园区大大超出了当地经济发展水平和实际市场需求。直接导致建设好的物流园区入驻企业数量少、企业经营规模不大、空置率高等后果。

（2）主体企业引导开发物流园区模式。

从市场经济发展和利用市场进行物流资源和产业资源合理有效配置的角度，通过把利用物流技术进行企业经营和企业供应链管理中具有优势的企业引入园区，由其率先在园区进行开发和发展，在宏观政策的合理引导下，逐步实现物流产业的聚集并依托物流环境引进工业、商业企业，达到物流园区开发和建设的目的，这就是主体企业引导下的物流园区开发模式。

主体企业引导的物流园区开发模式，要求具有战略眼光的实力较强的网络化、规模化经营物流企业进驻园区，也要求大型、具有区域辐射能力和在所依托的经济中心城市具有较大物流活动量的企业在园区利用专业化物流企业设施或自行建设物流设施、建设生产基地、采购基地和销售机构，这些都对园区的开发政策、园区的物流运作、基本交通及配套的城市基础设施等条件提出了较高的要求。

4. 国际领先物流地产商概况及赢利模式

一种是有海外工业房地产或者工业园区运作经验的开发商，代表是腾飞集团、丰树。一种是主做物流仓储、物业开发的企业，典型是美国物流巨头普洛斯和 AMB。

运营系统提供的强大物流配送服务网络涵盖了仓储设施的整个流程，物流地产商模式主要通过策划、营建与设施管理来实现。它的客户可以分为三大类：物流业、制造业及零售业。许多客户都租用了物流地产商遍布全球的多项仓储设施。

物流地产商为客户提供的服务可以归纳为四种方式：一是物流园区与标准物流设施开发。二是按客户要求定制开发仓储设施。三是收购与回租。四是提供咨询服务。

不论是何种类型的服务，物流地产商的直接收入均来源于物流设施租金与管理费。这是物流地产商显性的收益。物流地产商还有一个重要收益来源于资产的升值。这部分的收益主要通过两种渠道兑现，一是资产的出售；二是资本市场上市，通过资产证券化，将资产的升值预期充分体现，转化为现金流继续扩张，这部分的收益往往通过筹资行为来实现。

（三）菜鸟网络的预期挑战与影响

1. 菜鸟网络面临的问题

与京东商城等电商公司不同，菜鸟网络的仓储是开放式的。京东商城进、销、存自己管理，较容易控制；但菜鸟网络的库存不属于阿里，而是各地卖家。如何系统对接、信息流共享、商品结算、库存管理，都将面临挑战。

有关投资人士认为，从菜鸟网络现有团队来看，缺乏两项专业知识：一是物流配送的专业知识，二是库存管理的专业知识，这是菜鸟网络面临的最大挑战。

对物流整合的难度，要远远高于互联网资源的整合。物流配送是个很复杂的行业，以沃尔玛为例，每开一家店，建立一个配送中心，都要考虑正物流和反物流，考虑送货半径。

此外，库存周转、库存量的管理也是一门学问。当卖家商品统一放到菜鸟仓库后，如果对商品销售预计不准确，则会产生商品积压成本。

2. 中国智能骨干网对中国物流及地方经济的影响

菜鸟网络不会从事物流，而是希望充分利用自身优势支持中国物流企业的发展，为物流行业提供更优质、高效和智能的服务。行业人士指出，中国智能骨干网的建设将助力地方经济发展与产业升级，加速推进城镇化进程，提高国民经济信息化水平。

专家指出，菜鸟网络一旦成功实施，将很有可能对我国物流行业产生革命性的影响：减少流通环节、提升物流行业的集中度、提升我国物流效率并且降低物流成本。

一方面，中国智能骨干网将在不断完善物流信息系统的同时，依托国家现有公路、铁路、机场等交通基础设施的布局和规划，大规模建设遍布全国的现代化物流仓储网络，提升社会物流效率和基础设施利用率，对区域经济将产生较大的拉动作用，并向所有的制造商、网商、快递物流公司、第三方服务公司开放，与产业链中的各个参与环节共同发展。

另一方面，中国智能骨干网的建设将带动地方经济的结构转型，推动内外贸型企业多渠道发展，促使更多产业电商化，促进资源优化配置。在重要节点城市，将发挥产业集群效应，加速地区传统产业和电子商务的不断融合，促进第三产业服务商、配送、包装、软件等服务企业以及电子商务企业的发展。通过提升就业率、提高新产值收入贡献，实现区域电子商务的繁荣，真正打造出若干具有示范效应的产业生态圈。

菜鸟网络在初步发展期间将不计短期回报持续投入，完成中国智能骨干网的搭建，支持1000万家新型企业发展，创造1000万个就业岗位，为中国社会经济发展转型和未来商业基础设施建设发挥更大的效力。

四 对菜鸟网络的一些借鉴性建议

未来的菜鸟网络系统，理想状态下是一个综合的供应链服务平台，最终实现从需求开始到库存计划、从订单下达到仓储运营、从干线调拨到末端配送、从线下运营到线上协同的全供应链可视化服务，只有这样才能体现出智能骨干网的真正的价值。仅仅有快递的末端网络肯定支撑不起整个菜鸟平台，物流园区也仅仅是一个点，最终的菜鸟平台将是协同线上、线下的立体式结构。分为四大层次：

1）最前端的是24小时的快递配送网络；

2）物流园区与干线整合；

3）打造可视化的供应链运营平台；

4）基于大数据的物流供应链数据服务。

菜鸟需要建立的不仅仅是简单的物流系统，是从前端基于大数据的精准数据挖掘，到科学的供应链计划，再到订单驱动的供应链可视化运营。这套体系在中国尚未有任何企业建立，因此没有现成的经验可供参考。但是，依然可以借鉴国外成熟的物流地产运营商的经验来取长补短。

（一）重视高科技集成化（信息化、机械化、自动化、智能化集于一体）

现代物流业是新加坡的支柱产业之一，是新加坡经济的重要组成部分。新加坡物流业在全球物流绩效排名中位居前列，对中国的物流业具有借鉴意义。高科技是新加坡物流业的主要支撑力量之一，而网络技术则是重中之重。新加坡物流公司基本实现了整个运作过程的自动化，一般都拥有高技术仓储设备、全自动立体仓库、无线扫描设备、自动提存系统等现代信息技术设备。网络技术主要包括政府的公众网络系统和物流企业的电脑技术平台。新加坡政府的"贸易网络"系统，实现了企业与政府部门之间的在线信息交换。同时，物流企业斥资数百万美元建成了电脑技术平台。通过公司的技术平台，客户不但可以进行下订单等商务联系，还随时可以了解所托运货物当时的空间位置、所处的运送环节和预计送达的时间。现代科技还保证了货物的安全和物流过程中的准确性，如条形码和无线扫描仪的使用使每天多达数千万份的货物运送准确率超过99.99%。

（二）提高仓储物流服务集中度

新加坡港口、机场附近均设有自由贸易区（保税区）或物流园区，提供集中的物流服务，在园区内就能找到运输、仓储、配送等各个环节的专业物流商，极大地方便了客户联系业务。新加坡樟宜国际机场附近的物流园，吸引了数十家大型物流公司进驻，达到了较好的规模经济效果。

（三）适应经济发展水平和需求

首先，仓储平台打造要以产业需求为基础。归根结底，物流业是一个服务性产业，其他产业如制造业、商贸业是其服务对象，发展物流产业一定要以产业对物流的需求为基础，包括物流园区（基地）的规模、运营模式、服务方式都要从产业的需要出发。离开了产业需求，"就物流抓物流"是不行的。

其次，完善服务功能要以资源整合为手段。物流是一个庞杂的系统工程，需要各种各样的物流资源，完善服务功能要以资源整合为手段，物流园区（基地）是资源整合的好形式。有了这样一个平台，就能够吸引和集聚各种物流资源，这些资源通过市场化运作，就可以提供综合性物流服务。如果各个物流园区（基地）之间实现物流信息互联、互通，将会发挥更大的整合与集聚效应。

再次，经营管理模式要与经济发展水平相适应。例如，浙江传化物流基地采取了有形市场与无形市场、自主交易与综合服务有机结合的模式，既提供场地和信息平台，又不是简单的物业管理和中介服务；"物流基地"与进驻企业之间既分工又合作，在一定程度上扮演了"集成商"的角色；进驻企业之间在现代物流理念和市场经济规律之上，形成了平等的竞争与合作关系；"物流基地"的设施、设备、运作和管理模式可能都不是"最先进"的，但符合当地经济发展的需要，因而具有较强的生命力。

最后，争取政府的重视和引导。在物流园区（基地、中心、场站）的功能定位、规划建设、运营模式、发展方向等方面与当地物流需求一致，让政府充分重视物流园区是现代物流集约化经营不可缺少的基础设施，在整合资源、发展物流产业、推动经济发展中可以发挥重要的作用，通过物流园区对当地经济的带动作用，争取让政府部门给予相应的扶持政策。

（四）探索新的赢利与运营模式

根据行业经验，物流仓储设施必须在5%的空置率下才能保持10%的回报，如果空置率达到15%，利润就会被完全淹没。这就要求物流地产开发商必须拥有强大的招商能力、充足的客户资源以及专业的服务品质，这些因素在早期进入时往往难以得到重视，但对后期的投资回报却有致命的影响。

认为物流地产仅仅是建一个个大仓库的想法是极为不成熟的。国际级的物流仓库对于建筑材料、仓库净高、柱距大小、消防设施、温度等都有较高的要求。很多开发商和电商企业缺乏专业知识，凭想象建造，将物流仓储地产当仓库打造，货物运转效率极低，也造成了极大的资源浪费。

物流地产开发商的眼光应超越仓库出租和地价升值，尝试创新业务的探索。将物流金融这种现代化新型业务作为重要发展方向，向拥有多年成熟运营经验的外资物流地产商学习，在开发、建设、出租和服务传统业务链基础上培养出新的核心竞争能力。

专题五
中国房地产业发展探究

一 前言

房地产行业是从事房地产开发经营和管理的行业和部门，属于国民经济中的第三产业，是集房地产开发、经营、租赁、信托及房屋修缮、装饰为一体的综合性产业。房地产业在中国的 GDP 中的占比逐年增长，其产业相关度高、带动性强，与金融业和人民生活联系密切，已经成为国民经济的重要支柱产业，占有举足轻重的地位。

中国自 1998 年开始城镇住房体制改革，全面停止福利分房，转为实施货币化分配制度：央行同年推出个人住房贷款政策，国务院于 1999 年颁布《住房公积金管理条例》……众多的相关政策为房地产市场提供了融资支持，从而使住房的超前消费成为可能，房地产行业呈现出爆发性增长，2000~2012 年房地产企业数量和购置土地面积年增长率为 9.59% 和 5.91%。其中房地产开发企业购置土地面积从 2000 年到 2011 年总体保持较快增长，但从 2011 年到 2012 年购置土地面积却减少了 8660.64 万平方米，房地产开发企业个数只增加了 1440 个，均低于平均增长率。

表 5 - 1 2000~2012 年房企个数与购置土地面积数

年份	本年购置土地面积（万平方米）	房地产开发企业个数
2000	16905.24	27303
2001	23408.99	29552
2002	31356.80	32618
2003	35696.48	37123

年份	本年购置土地面积(万平方米)	房地产开发企业个数
2004	39784.70	59242
2005	38253.73	56290
2006	36573.57	58710
2007	40245.85	62518
2008	39353.40	87562
2009	31909.50	80407
2010	39953.10	85128
2011	44327.44	88419
2012	35666.80	89859

数据来源：国家统计局。网址：http：//www.stats.gov.cn/tjsj/ndsj/。

关于房地产增长原因的研究众多，经济学从各个角度解读了这一行业的"井喷"现象。首先，住宅的供给并没有跟上房改后释放的巨大需求，为房价的飞涨奠定了供求方面的基础。其次，众多的研究发现，房地产与股票、国债等众多投资相比，具有更好的对冲通胀的能力。而在长期的负的实际存款利率下，微观主体的投资选择也证实了这一点，其结果就是大量的投机/投资需求推高房价：商业银行的逐利性驱使其将大量的信贷投入房地产市场；国际热钱、国内游资涌向房地产行业，"存款搬家"现象频现。最后，受供求关系和投资特点的影响，房市的高投资收益率又引起了"羊群效应"，吸引了更多的投资/投机资金进入，以此形成循环，致使房价一高再高，造成严重的房市泡沫。正如 J. K. 加尔布雷思在《泡沫经济的故事》中所深刻描述的一样：价格每每上升一步，就会将更多人的注意力吸引到投机上来。而这种投机又给了已经参与投机的人以希望，他们将继续买入，由此开辟出一条价格上升的道路，保证了无止境的致富之路。

然而，房市的"非理性繁荣"也带来了众多的经济与社会问题。首先，众多的货币资金由实体经济投机房地产或进入房市，导致实体经济融资困难并大大增加了房地产行业的风险，甚至出现卖厂卖店投机房市的极端行为。其次，房价飞涨也引起了众多的社会问题，穷其一生买不起一套房的社会现实与巨大压力必然影响社会和谐与稳定。最后，国际货币基金组织研究发现，"尽管房地产价格波动幅度远小于股价的波动，但房地产的繁荣与崩溃对实体经济的影响是股价的 2 倍。"日本房市泡沫破灭和美国次贷危机已经给了我们警示。因此，自 2004 年以来，尤其是 2012、2013 年，中国不断进行房价调控，措施也越来越严厉，以期维持房市稳定。

"限购令""提高二套首付比例与贷款利率"等措施，在一定程度上抑制了房价的过快上涨，但是也应该看到，房市的调控措施并没有实质性地改变房价长期上涨的趋势。尤为重要的是，购房者、投机者、开发商乃至地方政府，对于房地产市场的预期没有根本性变化，仍然持有乐观心态。市场永不缺少资金，缺少的是信心。然而，对于房市，从来就没有缺少过信心，这才是最可怕的地方。

下面从宏观环境的角度分析中国房地产行业，最后选取万科作为代表企业对房地产行业进行进一步解读。

二　中国房地产行业发展现状与特征

（一）宏观经济增速放缓，产业政策环境趋紧

2012 年中国经济增长滑坡的步伐明显加快。在 2002～2011 年中，中国季度平均增长 10.6%，高于改革开放的平均水平。过去的 10 年是中国经济高速增长的 10 年。但 2012 年经济增长已经滑坡到 8% 以下，也就是说此时中国经济增长已经明显偏离过去 10 年的平均水平。在此背景下，房地产开发投资的名义增长和实际增长跟 2006～2011 年以来平均水平相比，均出现较大幅度的滑坡。也就是说导致中国经济增长持续下降的原因在相当程度上与房地产市场进入调整阶段，尤其是房地产投资的下降有很大关系。从产业政策环境来看，为确保调控目标和各项政策措施全面落实到位，2011 年以来，中央政府始终对房地产市场调控保持从严态势，多次释放调控力度不放松的信号，并从增加普通商品住房及用地供应，加快保障性安居工程规划建设，推进城镇个人住房信息系统建设，严格执行商品住房限购措施等方面对房地产行业结构进行调整，以促进整个行业的健康发展，而不是只针对房屋价格进行调控。

（二）大部分运行指标回落，调控效果明显

在一系列宏观调控政策影响下，2012 年全国房地产市场大部分运行指

标回落，一是全国房地产开发投资增速同比放缓，且与固定资产投资增速的差距不断缩小，在固定资产投资中的作用逐渐弱化；二是房地产开发企业资金来源增速下降，开发企业资金压力正在加大；三是房地产开发企业购置土地面积较 2011 年明显减少，2012 年购置土地面积为 35666.80 万平方米，与 2011 年相比减少了 8660.64 万平方米，四是全国房地产市场价格正在向调控预期目标逐步接近，商品房平均销售价格指数逐月下降，并于 10 月下降到 100 以下的区间内。截至 12 月末，商品房平均销售价格指数已由 2012 年初 2 月的 104.70 点下降到 98.51 点，下降了 6.19 点，与 2011 年同期相比下降了 6.03 点。

（三）赢利能力仍然较强，但资产负债率继续提升

2012 年，A 股中房地产板块主要房地产企业主营收入和资产负债率较 2011 年有大幅提升。板块的毛利率和净利率分别为 37.2% 和 13.6%。但从整个房地产市场来看，利润总额增速仍高于主营业务收入增速 1.87 个百分点，说明房地产业仍具有较强的赢利能力。在在建规模高速度扩大因素影响下，房地产行业资产负债率同比上涨了 1.06 个百分点并创下近 4 年以来的新高。并且，自 2005 年以来行业资产负债率始终保持在 70% 以上的高位，也说明整个行业面临的财务风险一直较高，长期偿债能力较弱，与此同时，房地产业仍面临宏观经济增速下滑以及产业调控政策影响带来的结构性调整的风险。

（四）企业利润下降已成定局，并购趋势凸显

在一系列宏观调控政策影响下，过去推动其高速发展的多种因素已经渐渐终结，尤其是信贷政策的收紧，使得房地产业正陷入一个全行业缺钱的困局之中。2012 年，房地产行业主营业务收入和利润总额增速与上年相比纷纷下滑，且利润总额增速下滑幅度较大，沪深两市房地产板块上市房地产企业主营收入为 3134.2 亿元，较 2011 年增长了 9.7%，但利润率却下降了 0.7%。在一定时期内，随着调控政策威力的继续释放，房价下降的态势已基本确立，开发企业净利润下降已成定局。与此同时，在调控持续深化、商品房销售增速大幅下降、企业资金链逐步收紧的市场背景下，优势房企借助其品牌竞争力充分吸纳、整合社会资源进行并购的优势凸显。

三　影响因素分析

（一）宏观经济环境

2013年一季度公布的宏观经济数据显示，国内生产总值为118855亿元，按可比价格计算，同比增长7.7%，增幅比2012年全年回落0.1个百分点。虽然全球经济增长前景仍存在较大不确定性，但中国经济运行有望继续保持平稳发展态势，预计全年经济增速可达8%左右。经济平稳增长的内在动力总体上仍会支撑房地产行业保持平稳健康的发展。

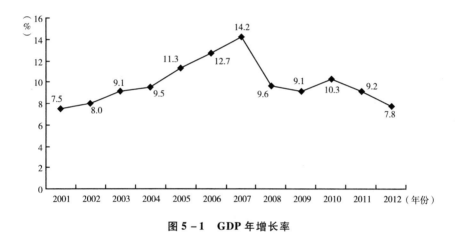

图5-1　GDP年增长率

数据来源：国务院发展研究中心信息网网址：http://www.drcnet.com.cn/DrcnetSubjectOLD。

房地产市场被称为"周期之母"，一般而言，房地产发展速度和GDP增速具有良好的相关性。从图5-1我们可以看出房地产行业依然保持高速发展。

经济增长速度虽有所放缓，但依然保持在较高水平。巨额的基础货币投放量虽然对经济有一定的刺激作用，促进了房地产行业的持续高速发展，但也推动资产价格上涨，特别是房价。

2003年以来，我国进入历史上货币政策最宽松的时期。2009年2月以来，广义货币余额突破50万亿元，2011年10月突破80万亿元，相较于2008年5月的货币供应量数据，截止到2013年，广义货币已翻一番多，年平均增速高达21%，是实际GDP增速的两倍。通常情况下，货币供应量与实体经济的发展是一致的，即广义货币供应量应与 GDP 总量相当，很明显，中国存在较为严重的货币超发现象。超发的货币最先流入股市和房地产市场，而 2008 年至今，由于全球经济危机的影响，中国实体经济陷入困境，再加上股市持续低迷，超发的货币集中于房地产市场进行投机性交易，从而引发房地产泡沫。在货币供应量飞速增长的情况下，中国人民由于对货币贬值的恐惧而买房，因此，房子成为因财富保值而被动选择的品种。人们买房子只是为了避免因货币超发而造成的货币贬值。在这种情况下，空置率、供应量等，都不再起决定性作用——至少在货币飞速增发的前提下如此。超发的巨量货币已经大量流入楼市，正是楼市对过剩流动性的吸纳，造成房地产行业的繁荣和房价过快上涨，这也是在货币飞速增发的情况下，中国的通货膨胀依然表现较为温和的主要原因。

综上所述，货币的超发稀释了资产的价格，推高了房价。那么，货币超发的原因是什么呢？大部分学者认为是近年来中央政府实行的宽松的货币政策和中国大量的外汇储备造成的。

一方面，在货币政策方面，2008 年 7 月至年底，半年时间内，人民银行连续三次下调存贷款基准利率，两次下调存款准备金率，取消对商业银行信贷规划的约束，并引导商业银行扩大贷款总量；同年底，中央政府抛出了 4 万亿的投资计划。2009 年中国人民银行按照党中央、国务院的统一部署，紧密围绕"保增长，扩内需，调结构"的主要任务，认真贯彻落实适度宽松的货币政策。财政政策由"稳健"转为"积极"，重点是以扩大消费需求为核心，重点解决居民的低消费问题；一是合理扩大银行信贷规模；二是通过优化财政支出结构改善经济结构；三是积极减税，促进企业投资和居民消费，货币从紧缩向适度宽松转变；四是进一步拓宽企业的融资渠道，由于扩大政府投资，在一些行业出现了"国进民退"现象，这也许是积极财政政策的挤出效应的结果。2010 年 3 月 5 日，政府工作报告指出，2010 年继续实施积极的财政政策和适度宽松的货币政策。直到 2010 年 12 月 12 日，中央经济工作会议提出：2011 年中国宏观经济政策的基本取向要积极稳健，审慎灵活，重点是更加积极稳妥地处理好保持经济平稳较快发展，调整经济结构和管理通胀预期的关系。

2011 年国际金融危机极端动荡状态已经有所缓和，中国的宏观经济政策方向有所变化。中国人民银行实施稳健的货币政策，按照总体稳健，调节有度，结构优化的要求，增强政策的针对性、灵活性和有效性，更加积极稳健地处理好保持经济平稳较快发展，调整经济结构，管理通胀预期的关系，把稳定价格总水平放在更加突出的位置，维护金融体系安全稳健运行，促进经济平稳健康发展。

2012 年、2013 年则继续实施积极的财政政策和稳健的货币政策。但是相对于 2011 年，2012 年和 2013 年货币政策偏松。

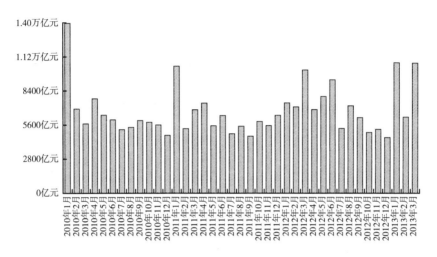

图 5 - 2　新增信贷示意图

数据来源：新浪财经网址：http://finance.sina.com.cn/。

应该看到，金融危机期间的政策效果是十分明显的，国民经济基本维持了危机前的发展速度，如此宽松的环境和大规模的投资同样为房市传递了相当利好的信息，注入了大量的信贷资金。2013 年一季度宏观数据显示，3 月人民币新增信贷超过万亿，M_2 突破 100 万亿元。大规模的信贷投放，为房地产市场的发展提供了充足的资金支持。

另一方面，外汇储备方面：截止到 2012 年底，国家外汇储备余额为3.24 万亿美元，与 2011 年末相比，全年外汇储备增加约 699 亿美元。

图 5 -3 显示中国外汇储备状况，从 2001 年的 2122 亿美元逐年增长至2012 年的 3.24 万亿美元，年平均增长率为 28.1%。截止到 2013 年底，中国外汇储备已经超过 3.7 万亿美元，全世界第一，是日本的三倍。央行只得被动地发行大量人民币来冲销外汇储备，外汇占款增量占中央银行基础货币的增量比例也越来越高，到 2012 年 80% 以上的基础货币增量是通过外汇储备投放的。

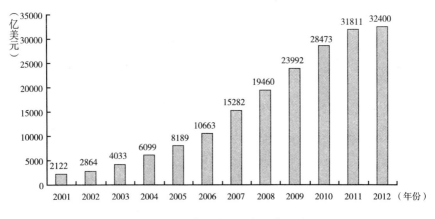

图 5－3　中国外汇储备示意图

数据来源：百度网站网址：http：//image.baidu.com/。

中国外汇储备大部分来自贸易顺差和国际资本流入。但2008年金融危机以后，全球经济疲软，对中国产品的需求减少，中国巨额的外汇储备很大一部分是由国际资本流入构成的。2005年7月央行启动汇率改革后，中国的汇率改革演变为人民币单边升值的过程。国际热钱持续流入中国进行无风险套利。这些资金没有进入实体经济，而是在高流动性的金融领域空转。目前，在中国央行发行的25万亿基础货币中，由美元储备主导发行的基础货币高达20多万亿元人民币，只有5万亿元人民币的基础货币是由非美元因素而发行的。据统计，2010年度，94％的新增人民币基础货币发行是由流入境内的美元所决定。国际热钱进入中国之后，央行通过结汇收到美元，同时将一定数量的人民币支付给美元持有者，美元持有者获得了人民币并作为资本金开展国内的投资，亦即以人民币进入市场，从而导致市场上人民币供应量增加。

（二）　土地财政

地方政府才是中央政策的最终执行主体，没有地方政府的配合，任何政策就基本是一句空话。然而，地方政府对土地财政的依赖性的存在，却使房地产调控政策的执行大打折扣。

2013年一季度的宏观数据公布，中央政府财政收入负增长，而地方政府财政收入却保持14％的高增长率。原因却是简单易见的，"卖地"的收入和"房地产相关税收"收入足够支持地方政府两位数的财政收入增长率。

以 2010 年的数据来看，国有土地出让收入 2.9 万亿元，占全国财政收入的 35%。与此同时，全国省市县三级政府的负债总额已达到 10.7 万亿元，其中超过三分之一的债务要靠土地出让金来还。

《2012 年国土资源报告》显示，2012 年中国供应房地产用地 16 万公顷，房地产和住宅用地供应量均超过前 5 年年均水平；全年出让国有建设用地面积 32.28 万公顷，出让合同价款 2.69 万亿元，其中，招标、拍卖、挂牌出让土地面积 29.30 万公顷，占出让总面积的 90.8%；出让合同价款 2.55 万亿元，占出让合同总价款的 94.8%。

2013 年"国五条"推出，在此高压调控下，房价却没有下降。地方政府面临的博弈是：一方面，希望通过调控手段来限制房价；另一方面，却疯狂地推出高价的土地。部分地方政府在调控政策落地初期，迅速地释放推地信号。华夏时报报道，在 2013 年 5 月 6 日举办的广州市白云同宝路土地拍卖会上，万科、中海、保利、招商、绿地等 15 家巨鳄上演了抢地大战。经过 200 轮的激烈争夺，佳兆业以 18.68 亿元的总价摘走该地块，而高达 25597 元/平方米的楼面价，刷新了该区域单价地王的纪录。2013 年广州的推地潮来得更早，房企的反应更为激烈。而与 2013 年 4 月相比，地方政府推地的节奏也明显加快。不仅是广州，其他一二线城市也在加快推地。5 月，北京有 13 宗地块入市，上海预计供应 21 宗土地，起始价超过 117 亿元。而在 4 月成交的地块中，土地溢价率持续走高。4 月 9 日，北京市鲁谷地块以高达 174% 的溢价率拍出，两天后泰禾房地产以 19.3 亿元中标通州台湖地块，溢价率高达 112%。传闻成为第二批房产税试点的杭州，也公布了共 45 宗的推地计划，预公告土地面积为 1941 亩，可建面积接近 372 万平方米，刷新了杭州历次推地规模的纪录。

地方政府对土地财政的依赖有增无减，尤其是中西部欠发达城市、沿海地区，由于还没有形成支撑产业，土地财政必然成为政府收入的主要来源，地方政府对土地财政更加依赖。

（三）城镇化进程

城镇化进程是影响住房新建规模的一个重要因素。在世界城市化发展史研究领域，美国城市地理学家纳瑟姆提出了著名的"纳瑟姆曲线"。纳瑟姆曲线表明城市化与房地产业发展存在着内在联系：城市化发展对房地产业持续推动，在城镇化加速进程完成之前，住房建设投资规模呈现持续快速增长的态势。当城市化率达到 30% 时，房地产投资开始加速增长，当城市化率达到 50% 时，房地产投资将达到峰值，其后一直到城市化率达到 70% 时都将保持这种高增长率。我国尚处于城市化加速阶段，面临着基本完成城市化，即城市化率达到 70% 以上的任务。未来 20～30 年内，城镇人口仍将保持较快增长，按照城市化率平均每年增长一个百分点估算，每年也将有 1300 万～1400 万人从农村转移到城市。加上不断增长的改善性住房需求，未来房地产的潜在市场空间十分广阔。2012 年中国城市化率达到 52.57%，预计 2050 年前后将达到 70% 左右，因此房地产业将会持续 30～40 年的繁荣。

中国国际金融有限公司应用 2010 年的中国城镇化率进行分析，研究发现：假设未来农业劳动人口占劳动人口比例下降至 15%，我国城镇化比率最高将达到 72.8%。未来十年，城镇化年增速可能放缓至 1 个百分点，但房地产市场每年因此而产生的潜在刚性需求仍高达 6 亿至 7 亿平方米，其中二级城市约 40% 的住宅将被地级市购房者买走。

城镇化建设在十八大报告中被多次提及，新一届的领导班子对于城镇化的关注也为房地产市场的发展提供了良好的政策支持。由国家发改委牵头、多部委参与编制的《城镇化发展规划纲要（2012～2020）》正被探讨，近期将要出台并报国务院发布实施。规划共涉及全国 20 多个城市群、180 多个地级以上城市和 1 万多个城镇的建设。

十八大报告指出，城镇化与工业化、信息化和农业现代化并列，成为中国全面建设小康社会的重要载体，更是撬动内需的最大潜力所在。在十八大召开前后的一个月时间里，中央部委及地方相关政府部门出台与城镇化有关的新政超过五个，涉及的城镇化创新区域覆盖内蒙古、湖北、河南、安徽、浙江、广东等多个地区。其中有住房和城乡建设部发布的《关于支持大别山片区住房城乡建设事业发展的意见》等部级文件，也有《广州市人民政府关于推进城乡一体化工程实施意见》这样的地方发展规划。从内容来看，政府部门对城镇化发展道路的思考之深远、准备之充分、配套之完备，出乎市场预料。

作为一个系统性社会发展规划，城镇化以解放农民消费力为核心，以产业导入为载体，以土地资源高效利用为重点，全面拉动基础设施建设、居住、教育、医疗、文化等各产业发展，成为未来较长时间中国经济发展的重要引擎。以此来对照各条产业链，机遇与挑战一目了然。而房地产业，由于身处"土地—建设—商业—消费"这条主产业链核心位置，其在城镇化快速推进过程中的角色就尤其引人注目。

上海证券报指出，众多房地产企业早已先知先觉，在即将大举掀开的城镇化浪潮中"躬身入局"。比如中信地产早在 2011 年就开始在全国范围内系统梳理城镇化潜力区域，拿地选择进入时机。更多企业已经深入到拿地环节：华发股份、华夏幸福、荣盛发展、中南建设等成为深耕某个区域城镇市场的典型代表。甚至部分企业还有计划地参与地方政府主导的轨道交通等基础设施建设项目。这些看似偏居一隅的低调房企，正有意成为新一轮城镇化大潮的主角。

（四）产业政策

对房地产调控自 2003 年开始，政府动用各种资源对房地产特别是商品住宅进行调控，其中不乏起起伏伏，前后历时 10 年。然而长达 10 年的调控却始终未见成功，引起了学术界和实业界的广泛讨论和关注。

表 5 - 2　历年房市调控要览

时间	基本思路	主要文件
2002～2003 年	住房用地从"协议出让"到"招拍挂"转变	《招标拍卖挂牌出让国有土地使用权规定》
2003～2007 年	"管严土地,看紧信贷"为主基调的宏观调控措施	《关于进一步加强房地产信贷业务管理的通知》《关于切实稳定住房价格的通知》
2008～2009 年	放松信贷,鼓励发展	《关于调整固定资产投资项目资本金比例的通知》
2010～2013 年	严厉限购,加大调控;增加供给,扩大保障	《关于促进房地产市场平稳健康发展的通知》

数据来源：国研网网址：http：//bbs. pinggu. org/thread - 1135287 - 1 - 1. html。

1. 第一阶段调控政策及效果

2003 年基本完成土地"招拍挂"制度的改革，中国各城市基本都实现了土地使用权通过"招拍挂"进行转让。土地使用权通过"招拍挂"的形式转让虽然有效遏制住了土地转让环节的寻租现象，但在客观上使土地出让的速度减缓，住房用地供应总量相对不足，从而助推房价进一步上涨。

2. 第二阶段调控政策及效果

2005 年 3 月，国务院办公厅下发《关于切实稳定住房价格的通知》，针对房价上涨过快的现象提出八点要求，首次提出稳定房价是地方政府应该承担的责任，并对如何稳定房价提出了指导性的意见。2006 年 5 月，国务院提出促进房地产健康发展的六条措施，强调要切实调整住房供应结构，进一步发挥税收、信贷、土地政策的调节作用。紧接着，在套型面积、户型比例、首付款等方面均做出量化规定，尤其是规定了"90/70"政策。2006 年 7 月，又出台了限制外资购房和强制性征收二手房转让个人所得税的政策。2007 年 8 月，国务院召开全国住房工作会议，提出要"加快建立健全以廉租住房制度为重点、多渠道解决城市低收入家庭住房困难的政策体系"。在 2003 年到 2007 年五年以来的宏观调控中，中国人民银行屡次上调存款准备金率和商业银行贷款基准利率。存款准备金率从 6% 一直上调到 2007 年底的 15%，共上调 15 次；商业银行贷款基准利率从 5.31% 一直上调到 2007 年底的 7.47%，总共上调 9 次。

2007 年 10 月以后，中国珠三角地区的深圳、广州等城市房价出现了局部的价跌量减的现象。与此同时，美国爆发了次贷危机，并逐步演变为全球性的金融危机。受此影响，全国各地房价在 2008 年纷纷开始下跌，宏观经济增速也开始步入下滑通道。为了使中国经济走出国际金融危机的阴霾，也为了避免房地产这个重点支柱性产业出现深幅调整，政府又开始出台一些促进房地产业发展的政策措施。

从房地产市场的变化看，2003 年一季度至 2006 年三季度交易量（商品住宅销售面积）同比增速总体呈下降趋势，2006 年四季度至 2007 年三季度交易量同比增速明显上升，2007 年四季度至 2008 年四季度交易量增速大幅下降；2005 年一季度至 2007 年一季度房价（房屋销售价格同比指数）涨幅有所回落，但依然处于高位（在 6% 以上）。

3. 第三阶段调控政策及效果

2008 年 10 月，中国人民银行出台文件，将商业性个人住房贷款利率的下限扩大为贷款基准利率的 0.7 倍；最低首付款比例调整为 20%。2008 年 11 月，国务院决定调整宏观经济政策，实行积极的财政政策和适度宽松的货币政策，并明确加大保障性住房建设规模，降低住房交易税费，支持居民购房。具体支持政策包括：对个人首次购买 90 平方米及以下普通住房的，契税税率暂统一下调到 1%；对个人销售或购买住房暂免征收印花税；对个人销售住房暂免征收土地增值税。2009 年 5 月，国务院发布《关于调整固定资产投资项目资本金比例的通知》，将保障性住房和普通商品住房项目的最低资本金比例下调为 20%，其他房地产开发项目的最低资本金比例下调为 30%。这是对房地产企业信贷政策的一次较大幅度的放松。在这些促进房地产业发展的刺激政策下，2009 年房价出现报复性上涨态势。国家统计局数据显示，全国各大城市房价涨幅在 2009 年均呈现大幅攀升态势，到 12 月，全国 70 大中城市房价同比上涨 7.8%，涨幅创一年来新高。

4. 第四阶段调控政策及效果

2010 年年初出台的"国 11 条"就明确要求二套房首付款比例不得低于 40%。国土资源部也屡次出台政策要求严查土地出让和建设中的违法违规问题。2010 年 4 月 15 日，国务院出台"新国十条"，要求实行更为严格的差别化住房信贷政策，对购买首套自住房且套型建筑面积在 90 平方米以上的家庭，贷款首付款比例不得低于 30%；对贷款购买第二套住房的家庭，贷款首付款比例不得低于 50%，贷款利率不得低于基准利率的 1.1 倍；对贷款购买第三套及以上住房的，贷款首付款比例和贷款利率应大幅度提高。之后，全国各大城市都相继出台了地方版的调控细则。但是这次调控效果并不显著，房价仍然有继续上涨的势头。2010 年 9 月底开始，多部委再次联合出台政策，重拳出击，开启了年内第二次调控。2011 年年初，国务院又出台"新国八条"，要求贷款购买第二套住房的家庭首付款比例不低于 60%，个人购买住房不足 5 年转手交易的，统一按销售收入全额征税；进一步扩大执行"限购令"的城市范围、强化执行"限购令"。

2013 年 2 月"国五条"颁布，扩大个人住房房产税改革试点范围、严格执行商品住房限购措施、坚决抑制投机投资性购房、完善稳定房价工作责任制等。

2010 年一季度至 2011 年四季度商品住宅交易量同比增速呈显著下降趋势，2010 年三季度房价涨幅开始出现显著回落，2011 年，70 个大中城市中新建商品住宅价格稳中有降的城市数量由 1 月份的 10 个增加至 12 月份的 68 个，二手住宅价格稳中有降的城市数量由 1 月份的 10 个增加至 12 月的 67 个；12 月，52 个城市新建商品住宅价格环比下降，51 个城市二手住宅价格环比下降。2013 年 3 月全国 70 个大中城市中有 68 个城市房价出现环比上涨。5 月 2 日，中指院发布 4 月份房地产市场"百城价格指数"。数据显示，百城住宅平均价格自 2012 年 6 月以来连续第 11 个月环比上涨，涨幅缩小 0.06 个百分点；同比则是连续第 5 个月上涨，涨幅扩大至

5.34%。来自中指院数据显示，4 月全国百城住宅平均价格为 10098 元/平方米，环比 3 月上涨 1.00%。其中 76 个城市环比上涨，24 个城市环比下跌。此外，4 月价格环比下跌的城市个数增加 8 个，环比上涨的城市则比上月减少 8 个，其中涨幅在 1%（含 1%）以上的有 40 个，较上月减少 11 个。

综上所述，国家的宏观调控政策并没有遏制房地产价格过快上涨，调控并没有取得明显成效，总体上依然保持上升趋势。但一二线城市的房价和三四线城市房价出现了明显分化，中科院数据显示，全国百城住宅平均价格为 10098 元/平方米，环比上涨 1.00%。其中 76 个城市环比上涨，24 个城市环比下跌。这表明房地产行业在近几年的高速发展下，供给明显加大，一些资源优势明显的一二线城市的巨大需求并没有得到满足，所以房价继续上涨，但三四线城市由于资源优势并不明显，对购房者吸引力有限，房价得到了有效遏制。

（五）社会文化环境

安居乐业是中国传统文化，有适宜的安居之处，可以提高一个人在社会上的生存质量，增强归属感，也是谈婚论嫁的必要的物质条件。从 1998 年启动的住房制度改革停止了福利分房，不断改善住房条件，就成为居民收入提高后的强烈需求。从一般规律来看，25～35 岁是结婚的高峰期，也是第一次购房的最高峰。20 世纪六七十年代人口高峰期出生的人口，在 2000 年左右正好是处于买房、结婚的高峰。但 2008 年之后，当 1978 年出生的人口年龄超过 30 岁时，我国的人口高峰期出生的人口将结束他们买房、结婚的高峰期了。2008 年前后的人口结构变化非常明显，2008 年之后的结婚人口比 2008 年之前的下降了 30% 多，而且是突然的下降。这样的人口变化对房地产市场的影响是巨大的，住房价格下跌是存在的。20 世纪 50 年代中期出生的人，是目前的主要储蓄者，他们在社会中占比非常高，既要为自己养老储蓄，也要为孩子教育储蓄。在储蓄率高的情况下，利率水平一定是很低的，人们必定寻找其他增值、保值的手段，或者买房子，或者买股票，甚至买字画等。这使得资产价格被推高，但是等到他们退休或者逐渐离开这个世界的时候，就会发现很难把手中的资产传到下一代，因为他们的下一代可能都是独生子女。在这种情况下，房价必然会出现回落。

五　规范房地产行业健康发展的建议

（一）坚持调控方向不动摇

当前，房地产市场调控处于关键时刻，投资放缓态势日益明显，市场各方处于博弈观望状态，一旦调控政策有所松动，在刚性需求的强劲推动下，房价有可能出现反弹。因此，必须坚持房地产市场调控方向不动摇，在不引起经济增速大幅下滑的前提下，继续严格执行调控措施，做好各项政策措施的落实工作，巩固已有调控成果，确保房价回归合理水平。同时，做好政策储备，积极应对房地产泡沫破灭可能带来的经济下行风险和商业银行房贷断供风险，警惕房地产企业资金链条断裂可能引发的民间融资风险。

（二）尽快破除地方政府对土地财政的依赖

随着城市化进程的加快，基础设施建设、房屋建设等对土地的需求大大增加，导致地价不断上涨。尤其是 2002 年土地政策由划拨制度转为"招拍挂"制度后，地价上涨更是突飞猛进，清华大学国情研究中心的数据显示：1989～2010 年的 21 年间，全国土地成交价款增长了 6732 倍，而卖地收入相当于地方财政收入的涨幅比例也超过 300 倍。土地"招拍挂"制度赋予了地方政府土地垄断的权力和地位，地方政府在土地储备和供应的能力不足与主观上存在少供地、多收钱的指导思想下，往往出现地价、房价不断飙升的状况。要破除地方政府对土地财政的依赖，应尽快开征房产税，房产税不仅可以让地方政府获得有保障的税收，而且房产税将在很大程度上增加房产的持有成本，打击囤房炒房等投机行为，有利于房价回归到一个合理价位，促进房地产行业健康发展。

（三）从严执行差别化的信贷政策

在房价上涨时期，较低的信贷成本给投资投机性购房者提供了极大的便利，降低了入市门槛，通过杠杆效应助长了房地产市场泡沫，也加大了商业银行贷款的坏账风险。要严格执行差别化的住房信贷政策，加强贷款申请审核。优先保证城镇居民家庭首次购买商品房和保障性住房的贷款需求，并在首付款比例和贷款利率上给予一定的优惠政策。而对投资投机性购房的贷款申请，要在首付比例和利率上从严控制，限制非理性的杠杆化，保障理性的自住型购房需求。

（四）加快推进房地产税收制度改革

对于房地产市场调控，应尽量减少行政手段的运用，加快更具市场属性的税收制度建设。要及时总结上海、重庆开展房地产税改革试点的经验，完善办法，逐步扩大试点范围，增加房产保有成本，有效调节房地产收益，增加市场供应，缓解房地产市场供求关系，进而使房价更趋于合理。加强对二手房交易和房屋出租过程中个人所得税的征管工作，打击偷税漏税行为。同时，清理交易流转环节的部分税费，加速其流转。

（五）加大保障性住房建设力度

目前，各地政府均把主要精力放在保障性住房的资金筹集和工程建设上，以按期完成国家规定的建设任务。但保障房建设不仅是工程建设问题，还包括分配、管理、运营等，应统筹安排、系统设计。有关部门应尽快研究和制定统一的政策和办法，清晰界定保障房的性质和分类，合理确定保障水平和范围，促进保障房健康发展。对建设资金缺口较大的地区，逐步增加中央及地方财政预算的投资安排，在风险可控的前提下，调动更多的社会资金参与保障房建设，探索公积金直接投资建设保障性住房的方式。加强工程监理，防止因单纯追求建设速度而忽视建设质量的倾向。吸取经济适用房的经验教训，完善保障房在分配环节的申请、审核和公示制度，确保公平、公正、公开。对保障对象进行动态管理，建立退出机制，使保障房流动起来，充分发挥其效用。

六　结论

总体来看，中国的房地产发展前景比较乐观，主要理由如下：

1. 城市化进程的加快。经济的快速发展、工业化进程的不断推进，会加速一个区域及一个国家城市化进程，这必将导致大量的农村人口向城市区域迁移，从而带来巨大的房地产需求。

2. 中国的传统观念。自古以来，中国人认为只有安居才能乐业，房子是乐业的前提，也是谈婚论嫁的必要的物质条件。这种观念对房地产市场需求的影响将是长期的，一时很难改变，只要这种观念存在，必将大大推动房地产市场的持续发展。

3. 投资需求。房地产本身除了有社会属性及商品属性外，也有一定的投资属性。在中国当前投资渠道比较狭窄的状况下，房地产投资仍是风险最低，获益最稳的行业。所以有相当一部分投资资金短期或长期地投向房地产，推动房地产不断向前发展。

4. 改善性需求的增加。随着经济的发展，部分城市居民的住宅面积、配套已无法满足其现有的需求，故会产生重新购房置业的需求。这部分需求也是带动房地产发展的重要因素。

5. 2010 年及 2011 年诸多房地产调控政策出台，这一系列政策被称为史上最严厉的调控，但并没有使房价大幅回落，甚至部分二三线城市房价仍然高速上行，说明中国的房地产有着强大的市场需求支撑。

但同时我们也应当认识到在经历了十几年的高速成长后，房地产行业高速发展的阶段已经过去，房地产过热的局面将有所缓和。主要原因有：第一，随着保障房入市，房地产市场的供给将大幅增加，房价走势将出现分化格局，商品住房市场中高档房价将走高，低档房价将走低，两者形成相持的格局。第二，根据 2000 年"五普"人口数据，全国婚配年龄段人口高峰大致在 2014 年来临，原有城市人口的婚配年龄段人口高峰早在 1998 年即已达到。因此可预计我国城市以婚配人口计算的新增城市家庭数量在 2014 年以后将会下降，房地产市场的需求将减少。第三，国土资源部正在加快组建不动产登记局，不动产统一登记信息平台将于 2014 年建成，从制度上为不动产统一登记和征收房产税做好基础工作。房产税的开征将对囤房炒房现象有一定的抑制作用，从而避免房地产行业过度投机行为。因此可以预计房地产行业过热、房价过快上涨的阶段在未来一段时间内将有所缓解，房价将会合理回归。

本章对房地产行业进行了较为全面的介绍，分析了影响房地产行业发展的因素并深入行业的特质进行研究，最后总结认为：房价或有微调，但仍会延续上涨的趋势，且不会过快上涨，房地产的市场繁荣仍将持续。

值得说明的是，即使可以煞有介事地对这个结论进行实证证明和理论分析，也不代表鼓励大众基于此大量做多房市；但是同样，即使全球人都知道房市存在泡沫，也没有人敢在此时大量做空房市。引用凯恩斯的一句话：市场延续非理性状态的时间，或许比你撑住没破产的时间还要长。

专题六
中国电子商务行业发展的经济学分析

一 行业背景

2013 年上半年，马云进军物流和电子商务行业，阿里巴巴的两件收购案件备受国人瞩目。5 月 28 日上午，阿里巴巴集团在深圳召开发布会，宣布建立中国智能骨干网。这是一个能够支撑日均 300 亿元网络零售额，在全国任何地区做到 24 小时内送达的物流网络体系，同时，阿里巴巴与几大民营快递公司和投资财团，联合成立"菜鸟网络科技有限公司"。此举标志着阿里巴巴正式进军物流业。之前的 4 月 29 日晚，新浪宣布阿里巴巴通过其全资子公司，以 5.86 亿美元购入新浪微博公司发行的优先股和普通股，占微博公司全稀释摊薄后总股份的约 18%，成为第一大股东。新浪微博拥有超过 5 亿用户，是中国最活跃的社交媒体平台之一。阿里与新浪将各自的优势互用，劣势互补，将共同探索社会化电商和移动电商。当最大的社交媒体平台和最大的电商平台相遇时，想象空间巨大。这是阿里在移动互联网和社交、O2O 等领域加强布局的一大举动。紧接着，5 月 10 日晚，阿里巴巴在官网微博发布通告，称高德软件（Nasdaq：AMAP）（下称高德）正式宣布获得阿里巴巴集团（下称阿里巴巴）2.94 亿美元投资，阿里巴巴将持有高德约 28% 股份。为什么阿里巴巴在入股新浪微博后，再次瞄准另一个领域？这与高德地图的实力是分不开的。2013 年第一季度，高德地图占据中国手机地图客户端市场 29.8% 的份额，位居第一。2013 年 1 月，高德地图用户数突破 1 亿。目前，高德的业务覆盖三大领域：互联网和移动互联网、车载导航、政府和企业应用。这两个并购案，无不表明阿里巴巴重点部署抢占电子商务 O2O 市场份额的目标。

　　除了上述两起案件，全国人大常委会 2013 年 4 月 23 日审议消费者权益保护法修正案草案。这意味着在中国实施已经近 20 年后，随着人们消费方式、消费结构和消费理念的巨大变化，这部法律的修改进入实质阶段。这部法律的修改势必对电子商务产业的发展产生重大影响。随着网购时代的开启，诸多欺诈行为层出不穷，法律必将对网购欺诈说"不"；消费者个人信息，经营者不得擅自泄露；商品"三包"，七日不再是硬约束；缺陷商品，消费者或将不再"举证难"。这些方面的改善，必将进一步对消费者形成保护，也必然会迫使商家重视诚信问题。

　　自 1997 年 12 月中国化工网上线成为中国首家垂直 B2B 网站开始，中国电子商务在不知不觉中已经经历了 15 年春秋。中国电商模式也开始由单一向多元发展，先后出现了 B2C、C2C 等，最近几年 O2O 的兴起，开启了电子商务模式的新纪元。并且随着物流的发展，买者今天早上在网上下单，如果同城购物的话，通常在下午便能收到自己想要的产品。即使是异城购物，快递公司的效率也是很高的，少则二三天，多则四五天。网上购物给我们带来无限乐趣的同时，也极大地方便了我们的生活，使我们变得越来越离不开网上购物这种生活方式。在岁月的长河中，随着电商模式的不断丰富与发展，我们的生活也变得越来越多姿多彩。

　　随着电商模式的发展，电子商务平台也发生了巨大的变化。电子商务平台是一个为企业或个人提供网上交易洽谈的平台。企业电子商务平台是建立在 Internet 网上进行商务活动的虚拟网络空间和保障商务顺利运营的管理环境；是协调、整合信息流、物质流、资金流有序、关联、高效流动的重要场所。企业、商家可充分利用电子商务平台提供的网络基础设施、支付平台、安全平台、管理平台等共享资源有效地、低成本地开展自己的商业活动。电子商务可提供网上交易和管理等全过程的服务，因此它具有广告宣传、咨询洽谈、网上订购、网上支付、电子账户、服务传递、意见征询、交易管理等各项功能。现存的电子商务平台主要有：B2C 平台、独立商城、C2C 平台、CPS 平台、O2O 平台、银行网上商城、运营商平台、第三方电子商务，尤其是最近几年第三方电子商务中大宗商品电子商务平台的发展，提高了行业运行的整体效率，对行业发展产生了深远地影响。

此外，移动互联网大数据时代的开启，对于电商行业发展更是一种机遇。2013 年 3 月 18 日，中国互联网协会在北京举行"移动互联网工作委员会成立大会"，意味着相关部门对当前的国内移动互联网领域已由关注转向实际动作。中国互联网协会移动互联网工作委员会由中国互联网协会联合电信运营商、主要互联网企业、移动互联网应用服务企业、终端制造服务企业以及科研机构共同组建，是中国互联网协会专门服务于移动互联网领域的二级分支机构，第一届委员会秘书处的工作由优视科技有限公司承担。在可预见的将来，相关部门或将出台一系列针对移动互联网领域的监管措施、法律法规，移动应用开发商及运营平台未来将面临更加严峻的政策监管。2012 年中国互联网用户量突破 5 亿大关；2012 年中国移动互联网用户数量预计将达 4.51 亿；"三网合一""云计算""物联网"这些新概念的层出不穷与完善，必将成为 2012 年中国互联网经济的助推器；谁将在竞争如此激烈的互联网行业脱颖而出，谁敢勇于创新？谁又将受到用户认可和青睐？资本市场对中国互联网市场的热情，是否愈演愈烈？PC 领域的产品将会大面积地应用到移动互联网，例如，网络购物、电子商务等，作为互联网的载体，通过对海量大数据的高效分析获得商业以及社会价值。将会更多地使用这些数据，进而得到更大的发展。据赛迪顾问的统计数据显示，2012 年大数据市场规模达到 4.5 亿元，2013 年还将持续发酵，未来三年内有望突破 40 亿元，2016 年有望达到百亿规模。

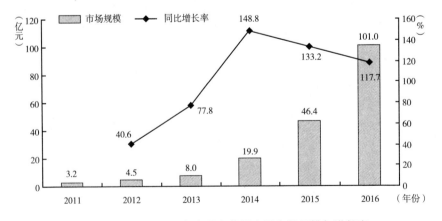

图 6-1　2011~2016 年中国大数据应用市场规模与增长率

数据来源：赛迪顾问 2013 年 2 月。

在此背景下，是否意味着中国电子商务发展逐步进入成熟期？是否意味着大数据拼图渐全？是否意味着在日趋激烈的行业竞争中大企业兼并小企业，走向垄断？未来电子商务产业将向着哪个方向发展？我们将着眼于现在的分析，为未来电子商务产业发展提供一定的参考。

二　电子商务的发展

（一）电子商务的作用与影响

电子商务的作用可以分为直接作用和间接作用两个部分。

电子商务的直接作用有：第一，节约成本。电子商务将传统的商务流程电子化、数字化，以电子流代替了实物流，可以大量减少人力、物力，降低了成本，尤其节约商务沟通和非实物交易的成本；第二，提高效率，突破了时间和空间的限制，使得交易活动可以在任何时间、任何地点进行，从而大大提高了效率，尤其提高地域广阔但交易规则相同的商务效率；第三，提高竞争能力。电子商务所具有的开放性和全球性的特点，为企业创造了更多的贸易机会。电子商务使企业可以以相近的成本进入全球电子化市场，使得中小企业有可能拥有和大企业一样的信息资源，提高了中小企业的竞争能力。第四，有利于进行商务宏观调控、中观调节和微观调整，可以将政府、市场和企业乃至个人连接起来，将"看得见的手"和"看不见的手"连接起来，既可克服"政府失灵"又可克服"市场失灵"，既为政府服务又为企业和个人服务。

电子商务的间接作用有：第一，促进整个国民经济和世界经济高效化、节约化和协调化；第二，带动一大批新兴产（事）业的发展，如：信息产业、知识产业和教育事业等；第三，物尽其用、保护环境，有利于人类社会可持续发展。

作为一种商务活动过程，电子商务将带来一场史无前例的革命。其对社会经济的影响会远远超过电子商务的本身，除了上述这些影响外，它还将对就业、法律制度以及文化教育等带来巨大的影响。电子商务促使传统经济向信息经济、知识经济转变。电子商务推动信息产业成为国民经济的支柱产业，使国民经济中的信息含量、科技含量比重大大增加，使资本经济向信息经济及知识经济过渡。电子商务会将人类真正带入信息社会。

（二）电子商务发展历程

1. 萌芽与起步期（1997~1999 年）

国内第一批电子商务网站创建于 1997~1999 年。1997 年，中国化工信息网正式在互联网上提供服务，成为中国第一个介入行业网站服务的"国有机构"。1998 年 12 月，阿里巴巴正式成立。随后国内第一家 C2C"易趣网"、第一家 B2C"8848"电子商务平台分别于 1998 年、1999 年成立。1999 年 9 月，招商银行率先在国内开通网上银行服务，为中国电子商务解决了支付的问题。调查数据显示，目前，中国已经成立的电子商务公司中大约有 5.2% 成立于这个时期。

2. 冷冻与调整期（2000~2002 年）

由于互联网泡沫破灭，电子商务的发展也进入了冰冻期。在这个时期，中国大部分电子商务企业尚未找到比较好的赢利模式，因此，包括 8848、阿里巴巴在内的知名的电子商务网站都经历了非常严峻的考验。中国 B2B 研究中心调查数据显示：在这三年，中国电子商务网站创建数量不到现有网站数量的 12.1%。

3. 复苏与回暖期（2003~2005 年）

2003 年 5 月，"非典"的爆发，使网络购物显得"很安全"，电子商务迎来了意外的发展机遇。各个 B2B、B2C 电子商务网站会员数量迅速增加，并且部分实现赢利。同月，阿里巴巴集团投资 1 亿元人民币成立淘宝网，进军 C2C 市场，同年 10 月，推出"支付宝"；随后，亚马逊以 7500 万美元协议收购卓越网，并更名为卓越亚马逊。京东多媒体网、腾讯"拍拍网"在 2004 年、2005 年相继成立。2005 年 4 月 1 日，《电子签名法》正式施行，这是中国信息化领域的第一部法律，也奠定了电子商务市场良好发展态势的基础。

在这几年内，网络用户不断增加。大批的网民逐渐接受了网络购物的生活方式。同时，电子商务基础环境不断成熟，物流、支付、诚信瓶颈，得到了基本解决。在这个时期，不少网络商家迅速成长，积累了大量的电子商务运营管理经验和资金。中国 B2B 研究中心调查数据显示，这几年成立的电子商务企业总数占现有总数的 30.1%。

4. 崛起与高速发展期（2006~2007 年）

互联网环境的改善、理念的普及给电子商务带来了巨大的发展机遇，各类电子商务平台会员数量迅速增加，大部分 B2B 行业电子商务网站开始实现赢利。而专注 B2B 的网盛生意宝与阿里巴巴的先后上市成功引发的"财富效应"，更是大大激发了创业者与投资者对电子商务的热情。

中国 B2B 研究中心调查显示：仅 2007 年，国内各类电子商务网站的创办数量就达到了现有网站总数的 30.3%。该阶段正是中国电子商务的崛起与高速发展阶段。

5. 转型与升级期（2008 年至今）

2008 年，中国电子商务 B2B 市场交易额达到 3 万亿元；网购交易额也首次突破千亿元，达到 1500 亿元。2009 年，网易"有道"搜索推出国内首个面向普通大众提供购物搜索服务的购物搜索，随后谷歌（中国）也采取市场跟进策略，推出类似搜索产品，"购物搜索时代"启幕。2010 年，京东商城取得老虎环球基金领投的总金额超越 1.5 亿美元的第三轮融资，当当、京东、卓越等 B2C 企业相继进军"百货"。与此同时，团购网站开始盛行。2011 年初阿里巴巴爆发欺诈事件，同年 10 月，淘宝商城调高保证金数额又引发了上千中小企业的抵制，这一事件最终以马云宣布保证金减半而告终。同一年里，团购网站泡沫频现，窝窝团、高朋网等大幅裁员。行业整顿和自我反省成为 2011 年的主基调。2012 年中国电子商务市场整体交易规模为 8.1 万亿元。仅"双十一"淘宝就创造了 191 亿元的交易业绩。这一年，京东商城、苏宁易购、国美电器在家电领域爆发了著名的 8.15 电商价格战，传统实体店不断开设网购服务，竞争愈演愈烈。

中国 B2B 研究中心调查显示：仅在不到两年的时间内创建的电子商务网站占现有网站总数的 22.3%，且有 75.4% 的电子商务网站专注于细分行业的 B2C。

这个阶段最明显的特征就是，电子商务已经不仅仅是互联网企业的天下。数不清的传统企业和资金注入电子商务领域，使电子商务世界变得异彩纷呈。

电子商务发展速度让人叹为观止，从图 6-2 中可以看出，自 2009 年的 3.7 万亿元，发展到 2012 年的 7.85 万亿元，短短 3 年时间，电子商务交易规模便增长了 112.2%。据中国电子商务研究中心估计，未来两年中国的电商交易规模将以更高速度增长，2013 年将突破 10 万亿元大关。

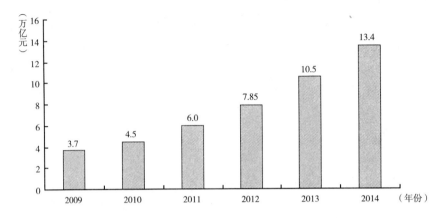

图 6 - 2　2009～2014 年中国电子商务市场交易规模

数据来源：中国电子商务研究中心。（www. 100EC. CN）

（三）电子商务模式的发展与创新

电子商务模式是指企业运用互联网开展经营取得营业收入的基本方式；传统的观点是将企业的电子商务模式归纳为 B2C、B2B、C2B、C2C、B2G、BMC、ABC 七种经营模式。

电子商务模式随着应用领域的不断扩大和信息服务方式的不断创新，电子商务的类型也层出不穷，主要可以分为以下四种类型：B2B（企业与企业之间的电子商务）如阿里巴巴；B2C（企业与消费者之间的电子商务）如京东商城；C2C（消费者与消费者之间的电子商务）如淘宝网；O2O（线下商务与互联网之间的电子商务）如沃尔玛。

B2B 模式中，以阿里巴巴发展模式为例。阿里巴巴于 2000 年由马云创办，但是 B2B 依然处于电子商务发展的初级阶段，这由电子商务整体所处的发展环节决定。阿里巴巴最终希望的是打造一条中小企业共生共荣的生态链，完成 live at alibaba 蓝图的描绘。阿里巴巴 B2B 模式属于中国创新，是中国电商模式的一个重大创新和起点，为未来阿里巴巴在中国走向成熟以及打入全球市场奠定了基础。随后阿里巴巴在 B2B 行业模式、收入模式、企业模式上进行了创新。在行业模式上，阿里巴巴瞄准国内巨大的中小企业群体和外向型经济的特点，通过打造一体化信息平台，使得海外买家能够获取一站式完整的商品信息，节省了搜寻成本与时间，使得国内卖家找到了一条更有效的市场推广渠道，为市场开拓提供了一种全新的方式。在收入模式上，通过重新配置产品（产品/服务/价值组合）和/或通过推出新的定价模型实现创收的创新方式，是一种利用客户的体验、选择和喜好，也同时可以利用新技术的方式。在企业模式上，通过专业化分工和价值链协作重新定义企业在价值链中的角色和组织边界，实现业务模式创新。

对于 B2C 模式上的创新，不得不提的便是京东商城配送模式上的创新，它于 2009 年自建物流工程，物流工程启动以来取得了巨大的成功。这一部分在下面电商物流内容进行阐述。

C2C 模式中的淘宝，2003 年创建之初，便以 3 年"免费"牌，取代 eBay 易趣，迅速打开了中国 C2C 市场。2009 年 6 月淘宝网开放平台发布，搭建淘宝商圈的底层技术平台，迈出大淘宝战略第一步；通过淘宝开放平台，开发者可以通过 API 来获取淘宝的用户信息、商品信息、店铺信息和交易明细信息等信息来建立相应的电子商务应用。2010 年 11 月 16 日淘宝网旗下独立搜索引擎"一淘网"对外宣布，该网站即日起公开对外测试其 Open Search（开放搜索）服务。C2C 电子商务开放平台必然是未来的发展趋势，全方位立体化的利益分享集团，共同承担风险，实现利益的共赢。

随着以上几种模式的发展，人们的购物已经不满足于上面几种模式带来的满足感。于是，O2O 模式便应运而生，做得比较成功的当属亚马逊了。O2O 就是把线上的消费者带到现实的商店中去：在线支付线下商品、服务，再到线下去享受服务。通过打折（团购，如 GroupOn）、提供信息、服务（预定，如 Opentable）等方式，把线下商店的消息推送给互联网用户，从而将他们转换为自己的线下客户。这样线下服务就可以用线上来揽客，消费者可以用线上来筛选服务，还有成交可以在线结算。该模式最重要的特点是：推广效果可查，每笔交易可跟踪。如图 6-3 所示，可以看到 O2O 的具体流程。除此之外，随着移动大数据的发展，它与移动支付、二维码提供商的结合，开拓了更加广阔的市场。

（四）电子商务发展的影响效应

1. 电子商务对企业的影响

网络时代对金融服务的要求可以简单概括为：在任何时间、任何地点、提供任何方式的金融服务。网络金融对传统金融的冲击表现在以下

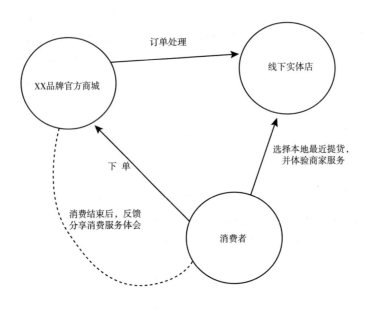

图 6 - 3   O2O 模式图解

几方面：

第一，网络金融业务会极大地降低交易成本。随着计算机技术与网络的迅速发展，越来越多的人开始进行网络购物。顾客通过网络浏览商家的各种商品信息，选定商品后顾客可以通过网络直接用银行卡支付，这便是电子商务给金融业带来的机遇之一。与营业点相比，网上银行提供的服务更加标准化和规范化，避免了由于个人情绪及业务水平不同而带来的服务质量的差别，可以更好地提高银行的服务质量。

第二，降低银行软、硬件开发和维护费用。网上银行的客户端采用的是公共浏览器软件，不需要银行去维护、升级，这样可以大大节省银行的客户维护费用，而使银行专心于服务内容的开发。

第三，降低客户成本，客户操作更加生动、友好。客户只要可以接入网络，便可使用银行服务，真正实现了跨越空间和时间限制的客户服务。

第四，网络金融服务也打破了传统金融业的地域限制，能够在全球范围内提供金融服务。在全球化的背景下，网络可以十分容易地进行不同语言之间的转换，这就为网上银行拓展跨国业务提供了条件，使得网络金融服务能够接触的客户群更大，打破了传统金融业的分支机构的地域限制，能够在更大范围内实现规模经济。

（2）电子商务对证券业的影响

网上证券交易是互联网能提供的信息服务内容之一，也是互联网应用最为成功的范例之一。2001年开始，证券电子商务以电子商务平台为依托，逐步开展咨询服务、个性化服务，注重不同客户的不同服务诉求。证券电子商务（SEC）把电子化手段渗透到证券活动的各个环节，如信息采集、发布、传闻、检索、交易、货币支付、清算、交割等一系列过程，它可以减少从投资者到交易所、清算中心等"供应链"上的环节，从而也就有可能降低证券交易的成本、加速资金的利用和信息的传递，所以基于互联网平台的证券电子商务将比传统证券交易有更多的优势。

（3）电子商务对第三产业的影响

电子商务的发展降低了第三产业经营成本。首先，减少企业交换信息的成本。其次，降低第三产业的采购成本。电子商务环境下第三产业可以通过网络，在更大的范围内选择供应商，通过网络传递商业单证，网络拍卖更是为第三产业提供了很好的采购途径。再次，电子商务降低了第三产业中的营销成本。企业可以建立网站，通过网络发布产品介绍、售后服务等信息，为企业树立良好的形象，使得企业的客户维系成本明显降低，电子邮件和在线聊天代替了原先昂贵的长途电话费用。最后，电子商务降低了库存成本。企业可以通过与供应商建立良好的信誉关系，从而降低自己的库存，进而合理地规避经营风险。

2. 电子商务对实体经济的影响

电子商务将传统商业活动中物流、资金流、信息流利用网络科技整合，企业将重要的信息以全球信息网（www）、企业内部网（Intranet）或外联网（Extranet）直接与分布各地的客户、员工、经销商及供应商链接，创造更具竞争力的经营优势。①电子商务提高了实体经济的效率。互联网的发展使各种形式电子化的信息很容易被复制和传播，从而开辟一个全新的网上贸易市场。②电子商务削弱了商品与劳务提供者及消费者之间地理位置上的联系，使商品或劳务的交易活动由固定的场所转移到了没有固定场所的、开放的国际互联网络上。传统的实体经济下，商品的跨国流通地一般通过有固定场所的国际性贸易公司来完成，国际互联网的出现，使跨国贸易可以不用通过贸易公司，而是通过连接世界的国际互联网来完成。

3. 电子商务发展对虚拟经济的影响

（1）全球化的电子商务促进了虚拟企业的发展

随着网络技术的发展，电子商务必然会导致各企业的生产经营更加全球化。在这种趋势下，企业必须通过计算机网络把策划、设计、生产、销售、客户关系、供应者连接在一起，建立虚拟企业，面向全球开发与配置资源，建立一套基于国际分工的高效生产体制和面向全球的国际市场营销体系，开展跨国界的虚拟经营和虚拟合作，促使企业高速成长。

（2）中小企业的竞争和发展在电子商务时代必然导致虚拟企业的产生

在电子商务时代的竞争中，起决定作用的是企业是否有创新之处，而不是企业的规模和资金。这就使得大量仅在某一点或某几点有独到优势的中小企业有了在市场上生存的基础。电子商务给中小企业提供了新的发展机会。中小企业通过网络可在全球范围内寻找贸易伙伴，寻求更大的发展空间。中小企业要想在复杂的市场竞争中生存，在市场竞争中与大企业抗衡，就必须与具有其他竞争优势的企业联合起来，构建具有全面优势的虚拟企业。

总之，虚拟企业和电子商务都是现代科学技术发展的产物。随着电子商务在世界范围内的迅速发展，电子商务应用对企业而言，不仅仅是利用新式的通信工具或新增一条销售渠道的问题，它将改变企业组织模式、营销体系，并几乎涉及每个部门的业务流程重组。对于准备采取虚拟企业战略的公司来说，与电子商务协同发展是必由之路。

（3）电子商务能实现对虚拟企业的有效整合

电子商务不仅包括企业利用互联网进行的各项经济活动，而且还包括利用先进的信息技术构建企业内部网。电子商务互联网与企业内部网的建立，使不同企业随时可以进行信息沟通及工作进程的传递，这就大大降低了企业之间协调运作所需的成本，为虚拟企业之间的有效整合提供了可靠保证。

4. 电子商务产业联盟的产生

产业联盟（Industry Alliance）是指出于确保合作各方的市场优势，寻求新的规模、标准、机能或定位，应对共同的竞争者或将业务推向新领域等目的，企业间结成的互相协作和资源整合的一种合作模式。联盟成员可以限于某一行业内的企业或是同一产业链各个组成部分的跨行业企业。联盟成员间一般没有资本关联，各企业地位平等，独立运作。

中国电子商务产业联盟 2013 年 1 月 18 日在上海举行揭牌仪式，宣告由 200 多家电商企业发起的中国电子商务产业联盟正式成立。其采取会员制，通过长效、严格的联盟机制，探索电子商务产业发展规律，促进企业守法经营、加强自律、加强电商行业沟通、促进企业间合作、推动电商产业发展、全心全意为联盟会员服务。

例如，2013 年 7 月，京东与酒仙网在北京宣布达成战略合作。京东是国内最大的综合类网络零售商，具备优质的客户资源和丰富的平台运营经验。酒仙网作为国内酒类垂直电商的领军者，已经和 200 多家酒类企业实现了合作，拥有海量的供应商资源。此次战略合作的达成，是资源和供应链的有效整合，能够将双方各自的优势充分发挥，提升双方的综合实力，必将使电商联盟垂直电商成为一种趋势。

5. 电子商务历史上的重大事件

1990 ~ 1993 年，电子数据交换时代，成为中国电子商务的起步期。

1994 年 5 月召开的北京电子商务论坛和 10 月召开的亚太地区电子商务研讨会让电子商务的概念在全国范围内传播。

1998 ~ 2000 年中国电子商务的第一次风潮，这期间是电子商务的起步阶段，1999 年 8 月，国内首家 C2C 平台易趣网上线，截至 2000 年底中国电子商务网站数量已达 1500 余家，这三年中电子商务在中国发展了起来，实际的网上交易以及网上支付服务都成了现实。

2004 年 4 月，《电子签名法》正式施行。该法是中国首部真正电子商务法意义上的立法。它主要解决数据电文和电子签名的法律效力问题，从根本上扫除了电子商务发展的障碍。

2010 年 9 月 1 日，中国人民银行出台的《非金融机构支付服务管理办法》（以下简称《办法》）正式执行；12 月初，又正式公布了《非金融机构支付服务管理办法实施细则》（以下简称《办法细则》）。非金融机构利用信息技术提供支持服务，丰富了服务方式，拓展了银行业金融机构支付业务的广度和深度，有效解决了排队等待和"找零难"等社会问题。非金融机构支付服务的多样化、个性化等特点满足了电子商务企业和个人支付的需求，促进了电子商务的发展，在"刺激消费、扩大内需"等方面发挥了积极作用。

2011 年 9 月，阿里巴巴成为首家推出终端与自有操作系统的 B2B 厂商，涉足移动互联网为其平台提供企业云服务成为新的发展方向。

2012 年对于电子商务企业来说是不平凡的一年，各个企业使出各种方法想在电商"寒冬年"求得生存和发展。从年中的京东和苏宁开打的"8·15"价格战，到淘宝"双 11"购物狂欢节，2012 年电商企业一直在打价格战，但对企业而言，促销却不是长久之计。

三　中国电子商务影响因素的实证分析

电子商务行业的发展离不开技术的支持以及电子商务各个主体的发展。在最近几年中国电子商务快速发展的背后，我们应当注意的是互联网的普及为电子商务发展提供了前提，同时，电子商务企业自身的逐渐壮大与成熟起到了主导作用，其中物流这个沟通买与卖之间的桥梁，更是功不可没。因此，在模型构建时，以中国电子商务交易总额来衡量电子商务行业的发展，互联网用户人数、电子商务企业数以及快递行业处理的快递数量等变量来作为影响电子商务发展的主要因素，以下实证分析主要以这几个方面的内容为研究对象。

（一）数据来源

本文采用 2002~2012 年的《中国统计年鉴》、中国互联网络信息中心发布《中国互联网络发展状况分析报告》（第 1~25 次）、《2012 年中国电子商务市场数据监测报告》，中国电子商务研究中心的《1997~2009 年中国电子商务十二年调查报告》等研究报告，以中国邮政局，艾瑞咨询机构提供的数据作为样本，进行多元线性回归分析模型验证。

（二）利用 SPSS 软件建立多元回归模型进行分析

本章以中国电子商务交易总额作为因变量，以能衡量电子商务发展水平的互联网用户人数、电子商务企业数以及快递行业处理的快递数量等变量为自变量，建立多元线性回归模型：

$$Y_i = C + \beta_1 X_{1i} + \beta_2 X_{2i} + \beta_3 X_{3i} + \varepsilon$$

其中，Y_i 为电子商务交易总额、X_{1i} 为互联网用户人数、X_{2i} 为电子商务企业数、X_{3i} 为快递行业处理的快递数量，β_1、β_2、β_3 分别为 X_{1i}、X_{2i}、X_{3i} 的系数，ε 为随机变量。根据以上所收集到的数据，用 Backward 做优化处理，利用 SPSS19.0 软件建立多元线性回归模型。回归分析输出结果为：

$$Y_i = C + \beta_1 X_{1i} + \beta_2 X_{2i} + \beta_3 X_{3i} + \varepsilon$$
$$(-0.502)(3.883)(2.485)(4.509)$$

1. 模型拟合度检验

$R^2 = 0.997$，修正的 $R^2 = 0.995$，说明模型整体拟合得很好。

2. 模型显著性检验——F 检验

计算得 $F = 602.667$，$n = 10$，$k = 3$。给定显著性水平 $\alpha = 0.05$，查 F 分布表得到临界值 F0.05（3，7）= 4.35，F 显然 > F0.05。所以拒绝原假设，认为模型的线性关系在概率为 95% 的水平下显著成立。即可以认为互联网用户人数、电子商务企业数、快递公司处理的快递数量与中国电子商务交易总额之间显著存在线性关系。

3. 解释变量的显著性检验——t 统计量

由软件计算出所有的 t 统计量值，分别为 $t_0 = -0.502$，$t_1 = 3.883$，$t_2 = 2.485$，$t_3 = 4.509$。在给定的显著性水平 $\alpha = 0.05$，t 分布表中自由度为 7，$\alpha = 0.05$ 的临界值，得到 $t = 2.365$，显然 $|t_1|$，$|t_2|$、$|t_3|$ 都大于 t。所以，拒绝原假设，可以认为三个解释变量对于被解释变量的因果关系显著。

4. 自相关性检验

用德宾 - 沃森（Durbin-Watson）检验，简称 DW 检验，来检验自相关性。$n = 10$，$k = 3$，时，查表可知，（dL，du）为（0.525，2.016），而由分析结果的图表可得 DW = 2.177，说明模型不存在明显的自相关问题。从残差分布图可知，残差分布不存在周期波动，表明不存在自相关性。

5. 异方差检险——white 检验

由于输出结果为 nR2 = 10 × 0.997 = 9.94009，取显著性水平 d = 0.05，χ0.05（6）= 12.592 > 9.94009，所以我们就不能拒绝同方差的原假设，即不存在异方差。

综上所述，修正过的函数模型各方面检验都通过了，因此，中国电子商务交易总额的样本回归函数为：

$$Y_i = -1016.081 + 0.390 X_{1i} + 0.991 X_{2i} + 570.358 X_{3i}$$
$$(-0.502) \quad (3.883) \quad (2.485) \quad (4.509)$$

从回归函数可以看出中国电子商务交易额受互联网用户人数、电子商务企业数及快递行业处理的快递数量的影响。

四　互联网的发展

（一）　互联网功能

互联网（internet）是由一些使用公用语言互相通信的计算机连接而成的全球网络，即广域网、局域网及单机按照一定的通信协议组成的国际计算机网络。互联网是一种公用信息的载体，这种大众传媒比以往的任何一种通信媒体都要快。

（二）　互联网的发展历程

1961年：美国麻省理工学院的伦纳德·克兰罗克（Leonard Kleinrock）博士发表了分组交换技术的论文，该技术后来成了互联网的标准通信方式。1969年，美国国防部开始启动具有抗核打击性的计算机网络开发计划"ARPANET"。1971年，位于英国剑桥的BBN科技公司的工程师雷·汤姆林森（Ray Tomlinson）开发出了电子邮件。此后ARPANET的技术开始向大学等研究机构普及。1983年，ARPANET宣布将把过去的通信协议"NCP（网络控制协议）"向新协议"TCP/IP（传输控制协议/互联网协议）"过渡。1988年，美国伊利诺斯大学的学生（当时）史蒂夫·多那（Steve Dorner）开始开发电子邮件软件"Eudora"。1991年，CERN（欧洲粒子物理研究所）的科学家提姆·伯纳斯李（Tim Berners-Lee）开发出了万维网（World Wide Web）。他还开发出了极其简单的浏览器。此后互联网开始向社会大众普及。1993年，伊利诺斯大学美国国家超级计算机应用中心的学生马克·安德里森（Mark Andreesen）等人开发出了真正的浏览器"Mosaic"。该软件后来被作为Netscape Navigator推向市场。此后互联网开始得以爆炸性的普及。

互联网在中国的发展历程可以大略地划分为三个阶段：第一阶段为1986年6月~1993年3月，也是研究试验阶段（E-mail Only），在此期间中国一些科研部门和高等院校开始研究Internet联网技术，并开展了科研课题和科技合作工作。这个阶段的网络应用仅限于小范围内的电子邮件服务，而且仅为少数高等院校、研究机构提供电子邮件服务。第二阶段为1994 年 4 月～1996 年，是起步阶段（Full Function Connection）。1994 年 4 月，中关村地区教育与科研示范网络工程进入互联网，实现和 Internet 的 TCP/IP 连接，从而开通了 Internet 全功能服务。从此中国被国际上正式承认是有互联网的国家。之后，ChinaNet、CERnet、CSTnet、ChinaGBnet 等多个互联网络项目在全国范围相继启动，互联网开始进入公众生活，并在中国得到了迅速的发展。1996 年底，中国互联网用户数已达 20 万，利用互联网开展的业务与应用逐步增多。第三阶段从 1997 年至今，是快速增长阶段。国内互联网用户数 1997 年以后基本保持每半年翻一番的增长速度。中国互联网络信息中心（CNNIC）公布的统计报告显示，截止到 2012 年 12 月底，中国网民规模达 5.64 亿，手机网民规模为 4.20 亿，域名总数为 1341 万个。图 6－4 为中国城乡居民互联网普及率和城镇化进程：

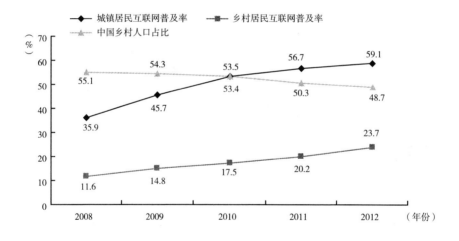

图 6－4　中国城乡居民互联网普及率和城镇化进程

数据来源：CNNIC 中国互联网络发展状况统计调查。

（三）互联网在中国的发展现状

互联网的发展改变着人们传统的生活方式。截至 2012 年 12 月，中国即时通信用户规模达 4.68 亿，微博用户规模为 3.09 亿，博客和个人空间用户规模为 3.72 亿，网络游戏用户规模达到 3.36 亿，网络购物用户规模达到 2.42 亿，网络购物使用率提升至 42.9%。与 2011 年相比，网购用户增长 4807 万人，增长率为 24.8%。在网络购物用户规模保持快速扩张的同时，市场结构也进入加速优化期。主要的 B2C 电商企业展开平台化、开放化战略，企业间呈现竞合态势。

（四）互联网在未来的发展

2013 年是互联网的大时代。互联网已从窗口变成了引擎，改变着生活，推动着社会进步。自 PC 时代进入移动互联时代后，未来无时不网络、无地不网络即将变成现实。随着科学技术的发展与创新，未来互联网在以下三个方面将呈现巨大的发展魅力：

1. 手机端应用成为互联网发展新引擎

随着手机用户成为中国新增网民的第一来源，手机端应用已成为 2013 年中国互联网应用发展的主要驱动力。中国互联网络信息中心第 32 次《中国互联网络发展统计报告》显示，2013 年上半年，我国网民互联网应用状况总体上保持平稳发展态势，具体应用则有升有降。电子邮件、论坛/BBS 等传统互联网应用的使用率继续走低，而使用率保持第一且持续攀升的即时通信，其增长率主要来自手机端；在所有应用中创增长率新高（17.5%）的网络新闻，也主要得益于移动互联网条件下碎片化阅读的大量增加；手机网络音乐、手机网络视频、手机网络游戏和手机网络文学的用户规模均保持了 12% 以上的增长率。相比之下，PC 端网络娱乐类应用使用率变化不大，网络游戏使用率甚至略微下降。2013 年，手机端电子商务各类应用的使用率呈整体上升趋势。手机端已成为互联网应用增长的重要突破点。

2. "互联网＋"模式正在改变传统行业

2013 年，互联网教育、互联网医疗、互联网旅游等传统行业与互联网技术相结合而形成的"互联网＋"模式，正在从产品形态、销售渠道、服务方式、赢利模式等多个方面打破行业原有的业态，将越来越多发端于"线下"的传统行业植入互联网之中。

传统行业在与互联网的融合与重构中焕发新生：通过向互联网迁移，与之融合或整合，可以实现资金流、信息流、物流"三流融合"，带来产业或服务的转型升级。互联网的"躯壳"与"灵魂"一旦附着某一传统产业，便形成新的平台,产生新的应用。研究显示,2004～2012 年,我国网络教育市场规模实现了 22.5% 的年均复合增长率,预计到 2015 年在线教育市场规模有望达到 1745 亿元。据国际数据公司(IDC)预计,到 2017 年医疗行业 IT 花费将达到 336.5 亿元。零售、批发、制造、广告、新闻、通信、物流、酒店与旅游、餐饮……几乎所有的传统行业、传统应用与服务都应该而且能够被互联网改变,"互联网 +"模式将给各个行业带来创新与发展的机会。

3. 4G 将引领网民享受"畅游无限"

2013 年,工信部向中国移动、中国电信和中国联通颁发"LTE/第四代数字蜂窝移动通信业务(TD—LTE)"经营许可,标志着我国电信产业进入 4G 时代。4G 超过百兆的带宽将使整个互联网产业发生巨大变革,大数据和云计算、虚拟成像和图像识别、视频应用、游戏应用、可穿戴设备、语音和图片搜索等将获得突破性发展。更高质量、更高速率保障的网络使用环境令人期待。前有 PC 端的宽带中国,后有移动端的 4G 领航,中国网民将享受"畅游无限"。

五 电子商务企业的发展

中国的电子商务企业发展十分迅速,电商企业数量已经由 2003 年的 4000 多家发展到了 2012 年的近 2.5 万家,除了大型的电子商务公司外,一般的中小型企业目前都已经建立了自己的网站,最低层次也有自己的一个静态网页。除了传统的电子商务模式外,近几年 O2O 模式发展迅速。据中国电子商务研究中心以及领团网监测数据显示,截至 2012 年底全国团购网站累计诞生总数高达 6177 家,累计关闭 3482 家,运营中 2695 家,死亡率达 56%。

(一) 电子商务企业赢利模式

中国电子商务发展至今,已经进入理性发展阶段,其赢利模式也从单一化走向了多元化,总的来说,目前中国电子商务的赢利模式主要有以下四种:

1. 在线销售商品模式

在线销售商品模式在形式上可以分为 B2B、B2C、C2C 等多种模式。目前在线销售商品成交额最高的是 B2B 模式，其表现为一条产业链中上下游企业之间供应、采购活动的网络化。这种模式主要由传统的生产型企业所采用，其利用网络可降低库存、采购成本和管理成本，从而获得更大的赢利空间。其次是 B2C 模式，其成交额比例低于 B2B 模式，和传统的商务模式相比，B2C 模式可以实现 24 小时在线服务，可以降低企业的销售成本和管理成本，为企业带来更大的利润空间。

2. 在线销售数字内容模式

在线销售数字内容模式在形式上分为 B2B、B2C 等多种模式。用户面对信息量急剧增加的网络数据资源，对特定信息查询会导致两种结果，一是信息过量，二是信息迷失。所以加工和提供专业数据搜索的网站存在着巨大的市场，这种网站赢利模式的核心竞争力是提供高质量的信息内容。

3. 在线提供服务模式

在线可以提供网络游戏、广告收费、在线电影、虚拟空间等等。这些服务里，网络游戏的赢利模式是清晰的，广告支持模式也是赢利的，但这种模式只适合有很大用户群的网站。

4. 交易费用模式

交易费用模式是指网站为交易双方提供一个交易的平台，从中收取佣金，如招商网站、旅游代理网站。但做得比较好的网站基本上都有自己的核心竞争力，如先入优势、行业优势等。短信是中国两大运营商的业务，但中国的三大门户网站利用网络实现了短信产品商业化。现在这些网站在很大程度上都是在靠短信赢利，这是一个典型的获取交易费用的赢利模式。

（二） 电子商务企业现状及存在问题

1. 电子商务的安全性问题

由于网络技术的迅速发展，电子商务也引起了人们越来越多的关注。但是根据调查，现在仍有一些消费者并不愿意进行在线交易，其主要原因是担心网络支付安全问题。因此，安全性问题成为电子商务发展中最大的障碍。

安全性问题主要存在于以下几个方面：第一，体现在身份认证方面。由于非法用户可以伪造、假冒电子商务网站，因此消费者无法得知他们所登录的网站是否是可信的电子商务网站。非法用户也可以盗用消费者信息，使得电子商务网站无法验证登录到网站上的客户是否为经过认证的合法用户。非法用户可以借机盗用信息，造成电子商务企业和消费者的损失；第二，是信息的完整性，一些重要信息和交易数据在传输过程中极可能被网络黑客恶意篡改；第三，是信息的不可抵赖性，由于网上交易行为没有已签名的记录来作为仲裁的依据，如果交易双方有一方反悔，交易合法性的认定有一定程度上的困难。这些安全隐患导致很多企业对实施电子商务有热情，但缺乏激情。

2. 电子商务管理的问题

电子商务给世界带来了全新的商务规则和方式，这要求在管理上更加规范，这个管理的概念应该涵盖商务管理、技术管理、服务管理等多方面，因此要同时在这些方面达到一个比较令人满意的规范程度，不是一时半会儿就可以做到的。另外电子商务平台的前后端相一致也是非常重要的。前台的 WEB 平台是直接面向消费者的，是电子商务的门面。而后台的内部经营管理体系则是完成电子商务的必要条件，它关系到前台所承接的业务最终能否得到很好的实现。一个完善的后台系统更能体现一个电子商务公司的综合实力，因为它将最终决定提供给用户的是什么样的服务，决定电子商务的管理是不是有效，决定电子商务公司最终能不能实现赢利。

3. 电子商务交易存在信任危机。

电子商务与传统商务方式最重要的区别就是交易的当事人是在虚拟的网络空间完成的，交易双方并不见面，因此对于彼此的信任一般都是通过自己感性的认识，并没有成熟的体制或者适合的载体来支持真实信息的传递。于是，消费者无法准确知道经营者的信用状况；经营者无法完全地了解消费者的真实程度。特别是当前一些网络商家并没有取得网络经销的资格，但却在网络上销售商品，在销售过程中要么是以次充好，要么夸大宣传，骗取消费者的货款后便销声匿迹，严重影响了消费者对电子商务的信任。

4. 电子商务的费用支出问题

由于金融手段落后，信用制度不健全，中国人更喜欢现金交易，没有使用信用卡的习惯。完善的金融制度方便、可靠、安全的支付手段是电子商务发展的基本条件。不难看出，影响中国电子商务发展的不单是网络带宽的狭窄，上网费用的昂贵，人才的不足以及配送的滞后，更重要的原因是来自信用制度不健全与人们的生活习惯。因此，我们应该加大金融改革力度，健全法制，建立信用制度，正确引导人们改变一些生活习惯，为中国电子商务的发展创造有利的发展环境。

5. 电子商务的合同法律问题

电子商务是在开放的网络环境下进行交易，采用电子支付方式，而现行的法律并不承认非纸质电子票据的支付和结算。因此，电子商务必须要有一个安全的交易环境。然而在中国并没有相关立法。此外，现有的技术还无法做到对数字印章和签名的唯一性、保密性进行准确无误的认定。如何保证电子商务活动中合同的有效性及电子印章和电子签名的有效性，是保证电子商务正常发展的重要因素。

6. 电子商务交易存在物流发展滞后的问题。

由于电子商务交易的双方不是面对面，那么交易过程中的商品都将涉及实物转移的问题，也就是物流过程，而这个物流过程的快慢，服务的好坏也将影响电子商务的发展。然而中国电子商务的发展还处在初级阶段，由于一些制度不太完善，导致物流的发展跟不上电子商务的发展，出现了不少问题。比如：由于物流合同中的霸王条款，经常出现消费者物品被调包的情况等。因而物流方面的诸多困难，成为制约电子商务发展的又一"瓶颈"。

六　电商物流的发展

近几年，电子商务的发展取得了骄人的业绩，对于电子商务发展有突出贡献的，除了模型分析中的互联网用户人数的增长以及电子商务企业本身的发展，另一个十分关键的因素便是物流的发展对电子商务的促进作用。电子商务是现代物流和信息技术运作的产物。如果说21世纪电商的发展对经济的发展起到了杠杆的作用，那么，电商物流的发展便是这根杠杆上的支点。电商物流中快递行业的发展更是解决了从商家到买家的流通问题，缩短了从出发到目的地的时间，提高了运输效率。正是物流业与电商业的积极配合实现了彼此的双赢。然而，2012年"双十一"淘宝的爆仓，正反映出中国物流业存在的流通难题。影响电商发展的关键三流——信息流、资金流、物流，其中前两个已经由淘宝、阿里巴巴等和支付宝解决。但是电商物流一直是电子商务发展不好攻克的难题。2009 年京东商城创新性的自建物流体系给物流业发展开启了一个新的突破口。上面提到的，马云成立"菜鸟"公司，进军物流业，更是让我们看到电商物流光明的未来。

（一）　电子商务物流的现状

目前，我国电子商务物流企业在数量上已具有一定的规模。全国 700 余家连锁公司中，一些规模较大的连锁公司已经建立了自己的配送中心。国内介入物流业的上市公司也有近 40 家。与此同时，由于看好加入世贸组织后的中国物流市场，许多外国物流企业和运递业巨头也抢滩中国市场。日本独资的物流公司——日本邮船继在中国上海设分公司后，又相继在天津、青岛、广州、大连等地设立物流分公司。现在我国已经建有各类配送中心 1000 多家，它们和外资物流企业一起参与我国物流市场的激烈竞争。

但是，电子商务物流发展中依旧存在以下八个方面的问题：

第一，基础理论不足：电商物流基础理论研究落后，理念陈旧，经验匮乏。

第二，服务需求定位不清：企业对物流服务认识不清，往往认为物流服务导致成本增加，而不是产品增值。

第三，制度环境不全：电商物流发展所需的环境、制度有待完善。我国目前还没有一部完整的物流法规。

第四，技术标准落后：物流技术标准化滞后，内部设施、机械装备、作业工具和技术方法等方面还未形成能与国际接轨的技术标准体系。

第五，基础设施布局不均衡：物流基础设施布局不合理，东部地区运输设施比较发达，中西部发展仍然滞后。

第六，信息化程度不高：信息化管理水平低，信息技术应用落后。物流信息分类与编码、信息采集交换、信息系统及信息平台运行等缺乏统一、有序的技术规则。

第七，行业集中度较低：中国物流业的集中度非常低，90% 以上的第三方物流企业是中小型企业，规模小，专业化程度低。多数企业尚未应用合理的计算机管理系统，物流服务过程的技术支持比较落后，所提供的服务在及时性、准确性、可靠性等方面还处于较低水平。

第八，专业物流人才缺乏：中国大专院校培养出来的物流人才实战能力不足，往往需要较长的工作导入时间。

（二）快递配送模式

现如今，快递行业几乎出现在城市的每个角落。在配送终端，除了零星的门到门配送外，大部分快递配送采取的模式依旧是集中配送。于是，在某个时间段，我们通常会在学校、居民小区、公司等发现收件人集聚以及快递员忙碌的身影。

就学校而言，通常在中午及下午下课的时候，各大学校门口聚集了各个快递公司的快递车辆，有京东、申通、韵达、顺丰等各大快递公司。他们通常在向学校出发前以短信或者电话的形式通知收件人在固定的时间段来学校门口取快件，或者在到达学校门口后再通知收货人。于是，在这个时刻，校门口的人员密集度是非常高的。通常对方报对电话号码，便可以取走快件，这种方式存在很大隐患。同时，快递公司这个时间段配送，也有很多人由于有事，而不能取得快件。针对这种问题及学校"最后一百米"配送模式，快递公司在中国人民大学的行知 5 楼和行知 4 楼之间的过道上设置了两排为了方便学生取快递的自助取件箱，学生只需输入快递员通过短信发来的取件箱编号和密码，即可 24 小时内任意时间自行取走快递。

除了以往的快递模式，物流公司在末端社区建快递配送点的方式也格外引人注目。就拿北京这个大都市为例，北京城市一百物流公司通过整合城市物流末端配送资源，在近百个社区探索"最后一百米"的快递配送新模式。这种新模式的优点主要有以下几点：一是创新配送模式，此类终端配送公司与多家快递企业合作，在社区较为集中的地方开设门店。快递企业将快件送到门店内，再由终端配送公司的员工进行配送，或由消费者到相关门店自提快件；二是节约人力物力成本，成立终端配送公司可以直接降低物流公司的运营成本。业内人士指出，终端配送公司还可以解决爆仓、招工难的问题。

对于企业，物流配送模式主要有 4 种——快递配送模式、零担包裹模式、环城 BUS 模式、组合拳，其中快递配送模式在 B2B 企业初期成交量不大的时候进行，当 B2B 发展到一定规模的时候，便会注重物流配送所带来的成本效益。但是,对于企业,物流配送模式通常采用第四种组合拳,即前三种模式的组合使用。

(三) 物流在电商中地位的变化

随着电子商务行业的发展,物流在电商中的地位发生了根本性的变化,从原来的从属地位发展到现在的决定性地位。它控制着整个流通环节,一旦出现问题,便导致电商主体与客户交易的中断。

电子商务中的任何一笔交易,都包含着以下几种基本的"流",即信息流、商流、资金流和物流。电子商务发展初期,人们十分重视电子商务中的信息流和资金流,而忽视了物流在电子商务中的作用。物流行业起初也只是被片面地认为是电子商务的组成部分。但随着中国电子商务时代的开启,物流行业,尤其是快递业,越来越表现出它的强大作用。现在,为了在激烈的竞争中抢占市场份额,各种经营模式都特别看重物流业对其赢利的贡献。就拿做得比较成功的京东商城(B2C)为例,京东自2004年初(见图6-5)正式涉足电子商务领域以来,京东商城一直保持高速增长,连续七年增长率均接近或超过200%。

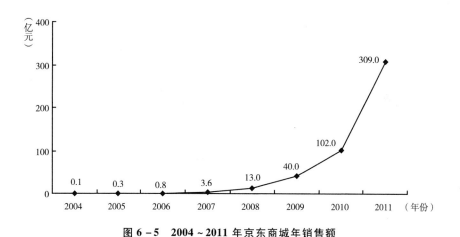

图6-5 2004~2011年京东商城年销售额

数据来源:中国电子商务研究中心。(www.100EC.CN)

京东是最早自建物流的电商之一。2009年,京东投资2000万元在上海成立自己的快递公司,欲在全国范围内建立起自己的配送网络。目前京东共有五大自营物流中心,如表6-1所示:

表 6-1　京东物流中心布局

华北(北京)物流中心	北京、天津、河北、山西、辽宁、吉林、黑龙江、内蒙古、山东、陕西、甘肃、青海、宁夏、新疆
华东(上海)物流中心	上海、江苏、浙江、安徽、钓鱼岛
华南(广东)物流中心	广东、广西、福建、海南
西南(成都)物流中心	四川、重庆、贵州、云南、西藏
华中(武汉)物流中心	河南、湖北、湖南、江西

京东自建物流中配送模式主要有三种：上门自提、211 限时达、快递运输。上门自提遍及中国大陆。211 限时达，是京东在自有物流上的一种创新，它的主要内容是：当日上午 11：00 前提交的现货订单（以订单出库后完成拣货时间点开始计算），当日送达；夜里 11：00 前提交的现货订单（以订单出库后完成拣货时间点开始计算），第二天 15：00 前送达。

事实证明，京东商城的这一举动，为其带来了骄人的业绩，同时也形成了自身的优势，京东用物流提高了电商的门槛，在众多竞争者中脱颖而出。

（四）通信技术对电商物流发展的支撑

IT 技术和信息通信技术开启了新的一轮的大技术变革。正是通信技术的不断发展，宽带网络、无线、GPS 技术等，带动了物流业的发展。信息技术的发展，打破了时空对经济活动的限制，使得企业间的合作及资源共享成为可能，改变了物流的内涵，使之成为供应链的重要组成部分。物流仓储系统、物流分销系统、GPS 导航系统、数据录入系统等都离不开通信技术的支持。通信技术的发展促使物流业从传统物流向着高效、自动化的现代物流转变。

通信技术的发展减少了物流业的成本，提高了效率。传统物流处于半机械状态，需要大量人力、物力的配备。通信技术的发展，使物流业向着自动化方式迈进。采用通信技术，不仅减少了人力、物力成本，而且降低了物流运输中的短货、延期等问题，极大地提高了物流业的效率。而效率的提高恰好对电商规模的扩大做了重要贡献。

一体化组织的形成。在网络通信技术的支持下，各种信息能够到达企业管理和运营的每一个作业层次，并能够支持企业生产、营销、信息管理等活动与物流活动在空间上的分离。在信息共享的基础上，从原材料供应到商品到达最终客户的全部物流过程就成为一个透明的"管道"，对这一过程的优化和功能集合就成为提高物流效率的必然选择，其结果是形成了以供应链为基础的物流流程，一体化的新型物流组织，也称为第四方物流企业。促进了物流业与各个电子商务商家之间的合作，增进了商家与物流公司之间的联系。尤其是，最近几年移动互联网的发展，更是使电商物流向着高效运转的方向发展。

此外，电商的发展需要实体的支撑，除了金融、供应商等实体外，尤其需要物流业对其的支撑。假如电商是一座大厦，物流便起到了支柱的作用。电子商务顺利完成交易，需要电商物流发挥配送作用。由此可见，虚拟经济的发展是基于实体经济之上的，离开了实体经济，虚拟经济便不复存在。

七　电商未来的发展空间

从目前的状况来看，电子商务未来发展的空间是巨大的，根据以上分析，我们可以想象一下未来电商的发展趋势如何。

（一）移动互联电子商务的发展

移动互联网，就是将移动通信和互联网二者结合起来，成为一体。移动通信和互联网成为当今世界发展最快、市场潜力最大、前景最诱人的两大业务，它们的增长速度是任何预测家未曾预料到的，所以可以预见移动互联网将会创造经济神话。移动电子商务就是利用手机、PDA 及掌上电脑等无线终端进行的 B2B、B2C 或 C2C 的电子商务。它将因特网、移动通信技术、短距离通信技术及其他信息处理技术完美的结合，使人们可以在任何时间、任何地点进行各种商贸活动，实现随时随地、线上线下的购物与交易、在线电子支付以及各种交易活动、商务活动、金融活动和相关的综合服务活动等。

根据易观国际统计（见图 6－6），截至 2012 年底，中国移动互联网用户总人数达 56520 万，比上年增加 31%。互联网普及率为 42.1%，较 2011年底提升 3.8%，普及率的增长幅度不及上年，网民中使用手机上网的用户人数达到 4.2 亿，规模较上年底增加约 6440 万，所占比重由上年底的69.3% 提升至 74.5%。自 2009 年中国 3G 牌照发放以后，国内智能手机用户越来越多，渐呈爆炸式增长。

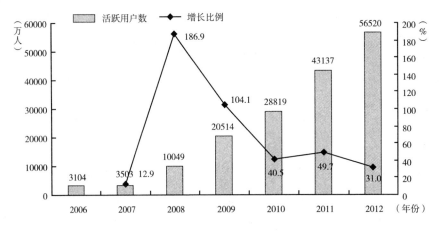

图 6－6　2006～2012 年中国移动互联网用户规模

数据来源：易观国际。

中国移动互联网企业已经在产业链四个重要环节做到全球第一。第一，在手机制造领域，2009 年中国手机以 6.2 亿部的产量跃居世界第一，接近全球手机总产量的 50%；第二，在运营商领域，中国移动和中国联通分别以 5.39 亿用户、1.48 亿用户排名全球移动运营商的第一和第六；第三，手机用户市场，中国的手机网民数目已经达到了 2.77 亿，排名全球第一；第四，在手机应用软件领域，中国也做到了全球第一。腾讯的手机 QQ 已经有超过了 2 亿用户，UC 浏览器在手机上也已经有超过 1 亿用户，成为全球使用量最大的手机浏览器。

随着网速越来越快，手机终端越来越强大，移动互联网透露出的机遇与诱惑正在让互联网界欲罢不能。随着 4G 的发展和移动通信及 WEB2.0 技术的提升，移动互联网必将成为一个更大的新兴市场。移动互联网机会层出不穷，这个时候谁抓住机会，谁就可以弯道超车。

移动互联网的机会有多大？它可能是互联网产业规模的十倍。按照中国工程院副院长邬贺铨提供的数字，4.2 亿网民里有 11% 使用手机和数字卡上网，现在使用智能终端上网的用户已经占到上网用户数的 10%～50%，如此推算九年之后，移动互联网的用户数将超过固定互联网用户数。显然，在 4G 背景下，中国庞大的手机市场规模成为有效推动移动互联网发展的基础，而这必将刺激移动互联网市场创新能力的持续提高，引发新一轮创新潮。易观国际统计数据显示（见图 6－7），中国

移动互联网市场规模从 2006 年开始变高速度增长，2012 年达到了 1588
亿元人民币。

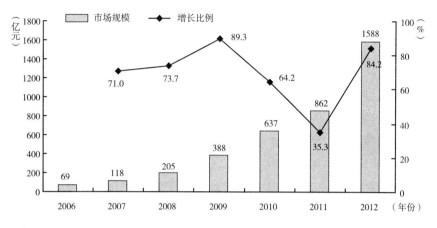

图 6 – 7　2006 ~ 2012 年中国移动互联网市场规模

数据来源：易观国际。

　　一方面，互联网影响着每个人的工作与生活，已成为人们生活不可或
缺的组成部分。调查显示，截至 2010 年 6 月中国拥有 3.3 亿次网络搜索，
在商务交易方面网络规模达到 1.42 亿，服务规模达到 3612 万亿，3.04 亿
人在交友、沟通方面使用互联网，2.1 亿人使用社交网站。如何将传统互联
网模式转移到移动互联网上，让用户更好地享受信息生活乐趣已成为业界
共同思考的问题。另一方面，移动互联网的发展已势不可当。易观国际统
计数据显示，2010 年上半年，中国移动互联网市场用户规模达 2.14 亿，市
场收入达 237 亿元。预计到 2010 年底，中国移动互联网市场用户规模将达
到 3 亿，全年市场收入将达到 633 亿元。此前，据尼尔森公司发布的中国手
机市场研究报告称，在中国，手机已经无处不在，中国 4G 商用进程的加速
推进，使移动互联网活跃度日渐提升。

　　总之，在移动互联网时代，传统的信息产业运作模式正在被打破，
新的运作模式正在形成。对于手机厂商、互联网公司、消费电子公司和
网络运营商来说，这既是机遇，也是挑战，应积极参与到移动互联网市
场的竞争中。中国的互联网核心不是 PC，而是手机。4G 浪潮汹涌，更
刺激了移动互联网的深度应用，移动互联网用户高速增长的势头必将延
续。市场人士预测，3 年之内手机上网用户将超越 PC 上网用户，移动

设备将取代 PC 机成为主流上网工具，中国将迎来真正的移动互联网时代。

（二）平台经济的发展

平台经济（Platform Economics）所指是一种虚拟或真实的交易场所，平台本身不生产产品，但可以促成双方或多方供求之间的交易，收取恰当的费用或赚取差价而获得收益。电子商务正在催生小前端、大平台、富生态为特征的新的商业格局。

第一，国内对平台产业的研究刚刚起步。因此，目前国内外尚缺乏对平台经济的清晰定义和明确定位。国外关于平台经济的研究通常是在"双边市场"的内涵下进行，认为双边使用群体通过使用平台使彼此受益，形成平台经济，比如信用卡市场、在线拍卖平台、在线销售平台等都属于平台的范畴。通过这些平台，实现了市场信息的集聚和交易的集中。最近几年，新出现并且快速成长的企业大多属于平台型企业。国内做得比较成功的平台主要有阿里巴巴、淘宝、京东、沃尔玛等。平台产业与传统产业的不同在于，它产生了全新的产业模式。未来的中国电子商务行业必然朝着丰富多彩的平台经济的方向发展。

第二，平台经济的发展以电子信息技术的发展为基础。电子信息技术的发展以及互联网的发展促使电子商务平台企业出现，并使之不断发展，促使平台经济走向壮大的趋势。正如上面提到的移动互联网的发展所带来的电子商务的新变革一样，移动智能手机速度和便利性的提高，促使手机平台成为平台经济的新趋势。我们不妨这样说，没有电子信息技术的快速发展，就不可能出现平台经济这种形态，也就是说电子信息技术的发展方向也影响着平台经济的发展方向。

第三，平台经济实现了制造业与第三产业的融合。平台经济是沟通产业链上下游、生产者与消费者的桥梁，没有其作为中介，交易的最终双方很难高效率地完成交易。随着物联网的发展，几乎供应链上的所有环节都可以通过企业平台得以整合，实现制造业和服务业的融合。以 1 号店为例，生产者通过 1 号店网上平台展示其产品，而消费者通过这一平台浏览、比较并购买产品。从展示到下单，再到快递运输，以及其中涉及的电子支付，这一平台直接沟通了生产、消费、物流、支付等从生产到服务的链条。同时，平台企业本身也会衍生出各种服务，包括咨询、营销等，实现制造业与服务业融合。

第四，平台经济将推动商业模式、经济形态的彻底改变。一是，通过平台经济的发展，不仅产生了更多新的经济概念、经营方式（如团购等），还带动了业态创新（如第三方支付的发展）。第三方支付在解决平台经济发展瓶颈的同时，也推动了自身的发展，涌现出一批知名的第三方支付中介公司，如支付宝、快钱、财付通、银联电子支付等。二是，平台经济的发展也使企业组织模式发生了变化。在越来越多的平台企业出现的同时，一些传统企业也通过搭建平台，成功开拓了新的增长点。如 App store 作为软件销售平台，使苹果从纯粹的电子产品生产商转为以终端为基础的综合性内容服务提供商，成为苹果战略转型的重要举措，也成为苹果重要的赢利模式。此外，平台之上又衍生出新的平台，形成新的商机。比如返利网把众多网络购物平台整合，成为平台之上的权威平台。可以说，平台经济正推动商业模式、经济形态和人们消费习惯的彻底改变，使整个经济的微观基础发生变化。

从内容来看，平台经济具有集聚辐射性。平台集聚的方式主要有两种：一种是信息的集聚。通过构建平台，众多分散的信息被聚集到平台中，实现信息集聚效应。另一种是实体的集聚。通过构建平台，使上下游关联方汇集到一起，形成集群，实现"捆绑式"发展。通过资源和信息的聚集，平台经济涉及的产业链也不断延伸，平台型企业的发展带动周边产业，产生商业流、信息流、物流、人流和现金流，形成辐射效应，促进相关产业发展，提升产业竞争力，增强了实体经济的活力。

从功能来看，平台经济具有专业独特性。平台在聚集信息或者经济实体时，通常都有明确定位，只有与之相关的专业信息或者关联企业才能够聚集到平台上，从而使平台具有专业性特征，形成独特的竞争力。

从服务对象来看，平台经济具有开放拓展性。平台作为一个开放的空间，任何与平台有关的企业或消费者都可以加入，通过使用平台，获得相关信息，达成交易。

从增值方式来讲，平台经济具有共享共赢性。平台的价值是由使用平台的实体来决定的，平台通过共享为使用群体创造价值，并在共赢的基础上实现自身增值。也只有实现增值性，平台企业才可能生存壮大。

从成长性来看，平台经济具有快速成长性。平台型企业即便初创时很小，但是一旦抓住商机，便能迅速发展壮大，从一个小企业成长为一个跨区域的大型企业，如淘宝、快钱等公司短短几年已经成长为全国性甚至全球性的撮合平台。

从平台发展模式来看，平台经济具有生态系统性。平台企业的成长壮大及竞争力的提高依赖于其创造的生态系统，随着其成长，生态系统的影响力越大，平台的竞争力也越强。

随着电子商务行业的发展，出现了很多知名的网上交易的平台，如：淘宝、京东商城、凡客诚品、一号店、阿里巴巴、易讯、易购、库巴、当当、亚马逊、新人才、携程、艺龙、途牛、驴妈妈、去哪儿等。平台经济在现代经济系统中显现出越来越重要的作用，成为新经济时代最重要的产业组织形式。

（三） 电商智能物流网络的形成

既然电商物流在电商发展中起到至关重要的作用，物流业原有的模式必然会改变。随着物联网的兴起，智能物流将成为物联网重点发展的十大领域之一。若干年以后，全国 2000 个城市，网上下单购物，24 小时送达，这将是智能物流网发挥的最直接的效用。除此之外，还有一张"天网"即阿里电子商务体系中形成的数据网。由此，"地网＋天网"将会产生更大的想象空间。智能骨干物流网的建设，真正把生产、流通各个环节的信息和数据打通，通过数据和信息的流转使得物流的距离更短，效率更高。这是一个成长于电子商务土壤却超越电子商务范畴的体系。而在这个体系中，也将会伴生大量的商业机会。它的成立不是对快递公司的取代，恰恰相反，而是把快递公司收纳进来，共同促进物流业的发展。

智能物流网是要把所有的货物流通的数据打通，形成一个巨大的即时信息平台，并将所有的快递公司整合进来。对于物流公司来说，除了能实现接近用户的"预配送"外，还能将所有的快递公司的资源整合起来。一件货物的流通不再是原先的流程，而是会用最迅速和最经济的方式流通。

打通整个生产流通环节的数据，并把这些数据运营起来，从 B2C 渗透到 B2B，甚至将生产厂商所有的数据整合起来，实现信息的高速流转，而生产资料、货物则尽量减少流动，以提升效率。

值得欣慰的是，2013 年 5 月 28 日，阿里巴巴集团、银泰集团联合复星集团、富春集团、顺丰、三通一达（申通、圆通、中通、韵达）共同在深圳宣布成立"菜鸟网络科技有限公司"（以下简称菜鸟网络），同时正式启动"中国智能骨干网"项目。这表明智能物流网站的发展已经进入了试点阶段，不久的将来有望形成快速发展趋势。

（四）"农村包围城市"及"地球村"

随着城市电子商务发展的成熟以及利润空间的减少，促使电子商务服务对象开始以城市为中心向农村发展。徐世平曾说："每10个美国人里面大概有7.4个有过电子商务消费的行为，但是在中国10个人里面一个都不到，这个数字在4.85亿的互联网网民中占比还是非常少。做一个简单的算术，也就是说中国至少还有4亿的互联网用户是潜在的电子商务用户。"这部分市场潜力是无限的。而且，随着国家之间的进一步交流以及现代交通运输工具的发展，极大地缩小了地球上人与人之间的距离。未来中国电子商务企业，不仅要进军农村市场，更应该在"地球村"上发挥自己的能力，走全球通道路。

八　结论

本文通过多元回归模型的实证分析，说明中国电子商务的发展与互联网的发展、电子商务企业数量的发展以及电商物流的发展存在着高度相关关系。这三者的发展对促进中国电子商务的发展功不可没。首先，随着科技的进步，互联网的发展已经逐步走向成熟，逐渐被绝大多数中国人所使用。与此同时，它促进了电商产业联盟、大宗商品交易平台等新的模式的发展。近几年，智能手机、平板电脑等便携式应用工具的发展，与互联网一起，开启了移动互联大数据时代。O2O模式的创新，给电子商务发展注入了新的活力，极大地改变了人们先前的消费方式。其次，电子商务企业的发展，开始由当初的"盲从盲进"，向谨慎地进入转变。一窝蜂地涌入、高倒闭率的现象开始减少。同时，处在市场中的企业，更是不断地进行着改进与创新，吸引买家，建立他们的忠实粉丝群体。电商企业也开始由小而散向大而集中发展，这样的聚集趋势能够使整个供应链协调一致，加快发展步伐。最后，关于电商物流，它一直是阻碍电子商务发展的一大障碍，可是，近十几年各个电商在物流发展上的创新与改革也是有目共睹的。京东自建物流体系与第三方物流的结合，促进了物流配送效率。马云发起建立的中国智能骨干网，更是即将迎来电商物流发展的春天。对此，我们拭目以待。

专题七

奢侈品行业在中国的发展之路

一　引言

（一）奢侈品的研究现状

对于奢侈品的学术研究始于 20 世纪 90 年代初期，特别是法国，作为奢侈品牌的发源地，部分学者率先进入奢侈品研究的领域，他们纷纷从社会伦理、经济学、心理学与营销学等视角，多采用定性研究的方法，对奢侈品消费现象进行研究。进入 21 世纪以后，随着奢侈品品牌越来越多地进入传播和销售渠道，奢侈品逐渐成为社会和经济生活中的"惯常品"和大众视野中的"常见品"，奢侈品销量在世界各地逐年递增，各国学者也越来越多地涉足奢侈品的研究，他们侧重于跨国度和不同历史阶段进行文化价值观之间的比较，而且在方法上也更多地从定性走向定量的研究。

目前国际上奢侈品领域的研究可以归结于几个领域：第一，奢侈品生产和消费的起源、历史发展的研究；第二，当前不同经济、文化背景下奢侈品购买动机、行为研究；第三，奢侈品市场营销管理和品牌传播研究；第四，奢侈品品牌文化研究；第五，奢侈品消费伦理研究。

中国开始大范围接触奢侈品牌大约在 20 世纪 90 年代初，所以中国关于奢侈品的研究相对滞后，在学术方面对奢侈品进行研究的较少。前些年，中国涉及奢侈品方面的主要是对奢侈品及奢侈品牌的报道、对奢侈品牌的整理介绍等，如《奢侈品》等书主要是关于奢侈品牌的建立、发展、历史等基础性的描述和总结。但是，随着中国奢侈品市场的日益扩大，近两年来一些学者也纷纷出版了有关奢侈品研究的著作。

刘晓刚教授的《奢侈品学》被称作研究奢侈品的全面报告，他对奢侈品的简史，奢侈品的演化，奢侈品设计、经营、传播等都做了较为全面的基础性分析，成为东华大学市场营销方面的教材书。

特别是对外经济贸易大学开设奢侈品管理专业、成立奢侈品研究中心后，一批原先致力于经济学、市场营销学的专家、教授集中整理出版了一套奢侈品学的著作，作为高等学院奢侈品管理专业规划教材，这套教材对奢侈品的历史演变、奢侈品营销、管理进行了一些各有侧重的整理工作，对我国学者研究奢侈品及奢侈品牌做了些基础性的研究工作。比如经济学博士孔淑红著作出版的《奢侈品品牌历史》，按照服饰、珠宝、名车、名表等奢侈品不同行业，挑选出十大行业中的顶端品牌，将这些品牌背后的历史故事进行了详细介绍；杨清山教授的《中国奢侈品本土战略》，对国际奢侈品发展演变以及奢侈品的营销战略进行了分析研究；周婷的《奢侈品客户关系管理》从奢侈品与客户之间怎样建立一种良性互动关系进行了论述。

另外，杨明刚所著的《国际顶级品牌：奢侈品跨国公司在华品牌文化战略》一书，以品牌文化战略为核心，对奢侈品、奢侈品品牌、奢侈品跨国公司在中国的品牌文化战略等进行了详尽的描述；张家平所著的《奢侈孕育品牌》一书不仅以独特的视角对奢侈品进行了描述，挖掘出了奢侈品深层次的内涵与价值，并且对爱马仕、卡地亚、尊尼获加、蒂凡尼、迪奥、路易·威登、雅诗兰黛、百达翡丽8个世界奢侈品牌进行了深刻的个案分析，最终论证"奢侈孕育品牌"一说。

对中国民众的奢侈品消费行为和动机，国内学者在综合了国外学者的分析基础上，提出了自己的消费动机理论，朱晓辉（2006年）建立了一个利用儒家文化价值观进行诊释消费者奢侈品购买动机的模型。这是一个典型的结合文化价值观、购买动机以及消费行为的多维相关的模型，通过模型建构最后提出中国消费者奢侈品消费动机包括："社会性奢侈品消费动机（炫耀、从众、社交、身份象征）和个人性奢侈品消费动机（品质精致、自我享乐、自我赠礼）等，共七种消费动机。"

首都经济贸易大学的张梦霞教授认为，奢侈品消费行为更多地表现为一种象征性购买行为，奢侈品的价值更多地表现在它的象征意义上。同时，张梦霞教授从文化价值观对于消费者的购买行为的影响，在不同的文化价值观的影响下，消费者的购买行为具有典型的不同的倾向。例如，受儒家文化影响比较多的人倾向于购买奢侈品，而受道家文化影响比较多的人更倾向于购买绿色产品。

中山大学卢泰宏教授在《消费者行为学》中进一步指出，奢侈品消费可以被看作对奢侈品符号意义的消费。人们在这种消费中获得了满足，这种满足是一种建立在虚幻之上的，包括占有欲望的满足，炫耀和显示财力、派头、身份的满足等。

（二）奢侈品在中国的发展

中国最初对奢侈品的认识可以追溯到 400 多年前的明朝，西方传教士利玛窦和庞迪我来到北京，将两座自鸣钟作为礼物送给了当时皇帝，中国人的奢侈品情缘就此展开。到清朝时期，因为受到了西方的现代奢侈品文化的启蒙，成立了清宫造办处，主要是为清朝王室制作各类奢侈用品。

20 个世纪中期，中国的高端消费市场发展停滞，但是改革开放后，西方高级腕表、皮具、珠宝如潮般涌入中国，中国顾客曾经一度对舶来的奢侈品盲目崇拜，几乎来者不拒，被很多西方品牌轻视为只认品牌、很好应对的有钱人。但近些年来卡地亚根据中国顾客的艺术需求和审美情趣推出了极具中国元素的系列珠宝，品牌迅速赢得了中国民众的热爱；之后各品牌为迎合中国市场的需求，推出龙表、龙包、龙首饰等。

随着改革开放的深入，中国的经济得到了快速发展，城镇人口也持续增加，消费者的个人可支配收入得到大幅提高，购买奢侈品已经不仅仅是有钱人的行为了，人们已经不满足对普通物品的需求，开始对奢侈品进行消费。中国个人对奢侈品的消费在逐渐增加，一线奢侈品品牌纷纷登陆中国并加快扩张。据了解，世界奢侈品消费前三名的国家分别为日本、中国和美国。中国奢侈品消费已占全球市场的 25%，首超美国成世界第二大奢侈品消费国。

2008 年金融危机后，全球经济发展放缓，经济低迷并没有削弱中国人对价格昂贵的名牌商品的需求。纽约零售业咨询公司 PaoPrinciple 组织的这项调查显示，在接受调查的中国富人当中有近 90% 的人在过去一年购买过名牌手提包。有近 2/3 的男性和近 1/3 的女性也在相同的时间里购买过奢侈手表，另外 30% 的受访人士购买过 Tiffany 珠宝。《世界奢侈品协会 2011 官方报告蓝皮书》调查显示：截止到 2011 年 3 月底，中国奢侈品市场消费总额已经达到 107.9 亿美元（不包括私人飞机、游艇与豪华车），占据全球份额的四分之一，中国已经成为全球第二大奢侈品消费国；其中珠宝市场27.6 亿美元，箱包 25.1 亿美元，时装 18.3 亿美元，钟表 19.4 亿美元，化妆品 9.7 亿美元，其他领域 7.8 亿美元。中国奢侈品消费占全球总额的27.5%，目前人民币升值，加上欧元贬值，增加了中国消费者在国际市场的购买力。根据国际货币汇率，在国外购买奢侈品比以往更加便宜。亚洲人在欧洲市场购买奢侈品消费 2010 年累计达 690 亿美元，中国人累计消费了近 500 亿美元，是国内市场的 4 倍之多；2011 年，整个大中华区为全球主要奢侈品品牌贡献了 23% 的销售量，这还不包括域外旅游消费量，以中国为代表的新兴经济体国家扮演了"拯救"欧洲奢侈品业的角色。根据有关方面的统计，中国人在境外消费奢侈品已经成为世界第一。

二　奢侈品的界定与分类

奢侈品的相关研究最早开始于经济学领域，从 20 世纪中期开始，社会学及营销学等学科的学者也开始对这一领域进行了研究。

在经济领域，在《奢侈与资本主义》一书中，经济学家维尔纳·桑巴特（1913 年）认为奢侈是任何超出必要开支的花费。同时，他也强调了"必要开支"只是一个相对的概念，它没有一个恒久的标准。Lipsey（1989年）认为奢侈品的需求价格弹性应大于必需品。Nueno 和 Quelch（1998 年）则认为奢侈品是功能性价值占无形价值比重低的产品。可见，经济学家在对奢侈品进行界定时，更多的是从必需的角度进行考察的，且对奢侈品的划分没有一个固定的标准，它会随着社会的发展不断进行改变。

而在社会学领域，Berry（1994 年）则认为奢侈品的定义不唯一，在不同的社会标准、不同情况下，奢侈品的定义都不尽相同。Kapferer（1997）描述到"奢侈品代表的是美好的事物，是应用于功能性产品的艺术。"与必需品仅仅消除生活中的不愉悦感相对的是，奢侈品则是人们渴望得到并给人带来愉悦感的物品。在以社会学为研究角度的文献中，奢侈品被作为是拥有者的身份、地位和权力的象征，更多的是彰显个人的财富和社会地位。

营销学者则以市场细分为切入点，认为奢侈品的细分市场主要是高收入的客户群体。CharlesJ. Reid 以此为基础将奢侈品描述为"这类商品有

95%是专门提供给金字塔顶端人士使用的，只有5%的金字塔顶端消费者负担得起的商品或者服务"。营销学者的研究认为，奢侈品是由最优质的材料制造的商品，只是专门针对一个特殊群体而进行服务的。

在结合了社会学和心理学的基础上，营销学者 Dubois 和 Duquesne（1993 年）认为奢侈品与一般物品在功能上比没有任何优点，仅是具有极高相对或绝对价格的物品。Nia 和 Zaichkowsky（2000 年）指出奢侈品具有给消费者带来额外名望和个人特性展示的功能。综合各国学者从不同的角度对奢侈品的研究，我们可以发现，奢侈品的一个共性是它可以满足消费者功能性需求的同时还可以给消费者带来非功能性需求的满足。

总体来说，奢侈品大概可以分为以下几类：

时装和皮具；游艇；汽车和摩托车；珠宝和腕表；香水和化妆品；葡萄酒；家具和家纺；厨具、餐具和瓷器；物件设计；豪华酒店等。

表 7 - 1　2012 年胡润全球十大最值钱的奢侈品牌

排名	品牌名称	品牌价值（亿美金）	类别	国家
1	路易·威登	205	时尚	法国
2	爱马仕	145	时尚	法国
3	宝马	130	汽车	德国
4	茅台	120	酒水	中国
5	奔驰	100	汽车	德国
6	香奈儿	90	时尚、香水	法国
7	五粮液	70	酒水	中国
8	古驰	65	时尚	意大利
9	劳力士	60	手表	瑞士
10	卡地亚	59	珠宝、手表	法国

资料来源：赢商网。（http：//news.winshang.com/news - 133277.html）

三　奢侈品的特征

这种最高级别的产品在消费者心目中应具有下列特征：

（一）卓越的品质

经典的设计，考究的用料，超凡的工艺成就卓越的品质。经过精心创作的产品，应该是经典的代名词，并能以其独特的视觉形象克服语言和文字的障碍，引领时尚，使消费者获得愉快的审美享受。

（二）稀缺性

奢侈品是一种具有独特、稀缺、珍奇等特点的消费品，奢侈品中常常包含着一定量的短缺资源（如紫檀木、黄梨木等），或很高的科技含量，或很高的人文因素，或可以被称作"绝活儿"的很高的制作技巧（如手工制造）。另外，一些奢侈品是限量生产，营造了稀缺的状态而使其弥足珍贵。例如，箱包类的全球顶级品牌路易·威登，曾是拿破仑皇后的专宠；劳斯·莱斯轿车、宾利跑车全球限量发行，因此很难觅其踪迹，睹其芳容。稀有性使得奢侈品对于许多人而言是可望而不可即的，也正由于稀有性，奢侈品才具有了使人憧憬的神秘感。一旦让大多数人感觉可望而不可即，那目标消费者的优越感也就保住了。只有认识的人与实际拥有的人在数量上形成巨大反差，奢侈品也才能够成为真正的奢侈品，因此稀缺性堪称奢侈品的又一显著特征。

（三）高昂的价格

高价是优质的代名词，人们通常认为高昂的价格才体现奢侈品鹤立鸡群的尊贵的形象。价格高并不一定就意味着是奢侈品，但奢侈品的价格一定是高的，毫无疑问，价格是奢侈品最基本的特征。同样奢侈品一定是同类商品中的精致品，具有极其卓越的品质，能带给消费者一种高雅和精致的生活方式。奢侈品复杂的工序和精湛的工艺，严格的近似严酷的品质保证是同类商品根本无法相比的。

（四）深厚的文化底蕴

独有的经营理念、传奇的经营方法、历史的考验等使得奢侈品具有深厚的文化积淀，令人回味。奢侈品既是一定社会经济条件下的产物，也是一个时代文化条件的产物，必定会烙上时代文化的印记，包括外观造型设计、色泽、包装装潢、品牌等方面。作为一种艺术美学，奢侈品被赋予了许多的文化、历史、艺术、哲学和社会含义，其背后有一个由几十年或上百年传承下来的文化体系支撑，是一种高品位生活方式的外在体现。当奢侈品消费者超越炫耀的阶段时，探索和体验奢侈品赋予生活的更高内涵时，文化特征将成为奢侈品的唯一标识。

（五）地域性特征

奢侈品带给消费者梦想和品位的同时，也被现代化商业赋予了兼顾效率与时尚的特性。但有一点亘古不变的是，无论奢侈品生产无形当中增加了多少生产成本，奢侈品的欧洲原产地是不会转移的（奢侈品中只有极少数美国品牌）。尤其是对于亚洲消费者，似乎在遥远的西方，那些被福利社会宠坏的手工艺者缝制的衣服和饰品才真正与其高昂的价格相匹配。"当顾客购买我们产品的时候，他们期盼的是西方的品质。我们品牌的神秘性与产地是紧密相连的。"LV的总裁如此强调。虽然现在随着贸易往来的密切，很多奢侈品在生产和销售过程中都会或多或少地外包出一部分业务，但产品最终下线肯定是在原产地。古奇这个意大利佛罗伦萨的传奇品牌也将生产严格控制在意大利的托斯卡纳完成，以保证产品的纯正和高品质。

（六）炫耀性特征

奢侈品具有超出实用价值的"符号价值"，是消费者炫耀财富、身份地位和生活方式的象征符号。《奢侈与资本主义》一书指出，当社会财富迅速增加时，新贵和新贵的家属们热衷于享受奢侈行为，并且通过这种行为来提升自身的社会地位。以前奢侈品是贵族阶层的物品，它是地位、身份、权力的象征，是贵族形象的代表。虽然社会在变迁，但在中西方这种观念并未改变，奢侈品正好可以满足消费者的这种要求。

在商业社会里，要想表现财力并借此获得或维持好名声，炫耀性的奢侈品消费是主要途径和手段之一。奢侈品消费者之所以热衷于奢侈品消费，一方面是要通过奢侈性消费显示自己的经济实力和社会地位；另一方面是要通过炫耀式消费来维系和创造个人生存与发展的关系网络。现代消费者在消费商品时不仅消费商品的使用价值，还要考虑到其附加价值，即消费该商品所能获得诸如地位、身份、意境等炫耀性的享受。因此炫耀性是奢侈品一个极其重要的特征。

（七）非必需品

奢侈品所能满足的实用功能可以由其他便宜的产品和服务来替代。奢侈品的价值在于带给人们精神上的满足感而非仅仅是使用价值。

上述这些特点勾勒出了奢侈品的总体图像，侧重欣赏其不同的特点，成为消费者购买的缘由。而中国消费者由于对其中某些特点的偏好过度演绎，使得奢侈品的消费呈现出与欧美等成熟国家不一样的场景。

四　我国奢侈品行业的特点

（一）消费年龄年轻化

在国外，奢侈品牌的主要消费群一般在 30 ~ 40 岁年龄段之间，中国奢侈品的消费者年龄层从 20 多岁到 50 岁左右的人都有，但 20 ~ 30 岁的消费者是中国奢侈品消费的主力，这一年龄段的中国消费者人数要比日本高出 11 倍。2007 年进行的一项针对中国城市青年的调查显示，超过 60% 的年轻人认同"及时行乐"的观念，并表示愿意购买奢侈品。中国奢侈品消费年轻化已成为趋势。例如，登喜路品牌在中国的消费最低年龄要比欧美及其他国家低 5 岁左右，大概为 25 岁。究其原因，一是由于中国目前处于高速发展进程中，年轻人成功的例子比比皆是，他们有经济实力消费奢侈品；二是一些经济能力并没达到消费奢侈品水平的年轻人，为了圆奢华梦也在消费奢侈品。据此，可以把年轻人消费群体分为两种消费类型："真正可以买得起奢侈品的人"和"花光所有钱来买一小件奢侈品的人"。另外，值得一提的是，中国女性在奢侈品方面支出庞大。经济独立的职业女性的出现改变了中国奢侈品业以往以男性为主导的客户基础，时髦富裕的都市女性愿意善待自己，十分迷恋奢侈品的魅力。

（二）消费集中于国外品牌

目前，我国的奢侈品市场几乎全部被国外品牌包揽，这与我们没有称雄世界的顶级品牌有关。不要说国产名牌，就算是"中国制造"的国外品牌也使其身价下降，这与中国人的消费理念、消费文化以及国外品牌的品牌文化等诸多因素有关。奢侈品牌主要来自于欧洲、美国、日本等发达国家和地区。在欧洲，奢侈品范围广泛，涵盖银器、铜器、水晶玻璃、皮革、出版和装潢等。瑞士军刀、ZIPPO 打火机令许多年轻人着迷，而中国的奢侈品市场，是一座未开启的金山，虽然我国有"水井坊"

"国窖 1573"等奢侈品牌，但为人所知的品牌数量实在不多，几乎无一能够跟外国奢侈品牌竞争。其实，中国并不缺少本土奢侈产品，中国本土具有很好的奢侈品品牌生长的基因：做一套西装上万块的永正裁缝，高档的红木家具，还有那些在中国历史上的皇家贡品，比如，南京云锦等，但由于缺乏"走出去"的战略眼光和品牌宣传手段，我国本土的奢侈产品不被外国甚至本国国民所熟悉和热爱。中国的奢侈品市场正在吸引许多外国奢侈品品牌商的眼球，遗憾的是中国奢侈品市场还没有引起中国本土企业家的足够重视。

（三）我国尚处于奢侈品消费初期

在欧美国家，奢侈品消费有房屋、汽车、阖家旅游，还有非常个性的消费，比如陶瓷、美食等，无所不包。只要拥有最高的质量，最深厚的文化内涵和艺术性，购买一只古老的灯具、听新年音乐会都可以成为奢侈品消费。而我国的奢侈品大部分还集中在服饰、香水、手表等个人用品上。奢侈品市场较为成熟的国家的历史经验表明，在奢侈品消费增长的初期，消费量最大且增长最快的是个人用奢侈品，而后期逐步由具体的奢侈商品转而追求奢侈的生活方式和体验。虽然，私人度假酒店、顶级家私、艺术品投资，专为富豪级人士定制的顶级保健品等在我国也开始备受关注，这一变化显示出中国买家们已经开始由消费奢侈品向消费奢侈生活方式转变，但那毕竟是少数，目前及今后一段时期内国内的奢侈品消费将集中于个人用的奢侈商品，即高档时装、高档皮具、珠宝、名表、顶级化妆品和香水、古董字画等高档商品。我国还处在奢侈品消费增长的初期，因此奢侈品在我国的发展将会有相当长的过程，这也吸引了大量奢侈品品牌在中国的扩张。到目前为止，几乎所有的世界顶级品牌都在中国设有分店。据法国 TF1 电视台 2012 年 12 月 12 日报道，全球知名咨询公司麦肯锡在中国 14 个城市对超过 1000 名奢侈品消费者进行调查后，发布调查报告称，2015 年中国将占全球奢侈品消费市场的三分之一，约合 1750 亿美元。2012 年中国人境内外奢侈品消费金额约 1450 亿美元，相当于全球奢侈品消费的 27%。报告认为，尽管中国经济增长放缓及打击腐败相当于给奢侈品市场泼了冷水，但中国整体财富的增长及中产阶层的增多支撑了未来中国奢侈品消费市场。

表 7 - 2　中国奢侈品城市发展指数

中国奢侈品城市发展指数					
排名	城市	指数	排名	城市	指数
1	香港	98.8	6	深圳	12.4
2	北京	39.6	7	大连	11.6
3	上海	39	8	杭州	11
4	澳门	21.8	9	广州	10.2
5	沈阳	13.8	10	成都	10

资料来源：赢商网（http：//www.winshang.com/zt/lvchina20/）。

过去几年，中国奢侈品市场正在呈现出前所未有的强劲增长势头，2011年，中国奢侈品消费年度总体增幅在25%～30%，2012年奢侈品销售额达到3060亿元人民币，超过日本成为全球第二大奢侈品市场。

贝恩公司指出，在欧元汇率走低和境外旅游升温刺激下，中国消费者已成为世界最大的奢侈品消费群体，买走了全球1/4的奢侈品，中国购物者正推动全球奢侈品行业创下自2008年全球经济衰退以来连续第三年的强劲增长。

统计数据显示，中国消费者2012年已成为全球最大的奢侈品消费群体，占全球购买量的25%。欧洲降至第二位，占24%；美国占20%，日本占14%。

另外2012年春节期间，中国人在境外奢侈品消费累计达72亿美元，同比增长28.57%，远高于年前预期的57亿美元，创下历史新高。2011年和2010年春节，中国人在境外奢侈品消费额分别为56亿美元和49亿美元。

（四）大多通过大型商场和旅游消费

即使在购买奢侈品的时候，中国消费者也更偏向在市区商业中心，或大型购物商场里购物，这让他们有机会到处逛逛，挑选不同的品牌和产品。另外，由于高关税的缘故，许多中国消费者喜欢在中国内地以外的地方，尤其是香港购买奢侈品。根据法国旅游局统计，中国旅游者在法国的平均消费金额远远超过欧美游客，目前全球顶级奢侈品牌消费额中中国人占据了5%的比例，其中3%是中国游客在海外购买的。

五　奢侈品消费动机分析

Veblen 首次提出奢侈品的炫耀性动机，之后的西方学者都对此做出了相应的论证和补充，Leibenstein 提出了从众、独特与炫耀性三种动机，Duboisand Laurent 认为除了社会导向动机外，首次提出了享乐主义与完美主义的个人导向购买动机。Vigneron and Johnson，将购买奢侈品的个人导向动机与社会导向动机结合，认为炫耀性、独特性、从众性、享乐性与完美主义这五种动机同时存在于奢侈品消费中。Tsai 针对自我导向动机方面提出了新的四个维度，即自我取悦、自我赠礼、内在一致与品质保证。朱晓辉验证了中国消费者存在 5 个奢侈品消费动机中的 4 个：炫耀、从众、自我享乐、品质精致；同时还发现了中国消费者奢侈品消费动机的特殊性：领先的动机和身份象征。

（一）追求自我实现的消费心理

卓越的品质是奢侈品应有的特征，它在质量上没有任何妥协，是高质量的代名词。在中国消费者传统的价值观念中认为一分钱一分货，奢侈品高质高价，理所当然。因此对于注重生活品质又有消费能力的高收入阶层，奢侈品的消费成为他们的一种生活方式。他们不随波逐流，会选择不同品牌中符合他们个性偏好的产品，既经典又引领时尚，既时尚又超越流行，优雅地体现着生活的品位，是对自我实现的最好的诠释。

（二）炫耀性消费心理

在过去的二十多年中，伴随着中国经济的快速发展，富裕阶层应运而生。起初，他们凭借对市场的敏感察觉和创业精神，白手起家，在较短时间内完成了财富的原始积累；之后，通过企业不断发展或通过资本运作使财富迅速膨胀。正所谓穷则思变、变则通，很多人由于原来没有社会地位，不被社会所重视和尊重，现在他们成功了，他们要通过一定方式展示自身价值来获得社会的认同和赞赏。于是乎富裕的人们通过购买和使用稀缺的、具有卓越品质的、高昂价格为特征的奢侈品来传达关于自身身份、财富、地位的信息，成为最初的、自然的选择。因为奢侈品承载着反映社会地位和生活水平高于大众的信号，从这一层面上说奢侈品消费是一种符号，代表着成功和富裕，而成功和富裕是人们追求的目标。奢侈品的这种符号消费与身份认同、社会地位之间的关系，以及奢侈品使用时的优越感，足以不断激发富裕人群的消费欲望，从而出现对奢侈品消费趋之若鹜的现象。

（三）从众性消费心理

消费者的消费选择并不完全是个人独立选择的结果，往往会受到他人的影响。这种影响的一种结果就是产生从众性消费。所谓从众是指个人受到外界人群行为的影响，而在自己的知觉、判断、认识上表现出符合公众舆论或多数人的行为方式。一般说来，群体成员的行为，通常具有跟从群体的倾向，当他发现自己的行为和意见与群体不一致，或与群体中大多数人有分歧时，会感受到一种压力，这促使他趋向与群体一致。于是从众性的消费行为发生了。人们往往最容易采取与自己处于同一阶层的其他人一样的经济和社会行为。由此就不难解释高档写字楼中满眼都是形形色色的奢侈新品。

（四）模仿性消费心理

为了避免消费可能导致的经济风险、社会风险，尤其是当人们对所面对的商品的内在品质难以做出细致判断或商品的价格很高时，往往会以亲朋好友、同事、崇拜性群体作为参照群体，这些群体的行为被个体作为有用的信息予以参考。特别是崇拜性群体的消费示范行为会直接引起模仿，模仿者会因模仿榜样的消费行为而感到愉快，即所谓"我和我的偶像用同一个品牌"。一份研究表明中国消费者比美国消费者更易受到参照群体的影响。由此，我们可以理解那些资产平平的年轻群体为什么会花上万元去购买一个手包了。

（五）情绪性消费心理

情绪性消费在女性消费者身上更为常见。女性消费易受情绪影响，尤其是在与平常心境不同时的消费行为。在极端情绪中购物消费的女性相当多，据零点调查公司的调查，这一比例高达46.1%。当她们心情不好的时候，女性的购物消费成为一种缓解压力、平衡情绪、宣泄无奈的方法。在开心的时候，购物消费也是她们表达快乐的一种方式。在众多的情绪化消费中，最让人无怨无悔的是在快乐或心情不好时发生的消费行为，据零点调查公司调查，哪怕是买了自己并不真正需要和喜欢的东西，有 88% 的人也不后悔。

有时女性会把购买的奢侈品当作补偿或犒赏自己的一份礼物，或作为某一特别时刻的纪念和庆祝，在记忆中留下一些值得回味的东西。感性的女人从感性的消费中获得了自我需要的满足感，实现了情绪及感情上、需求与现实购买能力上的平衡，从而使得这种情绪性消费时常发生。

六　奢侈品的营销建议

基于上述奢侈品消费心理特征的分析，我们可以看到中国消费者奢侈品消费的感性成分要远远高于理性成分，显示消费心理不成熟，主要追求的是个人奢侈品消费而不是家庭奢侈品消费，表现在消费者年龄结构上，40岁以下的年轻人是这个市场的主力，呈现出与欧美国家不同的奢侈品消费需求特征。怎样更好地满足中国消费者的需求？企业的营销策略是否可着重从以下几方面展开：

（一）注重培育品牌知名度

在中国市场中符号性消费是奢侈品消费最主要的特征之一，由此决定了一个奢侈品知名度的重要性。有了知名度才能让别人知道你所使用的产品的价值，中国式的奢侈是让人一目了然，要知道 LV 最好卖的手包不是 Logo 最醒目的那一款。因此在不失品牌格调的前提下，要尽量通过多种渠道传递信息。

（二）追求差异化的产品和服务

炫耀性消费决定产品的稀缺性极为重要。在一定区域范围内独一无二，才会受人瞩目。通过自然稀缺、技术稀缺、限量生产等途径，用小批量、多品种生产模式，用选择性和排他性的有限的销售渠道，特别设计的购物氛围，营造一种虚拟的稀缺性和高贵感。通过物以稀为贵的常识和心理，让消费者心甘情愿地接受高昂的价格，进而让消费者产生自信心和优越感，从而为成为品牌忠诚者打下基础。如果限量使产品奢侈到不能复制，稀有到只有极少数人才能够拥有，那么更能激起消费者的消费欲望。

（三）引导奢侈品消费向体验驱动型消费转变

与欧美成熟市场相比，中国的奢侈品市场仍处于初级阶段，消费者往往追求最新、最流行的个人物品，属于"商品驱动型消费"，较少注重奢侈的体验。发达国家的奢侈品消费者偏爱"体验驱动型消费"，追求能够缓解压力的舒适假期或者高品质的服务，绝大多数人追求的是家庭的"生活奢侈"，奢侈品消费变成一种生活的体验，代表着一种生活方式。

其实就消费能力而言，位于金字塔尖的中国高收入阶层完全可以实现体验驱动型消费。但从物质消费的满足转而追求精神消费的满足，中间还有很长一段路要走，它需要物质的支撑，却又在物质之外。引导他们从消费奢侈品转向消费奢侈的生活方式从而获利，这是一个巨大的潜在市场。不断进行观念的培养和市场教育，最终让他们自觉地转向对奢侈生活的需求，这正是中国奢侈品营销的新领域。

（四）选名人做代言

鉴于参照群体尤其是名人之于奢侈品消费的效应，企业应该选择最能体现产品内在品质的、美誉度高的名人作为产品的代言人，名人隐含的号召力有强有力的示范效应，促动消费者的模仿行为发生。往往一种新的生活方式的形成最初是从模仿和学习开始的。目前中国消费者还处在奢侈品消费的学习阶段，社会名人将会起到良好的示范作用。

七 中国奢侈品市场发展的有利因素

（一）富人阶层的人数和财富都在飞速增长

中国富人阶层增长迅速，1999年，总资产达到六百万美元即可进入由福布斯杂志评选出来的中国财富榜中前五十名，而在2005年则需要一亿四千万美元才能够进入财富榜前一百名。按照全球著名管理咨询公司麦肯锡的划分标准，中国富裕家庭的标准为年收入超过25万元人民币。按此标准计，2008年，我国富裕家庭的数量为160万户。前瞻网预计到2015年，这一数字将超过440万户，在绝对数量上仅次于美国、日本和英国。在未来5~7年中，中国富裕家庭的数量仍将以16%的年均增速增加。而

2012 年发布的《中国家庭金融调查报告》数据显示有 0.5% 的中国家庭年可支配收入超过 100 万元，10% 的收入最高的家庭收入占整个社会总收入的 57%。

（二） 新兴中产阶级以奢侈品为成功标志

TNS 的调查显示，中国中产阶层对购买奢侈品的态度是非常正面和积极的。例如：绝大多数被调查者认为，拥有奢侈品意味着成功和具有高品位。少于 2% 的被调查者认为拥有奢侈品的人是"肤浅的人"。超过一半的被调查者表示他们渴望拥有奢侈品，尽管他们现在支付不起。

（三） 奢侈品行业发展的其他有利因素

依据中国加入世界贸易组织的协定，自 2005 年起，中国对奢侈品进口所征收的关税逐步降低，这极大地促进了奢侈品的销售。例如：2004 年底之前，进口手表的关税是 28% ~40%，而根据表的类型不同，目前关税在 11% ~23% 之间。近期中国钟表协会市场部主任汪孟晋在接受媒体采访时表示，未来进口手表价格肯定会越来越便宜，这是大趋势，只是速度跟幅度可能不如大家想的那么大、那么快，短期内暂无法体现出来。相信由于中国与瑞士之间签署的《结束中国瑞士自由贸易协定谈判谅解备忘录》将进一步促进瑞士手表在中国的销售。

相关人士估计到 2015 年中国将成为世界第一奢侈品消费国，约占全球消费总额的 29%。据贝恩公司分析，奢侈品行业在未来十年中全球平均销售总额将以年平均 6% 的速度递增，而该行业在亚洲的年平均增长率将为 9%。

上述提到的亚洲年平均增长率中有很大一部分由中国贡献。高盛投资银行预测，中国在 2015 年将超过日本成为全球最大的奢侈品消费市场，其消费总额将占全球的 29%，届时将有望超过日本。

中国奢侈品消费的独特之处是在境外旅游时购买奢侈品。中国人在境外旅行所表现出来的对奢侈品的强烈购买欲有以下两点原因：首先，在境外购物时专卖店所卖的肯定不是假货，但是这点在中国某些地方购物时却不能得到保证。其次，高额的关税使得在中国内地购买同样的商品要比境外贵出约 30%。

现在越来越多的中国公民出国旅游并在国外消费。随着我国对出境游的限制逐渐减少，中国游客已经成为欧洲名贵品牌的主要购买者。法国旅游局调查结果显示，中国游客去法国购买商品的花销已经超过了来自美国和其他欧洲国家的游客。

中国的奢侈品购买地主要还是集中在境内，但是许多品类的奢侈品都有至少 30% 左右出自中国香港、澳门或者台湾地区。欧洲也已经成为第三位的奢侈品购买地。

从国外购买正在成为中国内地消费者奢侈品消费的主要方式，有统计数据表明，中国游客去欧洲进行奢侈品消费的金额已经达到人均 800 欧元。

八　我国本土奢侈品行业机遇与挑战并存

中国消费者主要通过两种途径消费奢侈品，一是出境旅行时在境外市场购买消费，二是在中国境内购买消费，且前者的比重明显大于后者。中国消费者在境外市场购买的奢侈品自然大都是外国品牌，但即便是在中国境内购买的奢侈品，中国本土品牌所占据的份额也不大。尤其是汽车、时装、手表等品牌，一直是被欧洲品牌所占据，可以说几乎没有给本土品牌留一丝余地。

总之，现状是，国外奢侈品大举进入中国，洋品牌在中国市场里肆意地排兵布阵，并从中国先富阶层的口袋里大把地赚钱，而中国本土的奢侈品牌却无声无息。是什么阻碍了中国本土奢侈品牌的成长，以至于本土奢侈品牌集体失语呢？

首先，从历史方面来看，中国虽然不缺乏奢侈品的生产，但一直维持在小作坊规模的生产水平上，或者是专供皇家的御用之物。由于中国历史上的朝代更迭和外敌入侵的影响，奢侈品生产工艺、生产技术很难持久存在并发扬光大。

其次，中国古代的奢侈品往往同时兼有艺术品和投资品的功能，但大多没有形成自己专有的字号或者品牌。当然，也有一些奢侈品有很响亮的产地品牌，例如四大名绣、四大名砚、景德镇瓷器、和田玉、蓝田玉等。

最后，新中国成立后，由于长期实施计划经济，中国在很长一段时间内失去了奢侈品消费市场，没有市场自然也就不会诞生奢侈品品牌。改革开放至今也不过三十多年时间，这对于本土奢侈品牌的形成和成长来说是不够的。

综合以上原因，中国本土目前没有出现自己的奢侈品品牌是很正常的。

但是换个角度想，也正因此，面对几乎全部是欧洲奢侈品品牌的中国市场，中国传统行业的发展有较大的空间，而且中国的品牌和厂家具有得天独厚的历史背景。比如永正裁缝借鉴了英国绅士的传统与日本西装的严谨，再与中华民族特有的气质相结合，其西装一套价钱低则八九千元，高则十几万元，但价格的门槛并没有拦住消费者的脚步。在国内外品牌竞争激烈的西装市场，永正裁缝店"挤"出了自己的发展空间，靠的就是对国际时尚和个性化需求的准确把握。此外还有一些高档的红木家具等，在中国特色逐渐走红于世界之时，这些品牌也随之逐渐渗透到世界奢侈品消费市场中。

总之如果我们可以另辟蹊径，在时装领域，加入中国传统元素，在汽车领域强调中国制造，充分运用中国文化在当今世界上的影响力，相信可以在竞争激烈的欧洲品牌中脱颖而出。中国奢侈品行业具有市场容量大、市场增长率高、技术和工艺水平不断提高、竞争日益激烈等特点。中国奢侈品行业虽然处在漫长的成长期，但奢侈品生命周期在不断缩短。基于其所扮演的候补性奢侈品消费者的角色，中国中产阶级正在成为奢侈品成熟期一部分不可忽视的消费群体。

九　路易·威登的中国发展

Louis Vuitton（路易·威登）是法国历史上最杰出的皮件设计大师之一。于 1854 年在巴黎开设了以自己名字命名的第一间皮箱店。一个世纪之后，路易·威登成为皮箱与皮件领域数一数二的品牌，并且成为上流社会的一个象征物。如今路易·威登这一品牌已经不仅限于设计和出售高档皮具和箱包，而是成为涉足时装、饰物、皮鞋、箱包、珠宝、手表、传媒、名酒等领域的巨型潮流指标。

路易·威登作为奢侈品行业排名第一的奢侈品牌，所在集团是世界上最大的奢侈品集团 LVMH，它的一举一动都影响着整个行业的发展态势。在中国的奢侈品市场，LV 总是引人注目。这个拥有一百五十多年历史的经典奢侈品品牌除了力求走在时尚潮流尖端外，对旅行哲学的热忱、对优质材料的执着、对完美细节的关注以及历经时间考验的精湛工艺也都是它一直坚守高端、为贵族服务的品牌精神。156 年持有一个品牌，其每一步的发展都无疑是质量和管理效率的积累。它在商业上和时尚界都很成功，当然对中国这个新兴市场特别关注和用心，更是作为全球战略之重。LV 在中国内地的业务正处于快速增长阶段，LV 在中国的发展主要还是靠专卖店的扩张。作为国际时尚和品牌的风向标，路易·威登在中国的发展也是更多的奢侈品牌对于中国市场情况的参考依据。

2012 年上半年，Digital Luxury Group 携手 Luxury Society 发布了世界奢侈品指数。该指数以国际化的标准，分析奢侈品行业中被消费者在全球重要搜索引擎上搜索最多的品牌。作为一种测量品牌表现的国际化标准，此次排名覆盖了 400 个品牌，跨越 10 个主要奢侈品市场的 6 个重要类别，包括时尚、美容、珠宝首饰、汽车、手表和酒店。取样的搜索引擎有谷歌、必应、百度以及 Yandex。

中国奢侈品牌时尚品牌类中被搜索最多的是路易·威登、香奈儿和迪奥。80% 以上关于迪奥品牌的搜索和香水有关；美容产品占香奈儿品牌搜索的近 50%，时尚和配饰占 40%；94% 关于路易·威登的搜索和时尚与配饰相关。可以看出中国奢侈品牌搜索排行榜中路易·威登位列时尚品牌第一，但是其在华发展也有不少烦恼。

表 7 - 3　中国奢侈品品牌搜索前 50 名排行榜

1 奥迪	14 周大福	27 玛莎拉蒂	39 林肯
2 宝马	15 英菲尼迪	28 阿玛尼	40 娇韵诗
3 路易·威登	16 路虎	29 普拉达	41 讴歌
4 奔驰	17 法拉利	30 浪琴	42 蒙口
5 香奈儿	18 倩碧	31 宾利	43 贝佳斯
6 雷克萨斯	19 古驰	32 蒂芙尼	44 贝玲妃
7 雅诗兰黛	20 凯迪拉克	33 劳斯莱斯	45 希尔顿酒店
8 迪奥	21 卡地亚	34 捷豹	46 劳力士
9 保时捷	22 博柏利	35 欧碧泉	47 安娜苏
10 兰博基尼	23 资生堂	36 欧米茄	48 菲拉格慕
11 兰蔻	24 蔻驰	37 范思哲	49 娇兰
12 沃尔沃	25 迈巴赫	38 喜来登酒店	50 洲际酒店
13 爱马仕	26 施华洛世奇		

资料来源：赢商网（http：//news. winshang. com/news - 113332. html）

（一）LV 在华发展面对的烦恼

1. 利润下滑

多家奢侈品上市公司发布的财报数据显示，金融危机以来各品牌在华销售增速均出现了明显下滑的态势。据分析，眼下这些奢侈品品牌在我国遭遇的销售增速受挫，与我国经济增速放缓密切相关。据调查，2012 年，有 30% 左右的中国富豪表示缩减购买奢侈品的开支，平均年薪为 16 万至 18 万元的中国中产阶层在这方面的开支缩减则更为明显。

此外，随着中国经济下滑，2012 年 8 月我国财政收入增幅低至 4.2%，中央财政入更是出现罕见的负增长。这也迫使我国政府在一定程度上限制公共开支。而加之 2012 年 6 月我国首次出台公款不得采购奢侈品条例的规定，都将令黄金、珠宝及高档名表等高价奢侈品需求受到部分压制。

另外由于购买力下降，在实体店买奢侈品又过于昂贵，鲜有折扣，一些有奢侈品消费需求的内地消费者越来越多地被网上代购所吸引。上网购买不仅可以让消费者尝到低价的甜头，也更加方便省事。因此，通过网上的海外代购，支付一定手续费或以协议价买到所需物品，已经成为我国消费者购买国际奢侈品的一个重要途径。而为了顺应消费者的购买习惯，众多奢侈品品牌也都开始纷纷抢滩中国网购市场，并选择通过网络平台进行营销，拓展市场，宣传品牌。目前，虽然我国奢侈品的网络销售额只占到行业总量的 5% 左右，但它的增速很快。而这个潮流一方面挤压着奢侈品实体店的销量，另一方面也使奢侈品实体店的销售额增长更加艰难。

2. 山寨品太多，打假很忙

路易·威登从 2011 年开始在华刮起了"打假风"，对山寨、假货实行"零容忍"政策，还设立了打假专员，2011 年 11 月在大连维权案件 22 起索赔上千万元，2012 年 7 月维权战火蔓延至南京，连告 30 家小商户，每家均索赔 50 万元，总金额超过 2000 万元，这些地方的法院都成了"LV"专场，打假仍然在继续，东莞、成都等各地维权仍在进行中。该公司并非只针对中国市场维权，其全球范围的打假行动一直在进行中，2009 年就策划发起了 9489 次搜查行动，平均每天 39 次，在全球提交了 26843 项反假冒诉讼。

3. 海外消费多于国内

由于亚洲和欧洲奢侈品定价的大幅差异，中国消费者在欧洲区的消费额占全部奢侈品消费额的 55%。中国内地的市场份额较往年呈现下滑趋势。中国银联数据显示，在 2012 年国庆节的"超级黄金周"中，中国银联持卡人在境外交易额同比增长 33%，部分国家和地区银联卡交易额呈数倍增长。据一些记者观察，国人海外血拼，在巴黎 LV 店排队的 99% 都是中国人。强大的购买力，使欧美商界将中国游客视为"救星"。

（二）LV 在华发展战略调整

1. 针对中国富豪开启高级定制服务

长期以来，奢侈品品牌习惯于在新兴国家投资超豪华零售门店，而路易·威登之家可以视作 LV 中国战略布局的重要一步。在西方世界，从购买第一个奢侈品，到对更加精致高端的产品产生需求，大概需要 20 年的时间，但在中国，这一趋势发展只需要 5 年。LV 相关负责人认为，现在中国奢侈品市场已经成熟，正是推广定制业务的最好时机，从 2012 年下半年起，他们开始在大陆地区推广 LV 高级定制业务。

LV 一直是中国消费者最喜欢的奢侈品牌之一，但现在却面临着爱马仕等品牌的挑战。此前数家咨询机构出示的关于中国消费者品牌调查中，LV 屡摘奢侈品牌桂冠。然而普及度是一把双刃剑，一些顶级消费者也开始认为路易·威登过于大众化，许多奢侈品买家已经明确表示不屑购买 LV，因为它太普及了。中国的客户越来越复杂，中国人在世界各地买奢侈品，与其他市场比较，他们不止在中国买，还在巴黎买，所以必须强调更好的用户体验。旗舰店的开张正是 LV 的一种战略调整，一方面要保证自己的奢侈品牌领头羊位置的延续，另一方面正好切入定制业务。

按 LV 相关负责人的说法，虽然路易·威登在中国已经有了 41 家店，但品牌在中国市场的覆盖率还处于初始阶段。在这样的情况下，豪华门店自然是奢侈品品牌最好的宣传标语。

至于中国富豪是否会为此埋单，很多人的看法却并不乐观。有关专家分析："定制业务还是有点早，现在中国的很多消费者一般都喜欢经典款，多付出钱做定制不一定是他们的追求。"

2. 提高欧洲市场价格，降低国内外价格差

2012 年 10 月上旬 LV 法国官网的价格悄悄进行了调整，此次调整涉及 LV 数款手袋，其中包括经典系列 NeverFull、Speedy、Noe、Alma 等，调价幅度在 10% 左右，部分产品调整后与中国内地的差价保持在一千元左右。财富品质研究院院长周婷对此表示，LV 此番举动的主要目的是拉动中国内地的消费，通过欧洲市场涨价来缩小中欧之间的价差。在欧债危机影响下，LV 从 2011 年开始在法国官网上全线上调价格，主要原因有两个。第一，LV 属高档奢侈品，受欧债危机影响并不非常大，反而在欧债危机中，由于打折促销，引发了更大的市场需求量；第二，奢侈品涨价也是营销的一种

手段，利用涨价保持在消费者心中的高端地位，效果较为明显。LV 在法国地区涨价后将会对中国购买人群产生一定的影响。因 LV 的原产地位于法国，一般在法国销售的价格会远远便宜于中国内地价格，而这恰恰促使诸多中国消费者前往法国购买；但 LV 在法国地区涨价，中国内地暂未调价，将使中国消费者前往法国购买的积极性减弱，更倾向于在国内购买。

3. 渠道下沉进入二三线城市

2012 年，奢侈品牌纷纷开始挺进内地二三线城市。从 2007 年起，LV 在中国的开店速度明显加快，其新增店面大多分布于二三线城市，如长沙、西安、青岛、厦门、无锡、温州、南宁、昆明等。除了 LV，另一奢侈品龙头 Gucci 早在几年前就开始将中国门店布局下沉。据悉，其开设的 9 家分店中，有 8 家位于石家庄、厦门、长沙等二三线城市，只有一家落户上海。事实上，对二三线市场的"执着"，也给了这些奢侈品牌回报。Gucci 位于郑州市的店铺开业首日销售额就突破百万元；LV 位于乌鲁木齐市的门店，在一段时间内更是位居全国销售冠军。不过，与一线城市消费者相比，二三线城市的消费者有一些不同的消费特性。有了"渠道下沉，迅速坐拥二三线，守望四五线城市"的大策略，奢侈品牌还对这些城市进行单独的市场调查，针对这些城市不同的消费者特性，相对应地展开营销。

麦肯锡的一份调查显示，到 2015 年，中国 75% 的富人将生活在二三线城市及一些非沿海城市。中国未来 5 年内愿意消费奢侈品的人会从 4000 万增至 16000 万人，主要集中在二三线城市。和大城市高额的生活成本相比，

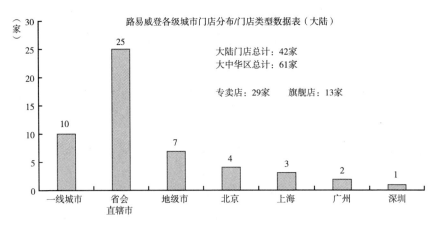

图 7-1　LV 各级城市门店分布图

资料来源：赢商网（http://www.winshang.com/zt/lvchina20/）。

二三线城市居民花销更少，而在石油、电力、电信等行业工作的员工收入却是一线城市的水准，他们也构成了二三线奢侈品消费的主力军。

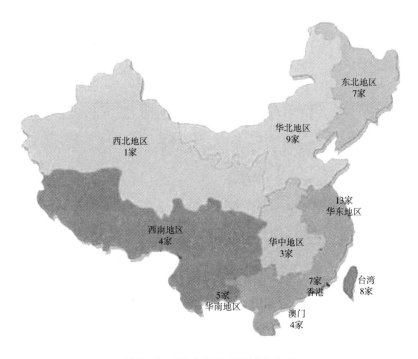

图 7 - 2　LV 中国门店区域分布图

资料来源：赢商网（http://www.winshang.com/zt/lvchina20/）。

另外，二三线城市的消费特点也在逐渐分化，东北、东南部的奢侈品消费日趋理性，对商品的个性化和定制化需求逐渐凸显，而中西部的奢侈品消费还不够成熟，属于物质性、炫耀性消费阶段，更看重品牌知名度。

调查显示，54.6%的中西部二三线城市消费者认为，是否大牌最重要，而价格高低不会影响他们对奢侈品牌的购买；在高级服装配饰上，二三线城市每年花费在 2 万元以内的人群有 74.9%，每年花费 2 万 ~ 10 万元的人群有 23.5%，每年花费 10 万 ~ 20 万元的人群则与一线城市基本持平。

专题八

高速铁路对一小时经济圈溢出效应的分析

——以长三角地区为例

2013 年 7 月 1 日，南京至杭州（宁杭）、杭州至宁波（杭甬）高铁正式开通运营。宁杭、杭甬高铁设计时速 350 公里，初期运营时速 300 公里。根据新的运营时刻表，各大城市间高铁通达时间均比原来缩短近一半以上。至此，长三角地区一小时高铁网络基本形成，一小时经济圈规模开始突显，主要城市正式跨入"同城时代"。

宁杭、杭甬高铁线路的修建，改变了过去南北方向的经济重镇杭州、南京、宁波之间列车需绕经上海才能到达的历史，极大地缩短了到达时间，提高了区域可达性。使得这些重点城市之间实现面对面交流。至此沪宁、沪杭、宁杭、杭甬构成了长三角完善的高铁网络，形成了这个区域内主要城市一小时高铁交通圈、经济圈、生活圈。

加上早先修建的京津城际高铁、武广客运专线，高速铁路已经成为推动地区经济发展的重要力量，依靠高铁的快捷性、方便性，各地形成了以区域内大城市为核心的一小时经济圈，且经济圈的辐射范围也在逐渐扩大，因此高速铁路对于一小时经济圈的深刻的作用和影响，是需要认真研究和考虑的问题。本文以长三角区域为例，基于高速铁路对一小时经济圈形成的溢出作用，以及交通运输对区域经济发展产生影响的理论，结合高速铁路自身的特点，从理论和实践两个研究维度，分析高速铁路对一小时经济圈产生的溢出效应，其中既包括正的溢出效应也包括负的溢出效应，根据相关统计数据，借由引力模型，从空间可达性、影响力系数等主要指标来实证研究高速铁路对一小时经济圈的作用与影响。

一　交通运输与区域经济相关理论与概念

区域间的发展模式不一致，因为不同城市的资源禀赋和发展条件有很大差异，这也就需要各地取长补短，互相协作，在保持自己优势的同时帮助其他地区更好地发展，发展较好的省市要主动帮扶发展较差的省市。学术界有很多理论去研究什么样的发展模式能够促进区域内城市间协同发展，以及如何实现区域内城市利益的最大化。因此首先对这些理论进行简要概述。

（一）交通运输与区域经济相关理论

1. 区位经济理论

德国著名经济学家冯·杜能（von Thünen）在 1826 年，他的著作《孤立国同农业和国民经济的关系》一书中提出了农业区位论，他认为农业的发展不但取决于天然的土地资源禀赋，也需要将农产品产地与消费地之间的距离以及与之相对应的运费纳入考虑。1909 年，另一位来自德国的经济学家阿尔弗雷德·韦伯（Alfred Weber）在《论工业的区位》一书中提出了工业区位论，着重从运输费用、劳动力费用和集聚效应等方面分析工业企业布局的理想区位。美国学者胡佛在 20 世纪三四十年代考察了运输成本对经济活动的影响，成为运输区位论的代表。

2. 生长轴理论

德国学者沃纳·松巴特（Werner Sombart）于 20 世纪 60 年代提出生长轴理论，该理论把交通基础设施与区域经济发展直接结合起来，强调交通干线建设对经济活动的引导和促进作用。交通干线的建设将沿线的中心城市连接起来，从而形成有利的区位，方便区域内人口流动，能够大大降低运输费用和相关交易成本。新的交通干线将会对产业和劳动力产生吸引力，改善投资环境，使产业和人口向交通干线聚集，形成新的产业区域和生活区域。这样，以交通干线为生长轴逐渐形成一条产业带，促进区域经济的发展。原联邦德国的国家治理规划就是根据生长轴理论，通过形成交通干线来调节区域内投资大小和人口流动方向，引导产业带的建设，在实践中取得了较好的效果。

3. 中心地理论

中心地理论是德国地理学家克里斯泰勒（W. Christaller）于 1933 年提出来的。该理论第一次把区域内的城市系统化，即一个区域的中心地体系是在三个大原则，即交通原则、行政原则和市场原则的支配下形成的。不同的支配原则下的发展可使中心地网络呈现不同的结构。交通原则适用于高级中心地布局；行政原则在中级中心地布局中作用较大；低级中心地布局则适用于市场原则。空间距离具有相对性，它是由交通便捷性所决定的，便捷性则取决于交通形式和交通工具。因此，交通可改变空间距离带来的运输成本量级。

4. 增长极理论

增长极理论是法国经济学家佩鲁（Francois Perroux）于 1955 年提出的。他认为，一个国家要保持平衡的经济增长而不引起其他变化是不可能的，经济的增长首先会以不同强度出现在局部区域，形成增长点或极，随后通过对外扩散，影响其他区域的经济增长。增长极形成的主要条件是拥有较强创新能力的主导部门或行业，并以此为点极，推动形成区位经济、规模经济和外部经济集聚的增长极。其中，交通基础设施系统被认为是促进点极形成、实现最优配置的最重要条件之一。

5. 点轴理论

点轴理论由波兰经济学家萨伦巴和马利士最早提出，它是在上述理论基础上形成的一种区域组织模式理论。在一定区域内，以各级中心城市为点，形成产业和人口集中地。在一定方向上，以轴联结若干不同级别的中心城市，形成相对密集的产业带或人口带。轴是重要的线状基础设施束，交通干线就是最重要的点间轴。沿轴不同层次的城镇会形成产业开发带，整个区域经济活动的空间组织主要通过点和轴线的集聚和扩散来实现。产业聚集和人口聚集使交通干线连接地区成为经济增长点，沿线则成为经济增长轴。与增长极相比，点轴开发对经济发展的推动作用更大，更利于区域经济协调发展。

6. 网络优化组织理论

这是依托于地域空间网络体系的一种区域发展组织模式，强调点的核心作用。网络体系由点、线、面等基本要素构成。点以城镇为载体，它是增长极的生产要素和经济活动地域空间集聚区域；线是指在地域空间上的线状基础设施束，它是经济活动横向拓展的空间渠道；面是点线依托和覆盖的地域，形成区域经济发展的腹地。三者有机结合构成网络，使点轴结构向深度和广度演进。点面间存在生产要素流动，推动经济社会均衡发展。另外，借助网络延伸，强化区际经济网络的联系，促进广域生产要素结合和经济技术优势扩散。

网络开发模式适用于经济开发程度较高、区域经济已呈面状发展的发达区域。这是因为网络开发是由点—轴结构向更深和更广的方向发展，进行网络开发能够更好地提高区域内各点、线和面之间的生产要素流动，促进地区经济一体化，统筹城乡经济社会发展。同时，通过网络的延伸，可以将区域的经济技术优势向四周扩散，在更大的地域空间范围内组合更多的生产要素。

随着高速铁路在中国的大规模建设，它已经成为区域经济发展的重要轴线。高速铁路点—轴型系统中连接的主要点是带动各级区域发展的中心城市或城镇。高速铁路的结构和布局直接影响轴线上的点的可达性指标，继而影响、波及区域和城市对周边经济带引力的大小。高速铁路不仅是几个城市之间起简单连接作用的联络线，而是一个综合性连接的网格线，不仅减少了时间距离，同时也在经济文化上起着传输与扩散作用。

（二）交通运输基础设施推动区域经济发展的效应

1. 交互推拉效应

交通运输基础设施与区域经济发展之间存在交互推拉关系。经济发展在进入交通基础设施的最大限度以前，交通基础设施对经济发展的推动作用不大，通常显现不出来，虽然它也在支持经济的增长，但处于相对被动的地位，常常不为人们所关注。如果交通基础设施的发展滞后于经济发展，就会阻碍经济发展。这时，经济发展就会带动交通基础设施的发展。这种方式积累到一定程度就会突破原有交通基础设施的阈值，促进新的交通系统形成与发展，并重新达到与经济发展相适应的程度。这对经济发展产生强大推动作用，其主要表现在：新系统在形成过程中，会产生巨大的物质需求，推动一批相关产业的发展和壮大；新系统在运行过程中，交通基础设施处于相对主动的地位，支持和刺激经济增长。

2. 相互作用效应

交通基础设施与区域经济发展之间存在相互影响、共同发展关系。一方面，交通基础设施突破空间界限，借助运输方式把各经济区域联结起来，为区域经济实现运输联系提供必要基础条件。其通过决定区域之间运输联系的规模、强度、速度及客货流向，促进社会资源的合理配置，对区域经济发展产生积极影响。另一方面，经济结构、社会分工与协作、地区分工与协作以及生产的专业化程度的变化要求经济结构不断做出调整和再配置，以保证经济可持续发展。经济结构的变化会加快某些产业的发展，引起产业间生产要素的重新配置。以上都会引起交通基础设施的需求变化，促进交通体系发展。

3. 外部效应

交通基础设施在生产和消费中，可对区域经济发展产生相应的溢出效应，它不会在交通基础设施自身的收支核算中反映出来，但会对区域经济产生重大影响。这种外部效应具有非有意性、偶然附带性等特征，其影响结果也不会使受益者支付成本，或受损者得到补偿。从总和作用看，交通基础设施正溢出效应会十分明显，它会带动沿线交通基础设施网络的完善、扩大优化资源配置的范围、促进产业结构调整和区域内分工协作等，形成以点带面、以城带乡、以大带小的分工协作体系。特别是，大型交通基础设施将会极大地提高其前后向联系的外部效果，产生巨大的经济效益。

二 长三角地区一小时经济圈的发展现状及意义

（一）长三角一小时经济圈现状

通过高铁带动的长三角一小时经济圈主要由 16 个城市组成：以上海为中心，南京、杭州为副中心，包括江苏省的苏州市、无锡市、常州市、镇江市、扬州市、泰州市、南通市；浙江省的宁波市、嘉兴市、湖州市、绍兴市、舟山市、台州市。

长三角地区一直以来就是中国经济最活跃的地区之一，是中国第一大经济区，2012 年长三角地区经济总量突破 11 万亿元。长三角 25 个地级及地级以上城市中有 20 个城市的经济总量超过 2000 亿元。上海、苏州的经济总量更是超过万亿元，杭州、无锡、南京、宁波等 4 个城市的经济总量则超过 6000 亿元。

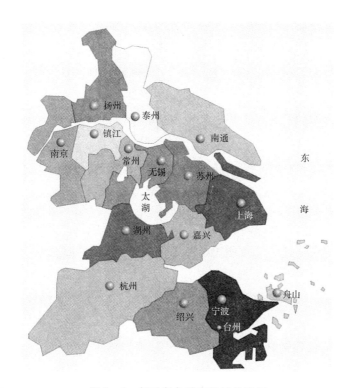

图 8 - 1 长三角各城市区域位置图

表 8 - 1 沪宁杭三市主要经济指标对比（2011 年）

地区	人均 GDP(元/人)	人口密度(人/平方公里)	三产结构(产值比)
上海	85373	3702	0.7:41.3:58
南京	88525	1229.2	2.7:44.9:52.4
杭州	111758	419.2	3.3:47.4:49.3

数据来源：《2012 年上海统计年鉴》《2012 年浙江统计年鉴》《2012 年江苏统计年鉴》。

（二）长三角经济圈发展历程

长三角经济圈的发展可以分为三个阶段：

第一个阶段是 1978~1991 年，这期间长三角经济发展较为缓慢，主要处于经济调整与平缓增长阶段。长三角地区在这一阶段，主要是利用自身的经济底蕴，培育发展潜力，提升了经济实力。

第二阶段是 1992 年邓小平南方谈话之后到 2010 年，国家提出建设浦东经济区，上海连带周边的长三角城市凭借国家给予的一系列优惠政策，开始大跨步地进行经济建设。

第三个阶段是 2011 年至今，随着京沪高速铁路、杭甬客运专线、沪杭城际高速铁路、沪宁高速铁路等高速铁路的相继开通，以上海、南京、杭州为中心城市的"长三角"地区高铁网络基本形成，"一小时经济圈"也同时形成。长三角地区经济一体化，区域同城化的进程开始显著加快，经济高速发展。

（三）长三角一小时经济圈建成的意义

长三角一小时经济圈建成的意义在于，实现区域资源共享，协同合作，互利共赢，提高区域整体竞争力。长三角一小时经济圈内各城市的基础设施和资源条件不一样，上海、南京、苏州、杭州、无锡等大城市城市基础设施建设较好，经济比较发达，而苏北地区的一些城市基础较差，通过纳入一小时经济圈，可以享受沪宁杭等中心城市经济发展带来的溢出效应。长三角区域内各城市的产业结构不同，可以发展各自的优势产业，从而可以实现优势互补，一起形成产业链及产业集群，这样有利于每个城市的成长。长三角一小时经济圈的形成将促进区域内城市人口的转移与增长，促进人才的合理流动。中小城市依附于沪宁杭等中心城市进行发展既有利于中心城市做大做强也有利于中小城市自身发展。中心城市做大做强了，能更好地发挥辐射作用，促进周边城市的发展。苏州、无锡靠近上海，就是依靠上海的辐射作用迅速发展起来的。一小时经济圈能使周边城市享受到中心城市的辐射，产生同城效应。一小时经济圈发展壮大了，可以带动更大区域经济发展。《长江三角洲地区区域规划》要把长三角打造成以上海为核心的"一核九带"的空间格局，沪宁杭地区一小时经济圈的建成可以实现周边城市经济水平的快速发展和相关产业的协同发展，也会相应地增加更多的就业机会。

三 高速铁路对经济圈经济发展的正溢出作用

沪宁、沪杭、宁杭高速铁路的建成，标志着沪宁杭地区的一小时经济圈的正式形成，由于高速铁路是一种公共产品，所以有很强的外部性，能给区域内的城市带来巨大的社会经济效益，为长三角区域经济一体化的进程做出重要的贡献。在集聚与扩散的作用下，高速铁路会给区域经济圈带来极大的正溢出效应。

（一）时空效应

高速铁路最直接的效应就是减少乘客的出行时间，从而带来较大的社会经济效应，这就是高速铁路为社会创造价值所生成的经济效应。表现在空间上，它使相距遥远的城市之间的距离拉近，且城市之间的交流变得更加容易。以上海、南京、杭州为中心到达周边其他主要城市的时间都在一小时以内，提高了区域可达性。

（二）调整城市产业结构的效应

城市产业结构是城市经济和社会领域各产业部门所占比重及其相互关系的总和。一小时经济圈的形成将消除运力和运量之间的矛盾，减少对外运输的空间距离和时间距离，促进生产力和产品的流动，推进城市间、区域各方的专业化分工协作，使区域生产要素的比较优势得以开发出来，使城市产业结构得到调整，从而使产业结构更加合理，促进区域经济发展。在城市发展的过程中，促进大量人才涌向发达地区，加快了沪宁杭三地高科技产业为主的第三产业的发展，因而，城市经济结构也将会得到相应调整。对于杭州而言，上海是国际大都市，沪杭形成"同城效应"后，将有利于杭州旅游、服装、会展等多种产业的发展。同样，对于周边的中小城市的企业，也可以借由高铁的便捷性，而吸引到沪、宁、杭的高素质人才，避免了承担大城市高额的租金，减轻成本负担。

（三）改善城市交通并促进城市发展的效应

由于高速铁路方便快捷的特性，将会吸引大量客流。这不但可缓解经济圈内各城市的交通状况，减轻经济圈内城市间的交通压力，还能使城市旅游事业更为兴旺，增加劳动就业机会，促进城市的经济发展。对杭州而言，通过沪杭高速铁路依托上海，能迎来国际金融资本、现代服务业及相应的先进管理理念，为杭州经济社会的新一轮发展注入活力。其他城市也可以吸引来自上海的外商投资以及周边各地的短途游客。

（四）促进旅游业发展的效应

上海是国际大都市，近年来大力发展会展游、商务游；杭州是"人间天堂"，自然、人文景观丰富；南京是六朝古都，历史文化悠久；高速铁路的建成通车，可以将商务游、会展游和古迹游更好地融为一体，开发出精品的旅游线路，把上海、南京、杭州紧密结合在一起，同时拉动周边城市的旅游产业发展。对于南京、杭州沿线的居民来讲，可以上午在杭州逛西湖，中午到溧阳吃天目湖砂锅鱼头，晚上悠闲地到南京品尝秦淮小吃，极大地促进了旅游产业的发展。

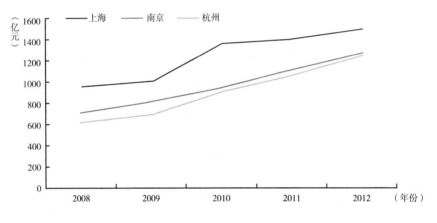

图 8 - 2　上海、南京、杭州三地旅游总收入

数据来源：根据《2012 年上海统计年鉴》、《2012 年浙江统计年鉴》、《2012 年江苏统计年鉴》整理而得。

由图 8 - 2 可以看出，上海、南京、杭州三地借由高速铁路的开通运营，旅游收入保持高速增长，2012 年三地旅游收入分别达到 1498 亿元、1273 亿元和 1253 亿元，大量的旅游收入促进了当地的经济发展。

（五）促进城市人口增长的效应

一小时经济圈将促进沪宁杭地区人口增长。城市人口增长是城市化最为显著的表征，而沪宁杭高速铁路作为人口流动的主要交通方式，使人口向各大城市聚集更加方便快捷，人口与经济活动向城市大规模聚集后，由于城市中心与周边郊区的地价差，从经济成本角度考虑，人口又向城市郊区转移，引起城市范围的大幅度拓展，并促使城市形态由单体城市向组合城市演变，从而加快城市化进程。有助于缓解大城市的人口压力，也有助于促进中小城市的发展。

（六）提高城市劳动力水平的溢出效应

人口的自由流动，同时也伴随着劳动力的大量涌入，同普通劳动力资源一样，高素质的劳动力也会从四面八方进入长三角一小时经济圈。人口和劳动力自由流动是各地经济良好发展的重要标志，同时对于市场经济的规范也起着十分重要的作用。由于市场的作用就是促进资源的合理配置，实现供需双方的自由交换，所以社会依靠劳动力在雇主间的自由流动来进行劳动力配置，这种劳动力配置方式可以使劳动者和消费者的满足程度达到最大化。而劳动力资源合理配置与优化对于实现长三角地区经济的又好又快发展是非常重要的。

（七）增强经济圈的辐射效应

通过高速铁路将区域内的城市联系起来，使整个区域的资金、技术、人才、自然资源和思想观念、思维方式以及生活习惯在辐射干线上进行流动和传播，使地区之间的经济交易和其他交流高效率地进行，使各种生产要素向节点城市高密度聚集，使中心城市发出对周边地区巨大的经济吸引力和辐射力。同时高速铁路使区域内城市间的相互作用力明显增强，联系也越来越紧密，在城市之间逐渐形成了互相促进的经济圈，同时增强长三角区域的向外辐射的力度。

（八）节约能源和保护环境的效应

高速铁路是客运方式中最环保的交通方式，其能源消耗量和二氧化碳的排放量都较小。对城市环境也基本上不造成化学上的污染。高速铁路对土地的占用也较小。高速列车虽然也会产生较大的噪声和振动，但沿线一般都安装了降噪音的幕墙，这就使得它所产生的噪声远远低于高速公路。

（九）消费效应

随着大量的人口涌入，以及世界各地旅游人口的进入使得消费效应更加显著，消费效应是指绝对消费人群的增加而带来的巨大经济效益。从现状看，消费效应主要是通过游客数量增加来实现的。上海、南京、杭州及周边的其他城市都有极其丰富的旅游资源，在高铁开通前就已经吸引了众多的海内外游客，高铁开通后将会更加有利于开展短途的旅行线路。杭州到南京只要一个半小时，这也就是说南京的游客可以当天往返看西湖，杭州的游客也可以很快到达南京去欣赏名胜古迹。

（十）建设效应

高铁的建设是一项交通基础设施建设，需要大量的投资。其建设过程需要大量的生产要素以及劳动力和资本要素，多种要素被激活利用，可以极大地拉动区域经济。高铁的建设对建筑材料和动力燃料的大量需求，可对区域及周边地区能源采掘业、机车制造业、建材、机车零部件制造、通信信号设备生产等配套设施与相关产业发展起到拉动作用。另外，与此相关的运输设施制造加工业、多种控制系统和检测系统的制造业等也将会得到发展，这些为现代制造业、钢材制造及新材料产业等第二产业的进一步发展提供了便利条件。

四　高铁建设可能引起的负溢出效应

（一）虹吸效应

高铁的运营会改变其所在地区间的可达性与吸引力，从而提升该区域的区位优势，进而改变企业和居民的区位选择模式，也将改变生产要素的流动方向，在交通一体化与经济一体化的过程中，经济圈内的大城市发展可能以区域内小城市的经济衰退为代价。由于大城市积累了多方面的先发优势，包括强大的科技力量、完备的基础设施、优越的协作条件、雄厚的资本以及集中的消费市场。交通的便捷性将加快落后地区的生产要素向发达地区的聚集，从而对落后地区的经济发展产生一定的消极影响，这是高铁开通产生的负溢出效应——虹吸效应。高铁通过改变区域内的可达性和吸引力，提升区位优势，改变厂商和个人的区位选择模式，诱发和推动生产要素的流入，形成区域经济增长极，导致对周边区域的"剥夺"。其结果是周边的中小城市的劳动力和资本等各种要素都有可能被抽空到中心城市，造成中小城市的发展反倒不如高铁开通以前的局面，凸显区域经济非均衡发展态势。因此，为规避和减弱负溢出效应，对于那些边缘城市，在自身优劣势均被放大的前提下，需要重新调整和确定自身经济发展战略，加强对外交流与合作，提高经济开放度，积极融入区域产业分工与协作体系，努力提升本地区区域经济的综合竞争实力。

（二）替代效应

替代效应，主要是指空间上的替代效应，高铁运输会与航运、公路和普通铁路运输形成竞争关系，也存在着一定的相互替代性。一般而言，在1000公里以下的短距离内，高铁运营在运行时间、运营成本上比民航航班有优势；但在1000~2000公里长途线路上，民航航班则更有优势。在短距离运输中，高铁与高速公路、普通铁路的竞争与替代关系也非常突出。因此高铁建设要考虑与其他运输方式的替代关系。注意市场风险、高铁运输与航运、公路以及普通铁路运输等其他运输基础设施之间，存在一定的相互替代性，所以要处理好这种相互替代的关系。在高铁纳入交通基础设施体系基础上，需要进一步调整和完善交通体系，提高科学性和合理性。同时，切实保障居民的出行选择权，更好地满足多元化运输需求，发挥交通基础设施在区域经济发展中的作用。

五　高速铁路对一小时经济圈的影响力分析

（一）高速铁路提高圈内城市的空间可达性

1. 空间可达性的概念

可达性是指一种在适当时间到达指定地点并依靠交通设施的能力。它的高低取决于人的移动性，即人的移动能力和由于移动而达到目的的机会。而人的移动性排除人们自身因素外（如身体健康程度、贫富状况等），直接与采用的交通方式、道路通行能力、交通基础设施的质量、交通网络的完善程度相关。

可达性是区域之间进行商品、技术、资金、信息等传输的基本条件。一般而言，可达性受以下因素的影响：第一，空间距离和运输时间。区域之间的运输距离和运输时间影响联系的效率，从而进一步影响可达性。第二，被传输客体的可运输性。可传输性与客体的经济运距有着密切的关系。

由于经济支付能力、时间、心理等方面的限制，各种商品、人口、技术的经济运距是不同的，亦即他们的可运输性存在较大的差异。第三，区域之间是否存在政治、行政、文化和社会等方面的障碍。第四，区域之间交通基础设施的便捷性，如连通度等指标。

交通可达性可对经济圈内的空间联系的加强和结构的演化起决定性作用。可达性是城市体系内城市间进行商品、技术、资金、信息等交流的基本条件，可达性的增强使城市间运输距离和运输时间缩短，经济社会联系效率提高，城市或区域之间进行密切的政治、经济、文化、社会交流。并且，交通可达性与交通网络的结构和能力也有很强的联系，它们共同作用改变着城市体系的空间形态。交通技术的每一次创新都会在以前的基础上大大提高城市的空间可达性，从而塑造一种城市体系空间组织形态的特殊模式。

2. 高速铁路提高经济圈内城市的空间可达性

衡量可达性的主要指标是通行时间，通行时间不仅取决于运输工具的速度，还取决于运输工具所需要的其他交通运输组合，而高速铁路的优势在于在一定的距离内，运行时间较短，虽然高铁的车站不都是在市区内，但通过配套公共交通系统可以弥补这一缺点，因此，总体上运行时间较短；高速铁路作为一项公共基础设施，价格制定也比较合理。因此，高铁建成后将会显著提高区域内的可达性。

表 8 - 2　长三角地区主要路线高铁开通前后运行时间表

	现阶段	距离	高铁开通后
上海—嘉兴	46 分钟	约 109.3 公里	27 分钟
上海—杭州	1 小时 52 分钟	约 226.8 公里	52 分钟
上海—绍兴	2 小时 39 分钟	约 285.0 公里	1 小时 21 分钟
上海—宁波	4 小时 20 分钟	约 343.8 公里	2 小时 01 分钟
上海—苏州	1 小时 01 分钟	约 106.9 公里	25 分钟
上海—无锡	1 小时 37 分钟	约 147.1 公里	42 分钟
上海—常州	2 小时 07 分钟	约 190.9 公里	58 分钟
上海—南京	3 小时 46 分钟	约 329.6 公里	1 小时 14 分钟
南京—嘉兴	5 小时 03 分钟	约 353.5 公里	1 小时 45 分钟
南京—杭州	6 小时 09 分钟	约 351.3 公里	1 小时 14 分钟
南京—绍兴	6 小时 56 分钟	约 409.5 公里	1 小时 47 分钟

续表

	现阶段	距离	高铁开通后
南京—宁波	8 小时 37 分钟	约 522.5 公里	2 小时 30 分钟
南京—苏州	2 小时 23 分钟	约 255.4 公里	1 小时 12 分钟
南京—无锡	1 小时 51 分钟	约 209.4 公里	55 分钟
南京—常州	1 小时 20 分钟	约 148.9 公里	31 分钟
杭州—嘉兴	1 小时 20 分钟	约 91.7 公里	29 分钟
杭州—绍兴	41 分钟	约 61.3 公里	21 分钟
杭州—宁波	2 小时 22 分钟	约 174.3 公里	1 小时
杭州—苏州	3 小时 11 分钟	约 182.8 公里	1 小时 46 分钟
杭州—无锡	3 小时 42 分钟	约 234.7 公里	1 小时 29 分钟
杭州—常州	4 小时 12 分钟	约 283.1 公里	2 小时 14 分钟
杭州—南京	5 小时 51 分钟	约 352.6 公里	1 小时 29 分钟

数据来源：铁道部 12306 网站以及百度地图。

表 8 - 2 显示了沪宁杭高速铁路修建前后形成的一小时经济圈的覆盖城市范围和通行时间变化，表明沪宁杭高速铁路修建后对区域内城市间可达性的影响。根据计算，设计时速为 350 公里/小时的宁杭高速铁路建成后，从南京乘高速列车到杭州只需要一小时十四分钟，从上海乘高速列车到南京也只需要一小时多一点，从上海到苏州乘高速列车只需要半小时，高速铁路沿线其他城市之间的通行时间也大大缩短。现在，苏州、无锡、常州、南京、杭州等大中型城市都将纳入以上海为中心的一小时经济圈，有利于这些城市的同城化，以及经济上的一体化，加强区域竞争力，向外辐射带动的能力也将逐渐加强，对于周边经济落后的山东、安徽等地也有很强的拉动作用。

（二）高速铁路提高经济圈内城市相互吸引力，增强空间相互作用

高速铁路明显地改变了城市间的物流、人流和信息流的密度，而这种城市间"流"的密度实际上反映了城市空间相互作用的大小。因此可以通过计算高速铁路开通前后相邻城市间相互作用大小的变化来分析高速铁路对一小时经济圈的经济发展的影响。

目前分析城市空间相互作用的数学模型主要是引力模型。引力模型也称重力模型，是研究各种事物间相互作用的最简单也是最重要的数学模型。赖利（Reilly）通过对贸易区、市场边界和服务区的考察后提出：一个城市

从其周围某个城镇吸引到的零售顾客数量与该城市的人口规模成正比，与两地间的距离成反比。他借用牛顿的万有引力公式来描述城市间的空间相互作用。引力模型的应用使人们解决了经济地理事物间相互作用分析的一些问题，然而在实践中人们也发现，应用该模型的计算结果往往与实际有一些明显出入。因此在实际的研究中都是对赖利提出的引力模型进行修正，其中以汉纳斯和弗德林汉姆（Haynes & Fotheringham）提出的调整后的引力模型应用最为广泛：

$$I_{ij} = K \frac{P_i^\lambda P_j^\alpha}{r_{ij}^\beta} \tag{8-1}$$

式中，K 为介质比例常数，α、λ 为弹性指数，用于调整人口规模因子对引力的影响。P_i、P_j 一般表示城市 i 和 j 的人口规模，根据实际情况也可用其他反映城市规模实力的指标。r_{ij} 是城市 i 和 j 之间的距离，一般以公里为计量单位。但随着各种现代化运输工具的发展，现在通常用时间距离来取代传统的空间距离，因为空间距离不一定能准确反映空间距离产生的成本。r 为测量距离摩擦作用的指数。在距离因子上加上 β，是表明距离与相互作用量是否成比例地变化。

应用引力模型计算沪宁杭高速铁路沿线三大经济中心上海、南京、杭州与其他城市间由于高速铁路的开通而引起空间引力值的改变。由于本文研究主要是观察现有普通铁路与高速铁路对城市间引力影响的相对关系，故取值不影响判断，这里取 k、α、β 均为 1。指标 p 采用反映各个城市的国内生产总值（GDP）和人口数量的综合指标，其中 GDP 和人口数量在指标中权重各占 50%。以南京市的 GDP 和人口数量分别作为基数 1，经换算得出其他城市的 p 指标值，见表 8-3。

表 8-3 长三角一小时经济圈内各主要城市 p 值

单位：亿元，万人

城市	GDP	常住人口	GDP 指标	人口指标	p 值
上海	19195.69	2347.46	3.12	2.90	6.02
嘉兴	2677.09	343.05	0.44	0.42	0.86
杭州	7019.06	695.71	1.14	0.86	2.00
宁波	6059.24	576.4	0.99	0.71	1.70
绍兴	3332.00	440.01	0.54	0.54	1.08

城市	GDP	常住人口	GDP 指标	人口指标	p 值
湖州	1520.06	261.05	0.25	0.32	0.57
苏州	10716.99	1051.87	1.74	1.30	3.04
无锡	6880.15	643.22	1.12	0.79	1.91
常州	3580.99	464.97	0.58	0.57	1.16
南京	6145.52	810.91	1	1	2

数据来源：根据《上海市统计年鉴2012》《江苏省统计年鉴2012》《浙江省统计年鉴2012》计算整理而得。

由于高速铁路的开通，与空间距离相比，时间距离的改变更为明显，所以本文采用时间距离作为 r_{ij} 的指标来计算高速铁路开通前后的城市间引力的变化。由于 r_{ij} 已取交通时间，β 值则可取 1。利用式（8 - 2）计算出沪宁杭高速铁路开通前后沿线各主要城市间引力变化情况如表 8 - 4 所示。

$$I_{ij} = \frac{P_i P_j}{r_{ij}} \qquad (8 - 2)$$

表 8 - 4　沪宁杭高速铁路开通前后上海、南京、杭州对其他城市的吸引系数比较

	原铁路			高速铁路		
	上海引力	南京引力	杭州引力	上海引力	南京引力	杭州引力
上海	—	3.20	6.45	—	9.76	13.89
嘉兴	6.74	0.34	1.29	11.48	0.98	3.55
杭州	6.45	0.65	—	13.89	3.24	—
宁波	2.36	0.39	1.43	5.06	1.36	3.39
绍兴	2.46	0.31	3.18	4.84	1.22	6.20
苏州	18.00	2.55	1.91	43.92	5.07	3.44
无锡	7.12	2.07	1.03	16.45	4.17	2.58
常州	3.29	1.73	0.55	7.20	4.48	1.04
南京	3.20	—	0.68	9.76	—	2.70

数据来源：根据《上海市统计年鉴2012》《江苏省统计年鉴2012》《浙江省统计年鉴2012》计算整理而得。

通过表 8 - 4 可以看出，与现有普通铁路相比，沪宁杭之间的高速铁路的开通使城市间的引力值成倍提高。高速铁路建成开通后，不仅三大城市各自间的吸引作用大大加强，而且这三大中心城市对沿线其他地市的引力

作用也有很大提高。南京主要是对周围的苏州、常州、无锡城市引力较大，同时对上海、杭州、宁波的引力也有很大的提高；杭州对绍兴、嘉兴、苏州、宁波有较强的吸引作用；上海不仅对江苏省内的苏州、无锡等城市引力大，还对沿线嘉兴、杭州等城市有较强的引力作用。引力提高说明高速铁路的开通，加强了区域内各城市之间的交流密度，从而有利于经济圈内各城市的分工协作，有利于提高圈内的总体经济水平，促进城市化的发展；同时，高速铁路的开通对提升大城市的影响力作用更为明显，它将使沿线城市更容易接受中心城市的经济辐射和产业转移。

六　高速铁路促进一小时经济圈发展的政策建议

（一）依托高速铁路，增强一小时经济圈整体经济实力

依托新建成的高速铁路，形成区域一小时经济圈，通过强化区域内优势产业，形成产业集群，增强产业竞争力，从而提升区域内各城市的经济实力，同时，加强城市间的合作，以城市的联动发展提升城市体系整体的实力。

1. 依托高速铁路的建成，培育产业集群，增强城市经济实力

长三角地区一直是中国最发达的地区之一，其区域内的城市一般都拥有比较雄厚的工业基础，这些地区在发展过程中可依托既有的高速铁路线路，以及之前建成的线路等综合运输通道，发挥产业集聚效应和规模经济效应，不断强化现有产业发展基础。根据产业梯度转移理论，城市体系内尤其是江苏的苏北和浙江的衢州、丽水、舟山等地区境内城市都拥有相对低廉的商务成本及能源和原材料优势，且有丰富的劳动力资源优势，这些条件都便于吸引上海、苏州等大型城市的劳动密集型产业和部分资金密集型产业的转移，承接国际的先进的技术，提升产业技术水平，通过激发自身经济技术实力，强化现有产业基础。城市体系内湖州、嘉兴等城市可通过纳入一小时经济圈将区域内劳动力、资金等流动资本吸引过来，加强产业基础。

一小时经济圈内的各城市应根据本地的资源禀赋优势和经济社会发展的实际情况，培育适合当地发展的优势产业集群，以产业集群提升城市经济实力，以及整个经济圈的竞争力。可依靠原有的主导产业与产业基础，

提高产品附加值，构建完善的产业链条，提升产业集聚度，选择优势产业培育产业集群，通过产业大规模集聚，形成块状经济发展区，使上下游企业高度聚集。在产业集聚中，有竞争力的产业可提升其互补产业，延伸产业的前后向联系，深化产业分工。区域内应把上海打造成产业研发、航运集散、金融服务、技术咨询等的集聚和扩散基地。同时提升江苏、浙江在制造业和装备工业发展上的优势。

2. 推动城市间合作，促进城市体系联动发展

一小时经济圈不仅要求经济实现一体化，同时更要求行政管理以及区域发展一体化，为了实现区域内的联动发展，省市各级政府应该打破行政管理机制的束缚，淡化行政区域概念，加强各城市之间的横向交流与合作，实现城市之间的协调发展，使城市体系走向区域经济一体化。一切要以市场资源配置为主导，保证各类经济要素在城市间顺畅合理地流动，鼓励企业跨区域的有序合作与竞争，保证公平的市场秩序，实现利益共享，资源共通。避免恶性竞争、混乱管理以及盲目发展。

现在，长三角一体化已经提升至国家层面，而且，浙江、江苏、上海两省一市的政府领导和部门负责人，定期举行正式和非正式的会议，举办长三角地区发展国际研讨会，共同协商长三角的发展与前进方向，更好的实现区域内各城市的互利共赢，最大化区域内各城市的共同利益。

（二）强化正的溢出效应同时避免负的溢出效应

缪尔达尔提出的"循环累积因果理论"认为在区域经济发展过程中，较发达地区与不发达地区之间不断地相互作用产生了不断增加的内部经济与外部经济，使核心地区表现为一种上升循环的正反馈运动，边缘区则相反地表现为下降的负反馈运动，由此产生和拉大了区域差异。在这两种运动过程中存在着扩散效应与回波效应的斗争。美国经济学家阿尔伯特·赫希曼（Albert Otto Hirschman）提出了涓滴效应和极化效应的概念，他认为，从短期看，增长极会不断吸引周围落后地区的资本、技术、人才向中心集中；两地之间的经济差距会日益扩大；但从长期看，由于经济发展到一定程度，增长极会产生聚集不经济，从而促进产业向四周扩散，地域上的涓流效应将超过极化效应，以缩小两地间经济发展差距。

这也就要求小城市在短期内不要太看重内部的资源转移，也即虹吸极化效应，因为长期来看，这些失去的资源将会通过涓滴和回流效应反馈回

来，在已经形成一小时经济圈的基础上，各个城市要充分利用自己的优势，克服自身的劣势，努力提升自己的经济实力。长三角形成以上海为中心，其他中小城市为外围的一个区域结构，各中小城市首先要认可上海作为中心城市的地位不动摇，而上海作为中心城市也要积极去帮助扶持周边的中小城市。

同时一小时经济圈内的各城市在今后的发展中应弱化行政区划边界，实现经济要素跨区域顺畅流动，加速发展大城市，积极推动中小城市和城镇的发展，形成层次、等级合理的规模结构体系。各城市在发展中应利用交通条件改善所带来的时空效应与集聚效应，注重巩固上海、无锡、苏州、南京这些超大城市在城市体系中的核心地位，采取有效的措施适当壮大这些城市的人口规模，降低人口流动的门槛，通过高铁的通道吸引各种高素质的人才流入，加强人口效应，并优化超大城市的制度环境，推进社会保障、社会福利等配套建设，使超大城市人口规模不断扩大，步入良性循环的轨道，同时发挥他们的辐射带动作用，带动其他城市的发展。

加快提升无锡、南京、苏州等大城市的经济实力，通过内涵挖掘和外延扩张相结合的方式壮大大城市的实力，将无锡、南京、苏州等城市培育为特大城市等级，弥补经济圈内在特大城市一级所存在的断层，并壮大广大县级市的城市规模，使其成为支撑城市体系规模结构的中坚力量，通过发展城市第二、三产业，增强其对区域经济发展的作用，提高其对腹地农村地区的吸引和辐射能力。发展具有特色和专业化特点的小城市，让一部分基础条件较好的小城镇发展成为小城市，在高速铁路所带来的辐射效应下壮大城镇规模，推动经济圈内城市化进程。同时发挥这些城市增长极的辐射作用，带动周边城镇和农村地区的发展。

（三）经济圈内各个城市要做好各自的功能定位，优化完善城市功能结构

城市的功能定位对于一小时经济圈的经济发展至关重要，经济圈内各城市要综合考虑自身资源优势、经济社会发展基础、产业发展现状等多方面因素，遵循产业更替演进规律，把城市的功能定位做好，使各城市之间成为综合性功能结合的城市群。各城市要做好职能分工，避免产业结构雷同，发展各自的优势产业，并不断提升产业结构层次，以高水平的产业集群作为城市功能升级的突破口，形成分工合理、协调发展的城市功能体系。

根据《长江三角洲地区区域规划》的要求，长三角将形成以上海为核心的"一核九带"空间格局。其中，"一核九带"是指以上海为核心，沿沪宁和沪杭甬线、沿江、沿湾、沿海、沿宁湖杭线、沿湖、沿东陇海线、沿运河、沿温丽金衢线为发展带的空间格局。

表 8-5　一小时经济圈内各主要城市的功能定位

城市	功能定位
上海	强化上海国际大都市综合服务功能,充分发挥服务全国、联系亚太、面向世界的作用,增强高端服务功能,建成具有国际影响力和竞争力的大都市。
南京	建设先进制造业基地、现代服务业基地和长江航运物流中心、科技创新中心。
苏州	建设高技术产业基地、现代服务业基地和创新型城市、历史文化名城和旅游胜地。
无锡	建设国际先进制造业基地、服务外包与创意设计基地和区域性商贸物流中心、职业教育中心、旅游度假中心。
杭州	建设高技术产业基地和国际重要的旅游休闲中心、全国文化创意中心、电子商务中心、区域性金融服务中心。
宁波	推动宁波—舟山港一体化发展,建设先进制造业基地、现代物流基地和国际港口城市。
常州	建设以装备制造、新能源、新材料为主的先进制造业基地和重要的创新型城市。
湖州	建设高技术产业引领的先进制造业基地和文化创意、旅游休闲城市,成为连接中部地区的重要节点城市。
嘉兴	建设高技术产业、临港产业和商贸物流基地,成为运河沿岸重要的港口城市。
绍兴	建设以新型纺织、生物医药为主的先进制造业基地和国际文化旅游城市。

资料来源：根据《长江三角洲地区区域规划》整理而得。

七　结论

本章将定量与定性研究方法相结合，分析高速铁路对促进一小时经济圈发展所产生的溢出效应，通过分析，得出如下主要结论：

高速铁路对于区域内都市圈的经济发展有巨大的溢出作用，其中既包括正的溢出效应也包括负的溢出效应，这就要求各地在提高正向溢出效应的同时，努力避免负向溢出效应。在空间方面，高铁的建成使一小时经济圈的范围逐渐扩大，相应的空间可达性得到极大提高；引入引力模型计算得出，以沪宁杭高速铁路为例，高铁开通后，上海、南京、杭州三省级城市对其他城市的吸引系数值较现在有成倍的提高，城市空间相互作用由于吸引系数的增长将得到明显提升；随着城市体系内城市之间、城市群间联系的加强，逐渐将形成以上海为中心的沪宁杭一小时经济圈，以及以上海为中心的长三角经济圈，加快经济圈内的各种要素的流动，也将提升圈内各城市的竞争能力。

在功能结构方面，高速铁路将强化经济圈内城市的一般功能，并主要通过促进产业分工对城市特殊功能产生影响，形成经济圈内各城市发展具有自身特色和优势的城市产业并促进形成产业集群，发挥集聚优势。高速铁路将推动区域内产业的集聚和扩散，促进铁路沿线交通运输业、商贸流通业、高新技术产业、旅游业、现代制造业等优势产业的发展，提升产业结构层次，促进基于产业分工的城市分工职能。

最后本文提出促进一小时经济圈经济发展的政策建议，分别为依靠高铁增强经济圈内城市的整体经济实力，同时推动各城市间合作，以城市的联动发展提升城市整体的实力，并对如何利用正效应同时避免负效应，以及如何完善合理的功能结构提出了政策性建议。

专题九

"中国制造" 背后的思考

一 背景与意义

从改革开放至今，在短短的几十年中，中国经济取得了飞速的发展，国际地位得到提升。发展的背后，"中国制造"所做的贡献是不言而喻的。"Made in China"的标签在世界各地随处可见，中国俨然成为世界加工厂，在全球制造产业链中处于重要地位。统计数据显示，2009 年中国 210 种工业品产量全球第一。家电、皮革、家具、羽绒制品、陶瓷、自行车等产品占国际市场份额 50% 以上。出口总额为 82029.7 亿美元，超越德国成为世界第一大出口国。"中国制造"为中国赚取了大量的外汇，提供了大量的就业岗位，推动了国家经济结构和产业结构的优化升级，奠定了中国企业稳步发展的基础。

"中国制造"以高速增长占据国际市场的同时，我们也应该清醒地意识到"中国制造"在发展过程中存在的忧患与困惑，这些问题正在遏制与阻碍"中国制造"进一步开拓国际市场的步伐，使中国制造企业面临生存的压力。一方面，"中国制造"处于全球制造产业链的中间环节，即加工和组装环节。产品附加值低，以劳动密集型和资源密集型产品为主，依托人力低成本优势，竞争力薄弱，在耗费了大量的资源与能源的同时，仅仅赚取了较低的利润。而产品的研发、设计和国际营销等几个增值空间较大的环节中，"中国制造"的大多数企业处于竞争劣势。另一方面，全球经济的不稳定性给中国经济带来冲击的同时，也给"中国制造"在国外市场的发展带来了前所未有的机遇。自 2008 年美国次贷危机引发全球金融危机开始，

197

国外贸易保护主义势力抬头，国外需求下降，人民币遭遇升值压力，使得"中国制造"面对的形势更加严峻。与此同时，中国国内劳动力成本的上升，能源和原材料价格上涨等因素使得"中国制造"的出口企业利润空间进一步缩小，生存压力加大，甚至部分企业面临破产倒闭局面。更值得我们关注的是，中国正逐渐失去作为"世界加工厂"的优势，即低成本优势，已经有部分外商撤资将资金投向东南亚等新兴国家。在这样的大背景下，我们应该从全新的视角来审视"中国制造"，改变"中国制造"在全球制造产业链中的传统地位，提高产品附加值，加强自主创新和研发能力、拥有自主知识产权、打造世界知名品牌、提升国际贸易水平和产品形象，以新的姿态参与国际竞争。

二 "中国制造"的发展及现状分析

（一）"中国制造"的发展历程

1. 1949～1978 年为外贸发展的计划经济体制时期

1949～1978 年，中国建立了高度集中统一的外贸经营管理体制，进出口严格按照国家计划进行，出口实行收购制，进口实行拨交制，盈亏由国家统负。基于当时的国情，中国的贸易伙伴国主要是苏联及东欧社会主义国家。该时期中国与资本主义国家的外贸活动主要通过香港这个国际自由港进行，但外贸量有限。

2. 1978～2001 年为外贸发展的经济转轨时期

改革开放以后，在以广东、浙江为代表的沿海开放地区，中国企业开始为欧美及港台企业进行接单生产及原件组装，贴有"Made in China"标识的产品在国际市场上的价格竞争力明显，很快便走向了世界各地，"中国制造"的概念也因此产生。1994 年中国开始了以与国际接轨为导向的体制改革，这一年对外贸易规模首次突破 2000 亿美元关口，达 2366 亿美元。1998 年中国出口导向型经济发展战略的效应开始逐渐显现。当时的亚洲金融危机使得韩国、印尼、泰国，甚至中国台湾的经济都受到了冲击，出口衰退。在亚洲经济几乎崩溃的背景下，中国的出口额在当年仍保持了微量的增长，增长率为 0.5%。对外贸易出口总额从 1994 年的 1210.06 亿美元上升至 2001 年的 2660.98 亿美元。

3. 2002 年至今与国际经济全面接轨下的外贸发展

2001 年 12 月 11 日中国加入世界贸易组织，为中国对外贸易的发展创造了一个很好的时机。2002 年开始中国外贸经济增速加快，"中国制造"开始在世界大行其道。这一年中国出口额突破 3000 亿美元，达到 3256 亿美元，增速为 22.36%，2003 年为 4382.28 亿美元，增速为 34.59%，2004 年为 5933.3 亿美元，增速为 35.39%，2005 年为 7619.5 亿美元，增速为 28.42%，2006 年为 9689.8 亿美元，增速为 27.17%，2007 年为 12204.6 亿美元，增速为 25.95%。2008 年全球金融危机爆发，全球经济低迷，而高速发展了近 10 年的"中国制造"，也在这一年里遭受了沉重的打击。2008 年，中国出口的增速为 17.23%，是入世 7 年来首次低于 20%。2009 年，年度出口增速是入世以来的首次负增长，为 -15.88%。尽管如此，2009 年，中国的出口额首次赶超德国，跃居世界第一。随着中国对外出口规模的急剧攀升，"中国制造"日益成为国内外关注的焦点。

表 9 - 1　1994~2009 年中国出口额和增长速度

单位：亿美元

年份	出口额	同比增长(%)	年份	出口额	同比增长(%)
1994	1210.1	31.9	2002	3256	22.36
1995	1487.8	22.95	2003	4382.28	34.59
1996	1510.5	1.52	2004	5933.3	35.39
1997	1827.9	21.02	2005	7619.5	28.42
1998	1837.1	0.5	2006	9689.8	27.17
1999	1949.3	6.11	2007	12204.6	25.95
2000	2492	27.84	2008	14306.9	17.23
2001	2660.98	6.78	2009	12016.1	-16.01

数据来源：《中国统计年鉴》2010 年。

（二）对外贸易结构现状分析

1. 贸易大类的总体失衡

（1）中国加工贸易的结构分析

表 9 - 2 1981～2012 年 (部分年份) 加工贸易出口额占总贸易出口额的比例

年份	加工贸易出口额 (亿美元)	出口总额 (亿美元)	加工贸易出口额占总出口额 比例(%)
1981	11.31	220.10	5
1986	56.20	309.40	18
1991	324.30	718.40	45
1996	843.30	1510.50	56
2001	1474.33	2661.00	55
2006	5103.55	9689.40	53
2007	6176.60	12180.20	51
2008	6751.80	14285.50	47.26
2009	5298.30	12016.60	44.09
2010	7403.30	15779.30	46.92
2011	8354.20	18986.00	44
2012	8627.80	20489.50	42.11

数据来源:国家商务部网站 (http://www.mofcom.gov.cn/article/tongjiziliao/)。

由表 9 - 2 我们可以看出,从 20 世纪 90 年代中期开始,加工贸易进出口总额在进出口总额中的占比就超过了一般贸易,并且持续到今天。从中我们可以看出加工贸易在中国对外贸易中的重要性。

在 2012 年的进出口总值中,一般贸易总值为 9880.2 亿美元,占 2012 年进出口总额的 48.22%,加工贸易总值则达到了 8627.8 亿美元,占 2012 年总额的 42.11%。从数值上看,一般贸易的比例与加工贸易的比例差别似乎不大,加工贸易所占比例甚至略低于一般贸易的比重,但是这两种不同性质的贸易方式对国民经济的贡献却大不相同。加工贸易"两头在外",基本上是外国生产要素与中国廉价劳动力的结合并采用中国出口的形式,产品优势与销售渠道作为两大核心因素都属于外资,统计时表面上扩大了就业与外汇收入,但对国民经济的结构进步影响较小,它所带动的国内产业发展与技术进步有限。而一般贸易,从研发、生产到销售等各个环节基本上都跟国民经济的发展水平紧密挂钩,其较长的产业链对 GDP 的进步能起到其他贸易所达不到的作用,由于中国工业底子薄弱,在开放初期为了引进外资,在外贸形式上我们大量地采用了加工贸易方式,现在中国已经成为全球第二大贸易国,但是加工贸易在外贸总额中仍然保持了高比例,一方面与中国的贸易大国和准经济强国身份不符,另一方面也体现出中国的外贸大类结构严重不平衡，长此以往，外贸进出口对国民经济增长的贡献必将出现下降。

（2）中国的加工贸易在"微笑曲线"中的位置

微笑曲线的最初定义来自台湾宏碁总裁施振荣先生。他认为现代 PC 行业有一个基本规律：PC 产业中设计与生产芯片和基础软件是利润高的一头，应用和系统集成也是利润高的一头，而中间组装整机的附加值最低，形成一条向上弯曲的曲线，形象地被称为"微笑曲线"。以后，微笑曲线的概念不断扩大。不仅在 PC 行业，在制造业和其他领域也得到广泛的使用。同时作为企业内部的价值链。有人提出：一个合理的企业结构应该是哑铃型的，研发与营销的投入是均衡的两头之重，在研发和营销资源的投入要远远重于在人事、生产和财务上的投入，营销和研发在企业价值链上所产生的附加价值是高的。如图 9 - 1 所示：

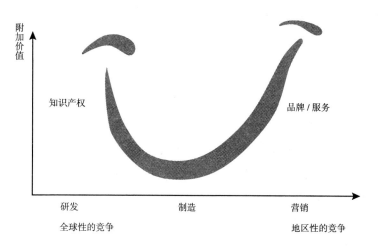

● 微笑曲线就是一条说明产业附加价值的曲线：从横轴来看，由左至右代表产业的上中下游，左边是研发，中间是制造，右边是营销；纵轴则代表附加价值的高低。以市场竞争形态来说，曲线左边的研发是全球性的竞争，右国的营销是地区性的竞争。

图 9 - 1 微笑曲线

据国务院发展研究中心和商务部有关专家报告称，在中国从事加工贸易的企业中，有 67% 仍从事劳动密集型生产，从事技术密集型和资本密集型生产的分别为 17% 和 8%，即只有 25% 的加工贸易企业属于资本技术密集型。也就是说在整个加工贸易的研发、设计、制造、仓储、运输、销售、服务等环节构成的价值链中，中国企业从事的往往是对零件或原辅材料的初级加工、装配和组装等劳动密集型环节，在价值链环节中所占比例少。中国有 67% 的加工贸易企业从事的是劳动密集型生产，研发能力有限。同时中国加工贸易企业中外资占 8% 以上，外资掌握了核心技术和营销渠道。另外，中国虽然占世界贸易份额日益增大，经济大国地位和贸易大国地位日益巩固，但自主品牌产品出口少，中国各类进出口企业中拥有自主商标的不到 20%，全国自主品牌产品出口占出口总量的比重不足 10%。以纺织业为例，中国是纺织品出口大国，但 50% 的服装是采取来料加工的方式出口，30% 以上由进口商提供商标、款式，进行来料加工，自主品牌出口只占 10% 左右。

综上所述，从"微笑曲线"理论的角度看，我们的加工贸易整体处于"下颚"部分，附加值低，利润空间小，与供应链上高附加值的上游部分（研发和主要零部件的生产）和下游部分（销售以及售后服务）形成鲜明反差。发达国家通过向发展中国家采购，一方面压低制造工序的费用，同时专门从事附加值最高的微笑曲线两端的上游和下游工序。而且随着竞争越来越激烈，定价权又不掌握在我们的手里，外商通过转移定价等方式，降低加工制造环节的增值率，从而利润空间越来越小，"微笑曲线"将会越来越陡峭。《芭比娃娃与世界经济》中列举了例子，从中可以看出我们处于"微笑曲线"中游地位的加工贸易利润是多么的微薄。从中国进口的"芭比娃娃"玩具，在美国的零售价为 9.99 美元，而从中国的进口价仅为 2 美元。在这 2 美元中，中国仅获得 35 美分的劳务费，其余 65 美分用于进口原材料，1 美元是运输和管理费用。再具体一些，在美国的 7.97 美元用于美国境内的运输、市场零售、广告、批发及利润，每个芭比娃娃仅广告费即达 50 美分；而在剩下的 2 美元中，中国香港占了 1 美元的管理运输费，中国台湾、日本、美国及沙特阿拉伯方占了 65 美分的原料费，剩下的 35 美分由中国获得了劳务费，包括厂房、劳动力和电力。

（3）中国加工贸易处于"微笑曲线""下颚"的原因分析

第一，中国加工贸易企业自主创新能力弱，品牌创新意识不够。

中国加工贸易企业主要集中在纺织、服装及制鞋等劳动密集型产业。虽然从 2000 年以来，加工贸易产品中资本和技术密集型产业比例有所升高，但是，这些产品的生产主要依赖于外商投资的资本和技术，加工贸易企业的产品制造能力、技术水平、资金都表现不足，因而自主创新能力有限。同时，加工贸易企业大多是代工工厂，没有自主的品牌，自主创新意识也不强。

第二，加工贸易长期以来是"两头在外，大进大出"的发展模式。

"两头在外"是指把生产经营过程的"两头"即原材料和销售市场放到国际市场上去。在这种模式中一方面要大量进口原材料中间产品，另一方面核心技术和销售渠道由外商所控制，中方只参与简单的加工环节。使得中国的加工贸易在国际分工中处于"微笑曲线"的中间部位。

第三，现行加工贸易国内采购率低，阻碍了加工贸易向附加值高的工序的延长。

一方面，现行的税收政策规定加工贸易中来料加工贸易对进口料件保税，而国产料件进项税金转入成本。加工贸易企业如果采用国内厂商提供的材料产品必然使成本提高，缺乏竞争力。在加工贸易中有相当数量的来料或进料都是国产原料出口后又输入内地的；另一方面，国内企业生产的材料和零件在质量、规格和成本等方面达不到加工贸易的质量要求。这一状况使加工贸易企业都采用从国外进口中间品的方式，加工贸易产业价值链在国内的延伸受到阻碍。

第四，加工贸易的深加工不足。

加工贸易半成品的结转深加工包括转厂和转关两种形式。转厂是指加工贸易企业将保税料件加工的产品结转至另一直属海关关区内的加工贸易企业深加工后复出口的经营活动。转关是指一加工贸易企业将进料或来料加工至半成品后，在保税的状态下销往两个不同的关区的加工贸易企业。目前，加工贸易企业在办理结转时，经常受到限制，且所需时间长，有时难以如期结转。一些外资企业甚至不得不采取先出口香港复进口的做法。

第五，在全球经济一体化的今天发达国家将附加值低的生产环节向中国转移，发达国家的企业为了寻求资源的最优配置，将劳动密集型产业转入中国。由于中国人口众多，劳动力资源丰富，加之政府政策上一直鼓励吸收外资，并给予外资企业税收上的特殊待遇，外资利用程度非常高。而现阶段，外资企业并不把供货渠道、技术开发、产品营销等经营环节带到中国，主要是利用我们低廉的劳动力资源来进行劳动密集型生产谋取利润。

2. 中国的对外贸易产品结构现状

（1）出口贸易产品结构分析

表 9 - 3　1994～2010 年中国出口商品结构

单位：亿美元

年份	总额	初级产品分类						工业制成品分类					
		初级产品	食品及主要供食用的活动物	饮料及烟类	非食用原料	矿物燃料、润滑油及有关原料	动、植物油脂及蜡	工业制成品	化学品及有关产品	轻纺产品、橡胶制品、矿冶产品及其制品	机械及运输设备	杂项制品	未分类的其他商品
2010	15779.3	817.2	411.5	19.1	116	267.00	3.6	14962.2	875.9	2491.5	7803.3	3776.8	14.7
2009	12016	631	326.28	16.41	81.53	203.74	3.2	11385	620.17	1848.16	5902.74	2997.47	16.29
2008	14307	780	327.62	15.29	113.19	317.73	5.7	13527	793.46	2623.91	6733.29	3359.59	17.1
2007	12177.8	615.1	307.43	13.97	91.16	199.51	3.0	11562.7	603.24	2198.77	5770.45	2968.44	21.76
2006	9689.4	529.2	257.23	11.93	78.6	177.70	3.7	9160.2	445.3	1748.16	4563.43	2380.14	23.15
2005	7620	490	224.8	11.83	74.84	176.22	2.7	7129	357.72	1291.21	3522.34	1941.83	16.06
2004	5933.26	405.49	188.64	12.14	58.43	144.80	1.5	5527.77	263.6	1006.46	2682.6	1563.98	11.12
2003	4382.28	348.12	175.31	10.19	50.32	111.14	1.2	4034.16	195.81	690.18	1877.73	1260.88	9.56
2002	3255.96	285.4	146.21	9.84	44.02	84.35	1.0	2970.56	153.25	529.55	1269.76	1011.53	6.48
2001	2660.98	263.38	127.77	8.73	41.72	84.05	1.1	2397.6	133.52	438.13	949.01	871.1	5.84
2000	2492	255	122.82	7.45	44.62	78.55	1.2	2237	120.98	425.46	826	862.78	2.21
1999	1949.31	199.41	104.58	7.71	39.21	46.59	1.3	1749.9	103.73	332.62	588.36	725.1	0.09
1998	1837.09	204.89	105.13	9.75	35.19	51.75	3.1	1632.2	103.21	324.77	502.17	702	0.05
1997	1827.92	239.53	110.75	10.49	41.95	69.87	6.5	1588.39	102.27	344.32	437.09	704.67	0.04
1996	1510.48	219.25	102.31	13.42	40.45	59.31	3.8	1291.23	88.77	284.98	353.12	564.24	0.12
1995	1488	215	99.54	13.7	43.75	53.32	4.5	1273	90.94	322.4	314.07	545.48	0.06
1994	1210.06	197.08	100.15	10.02	41.27	40.69	5.0	1012.98	62.36	232.18	218.95	499.37	0.12

数据来源：本表格根据海关历年数据汇总而成。

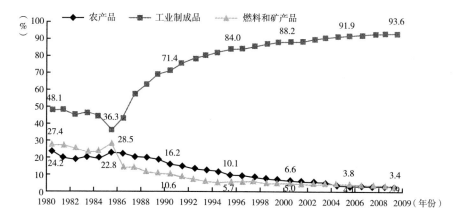

图 9 - 2 中国出口产品类型比重变化趋势

数据来源：海关总署（http：//www. customs. gov. cn/publish/portal0/）。

由表 9 - 3 可知，中国出口商品中，机械及运输设备出口占中国出口商品的近一半，达到 49.5%（2010 年），而制造业产品整体的出口达到 14962.2 亿美元，占出口总额的 94.8%，基本上中国的出口完全就是工业制造业的出口。产品结构非常单一。中国已进入必须以结构调整和转型升级促发展的新阶段。而农产品、燃料和矿产品的出口数量逐年下降，其所占比例几乎接近于零。这说明，在经济全球化的进程当中，对初级产品和原材料的需求已经不再那么强烈，依靠原材料和燃料等进行粗加工的劳动密集型经济活动已经不能带来较高的经济效益。经济的长足发展更多地依赖技术密集型和知识密集型的经济活动，而作为国民经济命脉的制造业成为世界各国支撑经济发展和增长的中流砥柱。

由于中国经济长期以来依靠外贸才取得较高的发展速度，而这是以数量求发展，而不是以质量取胜。在经济形势日益严峻的今天，中国的出口商品不能再仅仅停留在"中国制造"中，而应该提升出口产品的质量，提高相关企业的生产能力和技术水平，争取以硬质量、高技术、好口碑在世界贸易中占有一席之地。

（2）进口贸易产品结构分析

由图 9 - 3 可知，从 1994 年至 2003 年，中国农产品的进口数量逐年下降，燃料和矿产品的进口基本保持不变，从 2004 年开始，中国进口燃料和矿产品的数量有小幅度的增加。中国进口商品主要以初级产品和工业制成品为主，而工业制成品则是中国的主要进口商品，在工业制成品中，尤以机

表9-4 1994~2010年中国进口贸易结构

单位：亿美元

年份	总额	初级产品分类						工业制成品分类					
		初级产品	食品及主要供食用的活动物	饮料及烟类	非食用原料	矿物燃料、润滑油及有关原料	动、植物油脂及蜡	工业制成品	化学品及有关产品	轻纺产品、橡胶制品、矿冶产品及其制品	机械及运输设备	杂项制品	未分类的其他商品
2010	13948.3	4325.6	215.7	24.3	2111.2	1887	87.4	9622.7	1496.4	1311.1	5495.6	1135.3	184.4
2009	10059	2898	148.27	19.54	1413.47	1240.38	76.39	7161	1120.9	1077.39	4077.97	851.86	33.07
2008	11326	3624	140.51	19.2	1666.95	1692.42	104.86	7702	1191.88	1071.65	4417.65	976.41	44.09
2007	9559.5	2430.9	115	14.01	1179.1	1049.3	73.44	7128.6	1075.54	1028.77	4124.59	875.1	24.65
2006	7914.6	1871.3	99.94	10.41	831.57	890.01	39.36	6043.3	870.47	869.24	3570.21	713.11	20.3
2005	6600	1477	93.88	7.83	702.26	639.47	33.7	5122	777.34	811.57	2904.78	608.62	20.08
2004	5612.29	1172.67	91.54	5.48	553.58	479.93	42.14	4439.62	654.73	739.86	2528.3	501.43	15.29
2003	4127.6	727.63	59.6	4.9	341.24	291.89	30	3399.96	489.75	639.02	1928.26	330.11	12.82
2002	2951.7	492.71	52.38	3.87	227.36	192.85	16.25	2458.99	390.36	484.89	1370.1	198.01	15.64
2001	2435.53	457.43	49.76	4.12	221.27	174.66	7.63	1978.1	321.04	419.38	1070.15	150.76	16.76
2000	2251	467	47.58	3.64	200.03	206.37	9.77	1784	302.13	418.07	919.31	127.51	16.53
1999	1656.99	268.46	36.19	2.08	127.4	89.12	13.67	1388.53	240.3	343.17	694.53	97.01	13.52
1998	1402.37	229.49	37.88	1.79	107.15	67.76	14.91	1172.88	201.58	310.75	568.45	84.56	7.54
1997	1423.7	286.2	43.04	3.2	120.06	103.06	16.84	1137.5	192.97	322.2	527.74	85.5	9.09
1996	1388.33	254.41	56.72	4.97	106.98	68.77	16.97	1133.92	181.06	313.91	547.63	84.86	6.46
1995	1321	244	61.32	3.94	101.59	51.27	26.05	1077	172.99	287.72	526.42	82.61	6.93
1994	1156.14	164.86	31.37	0.68	74.37	40.35	18.09	991.28	121.3	280.84	514.67	67.68	6.79

数据来源：本表格根据海关历年数据汇总而成。

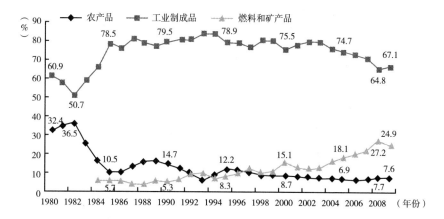

图 9 - 3 中国进口产品类型比重变化趋势

数据来源：海关总署（http：//www.customs.gov.cn/publish/portal0/）。

械及运输设备为主，2010 年中国的机械及运输设备进口额达 5495.6 亿美元，占进口总额的近 39.4％。中国是世界第一生产制造大国，可为何还要大量进口机械及运输设备？中国的生产和制造业多以中低端产品为主，由于不掌握核心技术，中国的中高端制造业一直处于弱势，而国内对中高端的设备需求旺盛，不得已只能从国外进口。由此可知，中国的制造业产业结构必须调整和升级，国家必须加大对中高端制造业的鼓励和扶持，积极发展高科技，高附加值的高端制造产业。

工业制成品在出口商品中所占的比重，是衡量一个国家工业化发展程度和出口商品结构优化程度的重要指标之一。1990 年在中国的出口商品中，25.6％属于农产品、矿物等初级产品，工业制成品的比重是 74.4％，其中轻纺、橡胶、矿冶产品等劳动密集型及资源加工型制成品又占到 20.3％，机械、运输设备等仅有不到 9％的份额。1995 年出口商品结构发生了很大的变化。工业制成品比重比 1990 年提高了 11.2 个百分点，达到 85.6％的水平；机械、运输设备的比重提高了 12.1 个百分点；机电产品出口额首次取代纺织品和服装成为第一大类出口商品。这标志着出口商品由劳动密集型为主向资本技术密集型为主转变。此后，机电产品出口占当年出口总值的比重逐步上升，上升至 2011 年的 57％，连续十几年保持第一大类出口商品的地位，成为中国对外贸易快速发展的重要支撑力量。

尽管如此，目前，中国的出口商品结构仍不合理，出口商品的技术水平附加值低，劳动密集型和资源密集型产品在出口中仍占主要地位，玩具、鞋帽、粗加工矿品、中药材等低附加值产品仍是中国重要的出口产品。就每年出口额最大的机电商品而言，其高科技产品不足15%，而在发达国家这一比例往往达到40%~50%。

3. 出口市场结构出现问题

1991年以来，亚洲地区始终是中国出口商品的主要市场，但占全部出口的比重基本呈逐年下降的趋势。由表9-5可知，1994年占全部出口比重的60.7%，1995年该比例上升至61.8%，1996年下降到60.4%，1997年又降低了0.8个百分点，2008年下降到46.42%，2009年为47.32%，2010年为46.39%，2011年为47.36%。其中对日本的出口1995年占全部出口的19.1%，2008~2011年仅占8%左右。目前日本仅次于香港是中国在亚洲的第二大出口市场。香港作为中国在亚洲的第一大出口市场，1995年占出口比重27%，2009~2011年占出口比重均在14%左右。欧洲市场的份额从1994年的15.51%上升至2011年的21.8%，是中国出口的第二大地区市场。其中面向德国市场的份额基本保持在4%左右，是欧洲各国中最高的。中国向北美的出口商品比重从1994年的18.8%下降到2011年的18.4%，期间出口份额基本保持在18%左右，波动幅度较小。北美市场之所以能占到中国出口总额的18%左右，主要是由于中国对美国的较大出口量。1994年对美国出口占全部出口的比重为17.7%，1995年比重有所下降，为16.6%，2008年为17.6%，2009年为18.4%，2010年为18%，2011年为17.1%。按1994年水平计算，亚洲、欧洲和北美等三大地区市场吸收了中国出口商品的95.1%。按2011年水平计算，三大地区市场所占份额下降至87.6%。就国家（地区）而言，2011年，美国是中国最大的出口国，其次是中国香港和日本。

表9-5　中国对外贸易的市场分布结构

单位：亿美元

出口额	1994年	1995年	1996年	1997年	2008年	2009年	2010年	2011年
总额	12100632	14876974	15104753	18269664	143069307	120161181	157775432	189838089
亚洲	7344788	9200016	9124214	10892078	66411850	56865091	73195484	89903809
日本	2157862	2846269	3088622	3181982	11613245	9786766	12104349	14827049
香港	3236096	3598380	3290626	4378076	19072903	16622857	21830205	26798308
印尼	57301	76528	142757	184061	3158538	2965604	2195357	2921724

续表

出口额	1994 年	1995 年	1996 年	1997 年	2008 年	2009 年	2010 年	2011 年
韩国	440245	668922	749986	911627	7393199	5366972	6876626	8292006
台湾	224219	309811	280176	339648	2587706	2050126	2967449	3510894
非洲	174865	249378	256634	320687	5123992	4773456	5995405	7308303
欧洲	1877135	2298183	2386017	2896471	34342205	26465129	35518797	41357108
德国	476116	567169	584269	649046	5920895	4991638	6804718	7640005
英国	25965	279162	320091	381338	3607274	3127794	3876704	4412166
荷兰	226707	323208	353686	440463	4591858	3668391	4970423	5949949
法国	142433	184184	190679	232878	2330592	2146006	2765139	2999885
拉丁美洲	245486	314706	311779	460647	7176204	5709426	9179803	12171930
北美洲	2285974	2624484	2829958	3460132	27427243	23855383	30584271	35007506
美国	2146103	2471133	2668310	3269480	2179588	1767458	28328655	32445336
加拿大	2285974	2624484	161596	190505	2179588	1767458	2221613	2526610
大洋洲及环岛	148787	162620	196151	239651	2587812	2492696	3301671	4089432

数据来源：《中国统计年鉴 2012 年》。

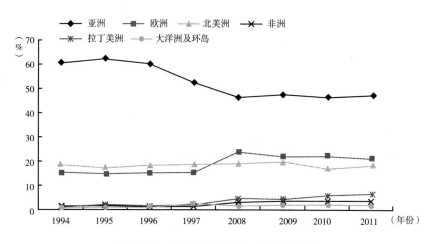

图 9 - 4 中国对外贸易出口额区域占比

数据来源：《中国统计年鉴 2012 年》。

4. 贸易主体结构失衡

中国海关总署公布的数据表明，在中国全年出口额中外资企业占有较大的比例，而与之相对的国有企业则比例较低，其他的集体企业、私营企业的外贸所占比例高于国有企业，但低于外资企业。而且这些贸易主体结构之间的差异有增加的趋势。2012 年在中国全年出口额中外资企业出口比重达到 50%，国有企业出口额仅占 12.5%，其他的集体企业、私营企业的出口额占全部出口的 37.5%。2005～2012 年，外商投资企业的出口份额基本保持在 50% 左右，且呈逐年下降的趋势，2005 年为 58%，2006 年为58.2%，2007 年为 57.1%，2008 年为 55.3%，2009 年为 56%，2010 年为54.6%，2011 年为 52.4%，2012 年为 50%。尽管如此，外商企业在中国的出口贸易中占有很重要的地位。相对而言，国有企业出口额占中国全部出口额的比重从 2005 年的 22% 下降至 2012 年的 12.5%，且逐年呈下降的趋势。相比之下，其他的集体企业、私营企业的出口额从 2005 年的 1489.8 亿美元增加到 2012 年的 7699.1 亿美元，增加 5.2 倍；出口份额从 2005 年的19.1% 上涨至 2012 年的 37.5%，增加了 18.4 个百分点。

表 9 - 6　中国对外贸易的主体结构分析

单位：%

出口占比	2005 年	2006 年	2007 年	2008 年	2009 年	2010 年	2011 年	2012 年
国有企业	22.0	19.7	18.5	18	15.9	14.9	14.1	12.5
外商投资	58.9	58.2	57.1	55.3	55.9	54.6	52.4	50
其他企业	19.1	22.1	24.4	26.7	28.2	30.5	33.5	37.5

数据来源：《中国统计年鉴 2013 年》。

5. 贸易地区结构失衡

国内的外贸进出口受到地理位置和国家政策的影响，东部沿海地区发展相对迅速，中西部地区发展相对缓慢。从东、中、西部和东北四大地区的进出口额在全国进出口总额中所占比重的变化趋势上看，图 9 - 5 显示：2000～2008 年，东部地区的进出口额均占至全国进出口总额的 87% 以上，为我国对外贸易的绝对主体地区；中、西部和东北三大地区的进出口总额所占份额较低，东部地区的比重基本呈现逐年上升的趋势；从变化趋势上看，2000～2006 年，东北地区比重逐年下降；中、西部地区波动相对较不规律，变化也相对较小。2006～2008 年，受金融危机和国内外其他因素的综合影响，东部地区的进出口额占全国的比重下降，而其他三个地区的比重都有不同程度的上升。但从总体上看，中国对外贸易仍集中于东部地区，中国外贸内部区域结构呈现严重的失衡状态。

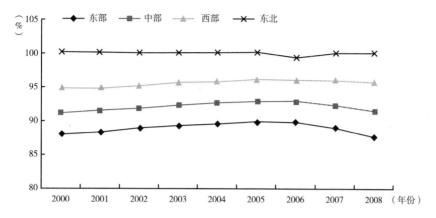

图 9 - 5 2000~2008 年四大地区进出口额占全国进出口总额的比重

数据来源：中华人民共和国国家统计局（http：//www.stats.gov.cn/tjsj/）。

三 "中国制造"存在的困惑与隐忧

与当初日本以加工贸易为中心的时期不同，冷战体制结束后，廉价劳动力的获取已经不再像过去那样困难，随着模块化的技术革新，处于"微笑曲线"两端的发达国家对业内的各工序进行了调整和分割，能够仅把附加值低的生产工序委托给发展中国家，中间环节的甜头减少了。经济全球化的发展，加之发展中国家间的竞争，使承担劳动密集型工序的国家不再限于中国，而是扩大到了东欧原来的社会主义各国、东盟各国和南美发展中国家，中间工序的附加价值进一步降低。美国等发达国家通过向发展中国家采购，一方面压低制造工序的费用，同时专门从事附加值最高的微笑曲线两端的上游和下游工序。随着微笑曲线弧度的变陡，使得其以本国技术与发展中国家的劳动力交换时的相对价格，即贸易条件变得越来越有利。反之，对以中国为首的发展中国家而言，则意味着交易条件的恶化，进而部分地抵消了因出口增加所带来的实际收入的增加，导致能够获得的利润进一步缩小，"微笑曲线"的谷底日益加深，对外贸易越来越处于不利的境地。

（一）工资、能源等价格上涨，成本优势弱化

长期以来，中国出口产品能在国际市场上占有一席之地，"中国制造"

做大做强,中国最终成为"世界制造工厂",主要得益于中国出口产品在国际市场上的价格优势。低廉的劳动力和能源价格是维持出口产品低价格的关键,同时也是吸引外商投资的主要条件。但是,我们可以看到,劳动力、原材料及能源等价格呈现逐渐上涨的趋势,"中国制造"的成本优势逐渐弱化,"中国制造"的利润空间越来越小。

1. 工资上涨

根据中国近年来的经济发展状况和工资水平的上升的状况不难看出,中国劳动力成本变化的趋势是逐年增加的。1997~2011年,中国工资价格指数始终处在较高的位置(见图9-6)。总体而言,20世纪90年代以来,中国职工的实际工资的增长可分为两个阶段:第一个阶段为1990~1997年,职工实际平均工资增长较慢,平均增长率为4.86%。低于同期人均GDP增长;第二阶段为1998~2011年,职工实际平均工资快速增长,年均增长率为14.2%,高于同期GDP的增长。

工资的增长是由多方面原因导致的。首先,政府规制和政策调节直接推动劳动力成本的上涨。《劳动法》和《劳动合同法》的贯彻实施,为劳动力成本的上涨提供了法律保障。1994年开始,中国各省、直辖市、自治区都颁布了最低工资标准。截至2010年8月,全国除港澳台外的31个省份已有27个省份调整了最低工资标准,单从调整幅度来看,最低工资标准的涨幅要大大高于GDP的增速。目前,绝大多数省份的涨幅超过了20%,其中海南最低工资平均增幅达37%,位列全国之首。其次,生活成本的上涨是劳动力成本上升的内在动因。如图9-7所示,2003~2007年,居民消费价格环比上涨1.2%、3.9%、1.8%、1.5%、4.8%。2009年有所下降,为-0.7%。2009年以后居民消费价格直线上涨,2010年为3.3%,2011年为5.4%。除生活资料价格上涨之外,教育、医疗等生活服务成本也不断攀升,使劳动力成本的上升成为必然。另外,劳动力的相对紧缺,直接导致了企业劳动力成本大幅上升,可以预料,企业劳动力成本的这种上升趋势未来将继续延续。

2. 原材料、燃料、动力价格上涨

原材料、燃料、动力是产品的主体组成部分及相应的辅助材料,原材料、燃料、动力价格的上涨将直接提升产品的出厂价格。图9-8显示了2003~2011年中国原材料、燃料、动力价格指数的变动趋势。除2009年以外,2003~2011年,中国原材料、燃料、动力价格每年均呈现增长的趋势,

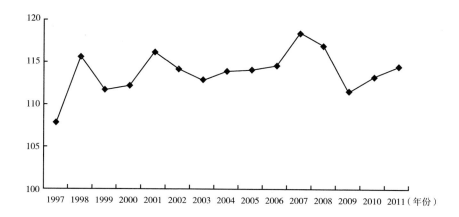

图9-6 城镇单位就业人员平均工资指数（上年＝100）

数据来源：《中国统计年鉴2012年》。

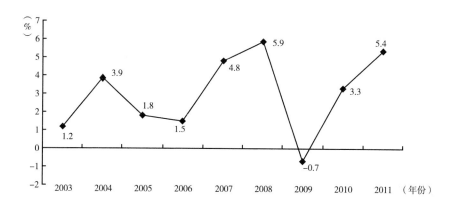

图9-7 2003～2011年居民消费价格增长情况

数据来源：《中国统计年鉴2012年》。

2010年环比增长9.6%，2011年环比增长9.1%，增幅加大。原材料、燃料、动力价格的上涨主要源于中国能源体制的改革。中国能源体制改革使以前被人为压低和扭曲的水、电、煤、油、气等能源价格正走向回归，从而使企业生产耗费的能源成本大幅上升；加上在科学发展观的政策指导下，国家加大力度进行环境治理，环境成本的内部化也直接导致了一些能源消耗型企业的生产成本提高。此外，2008年通货膨胀的出现也助长了原材料等价格的上涨。

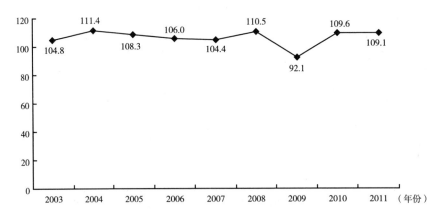

图 9 - 8　2003 ~ 2011 年中国原材料、燃料、动力价格指数（上年 = 100）

数据来源：《中国统计年鉴 2012 年》。

3. 汇率上涨

　　汇率的上涨是企业成本上涨的另一个因素，如图 9 - 9 所示，2001 ~ 2011 年，中国人民币对美元的汇率呈逐年上涨的趋势，2011 年人民币兑换美元汇率的年平均价为 6.4588。

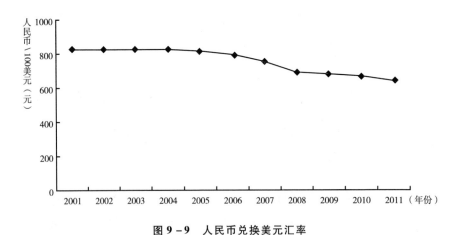

图 9 - 9　人民币兑换美元汇率

数据来源：《中国统计年鉴 2012 年》。

（二）国际贸易保护主义阻碍"中国制造"开拓更广的国际市场

　　改革开放特别是 20 世纪 90 年代以来"中国制造"持续高速发展，成为经济快速发展的主要拉动力,"中国制造"在国际分工中地位不断提升。2007 年中国制造业占全球总值的 13.2%,位居第二,仅次于美国。2009 年,中国出口总额首次赶超德国,跃居全球首位。中国成为世界第一大出口国,这必然使中国成为国际贸易保护的众矢之的。WTO 的统计数据显示,截至 2009 年,中国已经连续 15 年成为遭遇反倾销调查最多的成员国。自 2005 年开始,无论是被立案比重还是被实施比重,中国都超过 25%,此后几年一直高于这一比例。此外,美国次贷危机引发全球金融危机,受国际金融危机的影响,世界各国内需疲软,外需萎缩,加剧了国外贸易保护主义的抬头,许多国家出台了各种各样的贸易保护措施,而中国的出口产品则成为其实施贸易保护的首要目标。2010 年,美国国际贸易委员会共发起 58 起 337 调查,其中有 19 起调查被诉方涉及中国企业,占调查总数的 1/3。2011 年美国贸委发起 337 调查总数及涉华企业总数均达历史新高。2013 年 5 月 29 日,美国商务部发布对原产于中国、奥地利的黄原胶反倾销调查仲裁决定,中国涉案企业反倾销税率分别为 15.09% 至 154.07% 不等。2009 年,欧盟食品和饲料类快速预警系统发布 2009 年第 33 周和 34 周通报,共计 101 项,中国占通报总数的 10.9%,其中,信息通报 5 项,拒绝进口通报 6 项。

根据历史数据可以看出,国外对中国的出口产品的反倾销呈现如下趋势:国外对中国出口商品的反倾销立案数目激增,涉案数额扩大;对中国商品提出反倾销申请的国家和地区越来越多,非发达国家数目增多;反倾销涉及的商品种类越来越多,科技含量高的产品比例上升。长期看,由于中国的经济增长主要依赖出口来拉动的格局将持续相当长的时间,以及一些产业的后发优势的形成将带来出口的大量增加,国际贸易保护主义针对"中国制造"而制造的贸易摩擦将长期存在,并有增无减。

(三) 部分出口产品质量问题损害了"中国制造"的声誉

自 2007 年以来,"中国制造"在国际市场上接连遭遇质量风波。中国产品被投诉、召回、禁止进口的事件不断发生。2009 年 8 月,共有 19 个欧洲国家通过欧盟非食品类消费品快速预警系统(RAPEX)对来自全球 19 个国家(地区)的产品发布风险通报 169 项,中国产品共被通报 96 项,占所有被通报产品的 56.8%,居第一位。2012 年 8 月 1 日,欧盟工业事务委员塔亚尼在布鲁塞尔召开的新闻发布会上,专门展示了一些中国制造的不达标玩具和服装等，称这些都是"危险商品"。为此，"中国制造"的国际形象严重地受到损害，这进一步阻碍了中国产品开拓国际市场的步伐。

"中国制造"的质量问题源于以下几方面：一是国际和中国国内对产品质量的制定标准不一致。发达国家依托强大的经济实力和科技实力，制定了数以万计的产品标准、生产标准和检测标准，构筑起一道道技术性贸易壁垒。中国的标准体系一直处于落后水平。长期低水平的标准体系使中国部分企业始终在较低的水平上组织生产并参与国际竞争，缺乏在质量标准上的国际意识。二是出口企业缺乏行业自律。当前，中国出口企业中低价竞销、争夺客户、重复建设、无序增长、追求外贸数量扩张的现象广泛存在。特别是近几年原材料、劳动力以及环境成本急剧上升，许多企业为了生存，不择手段削减成本，导致产品质量问题。三是与国际知名品牌相比，中国的制造企业大多缺少一整套涵盖质量监控、市场销售和售后服务的体系。这一体系的缺失，导致"中国制造"既无法有效地提高产品质量，又无法通过完善的售后服务解决产品在使用过程中出现的问题，从而给国外客户造成了缺乏可靠质量保障的整体印象。四是国外屡次发生针对中国产品的"质量门"事件，其中有一些是由于国外的贸易保护势力在作祟，即通过蓄意"诋毁"和"抹黑"来败坏"中国制造"的声誉，以达到保护本国相关产业的目的。

（四）产业升级缓慢，"中国制造"受到瓶颈制约

当前，资源消耗型、劳动密集型、生产经营粗放型是中国产业结构的总体格局，科技实力不强、信息化程度不高、服务业不发达、低水平重复建设、环境污染严重等问题制约着中国经济发展质量的提高。《2009 年中国企业信息化指数调研报告》显示，2009 年中国企业信息化综合指数仅为40.46（满分指数为100），表明中国企业的信息化水平还停留在初、中级阶段，与世界发达国家相比存在相当大的差距。总体上看，中国制造业的现状是，产能落后导致产能过剩，缺乏核心技术导致附加值低，产业分散导致龙头企业的国际竞争力差。

（五）全球制造业格局正在悄然改变

中国凭借低劳动力成本、低土地成本、低环境成本等优越的投资环境

吸引了大量外资企业。2002～2011 年的 10 年间，中国接受外国投资高达10782 亿元。吸引投资的良性循环全面运转，使中国成为世界第二大经济体。表 9 - 6 显示了 2011 年 1 月至 2013 年 5 月，中国吸引外资（FDI）的情况。从表 9 - 6 中可以明显地看出，从 2011 年下半年以来，原来从境外流进的资金和国内各种性质不明的资金有加大流出的迹象，尤其是 2011 年三季度以后，流动速度和总量都明显加大，从第四季度开始，外资的对华投资已经连续 5 个季度低于上年同期。2013 年第一季度虽然高于上年同期，但增幅仅为 1.4%。首先，减少对中国大陆资本输入的便是中国的台湾和香港地区。来自香港地区的投资占到外来投资的 6 成，2012 年，香港地区向大陆地区的投资为 57.22 亿美元，减少了 7.4%。台湾地区对大陆地区投资也从 2 年前开始减少。其次，发达国家的主权债务危机正式开启一场旷日持久的"去杠杠化"进程，这导致海外资本的持续回流。另外，金融危机后，美国政府发现只有通过新能源、新材料、新技术带动新一轮产业繁荣周期，吸引全球资本回流美国，才有可能使美国成功回到"再工业化"正途，于是近期以"投资美国"为口号，美国正在通过一系列优惠政策努力促进资本回流。据最近一次调查，有近 40% 的美国企业准备把工厂从中国迁回美国，无论这个数字是否准确，但这一趋势对长期受益于全球 FDI 的"中国制造"而言则面临双重挑战。

跨国资本的回流正在悄然改变着全球制造业格局。主要表现为全球制造业正悄然从中国转战东南亚。2012 年，韩国三星电子超越芬兰诺基亚，成为全球最大的手机生产商。而支撑三星实现飞跃的，其实是越南工厂。三星在全世界拥有 8 座手机工厂。直到几年前，中国还是其主力生产基地，但三星于 2009 年 4 月在越南首都河内近郊开设了智能手机工厂后，仅 2 年时间，越南工厂的产量就已经跃居榜首。把生产主体迁往中国以外的企业不只是三星。许多闻名世界的跨国企业都已经决定放弃或是缩小在中国的生产规模，世界最大的 EMS（电子产品代工服务）企业鸿海精密工业和香港大型女士内衣企业黛丽斯减少了对大陆的投资。发达国家的制造业在东南亚投资设厂，其理由大致有四个。第一点，当前及短期内人工费还将保持较低水平。第二点，市场广阔。第三点，社会基础设施的建设正在完善。第四点，就是东盟境内即将实现经济一体化，各国将互免关税。

因此，"中国制造"正面临全球产业革命的新变革，中国必须把提升

"中国制造"作为战略性议题，尽快调整战略，破解技术创新能力和竞争力不足的难题。

表 9 - 7 外商直接投资数据

单位：亿美元

月　份	当月（亿美元）	同比增长（%）	环比增长（%）	累计（亿美元）	同比增长（%）
2013 年 5 月	92.56	0.29	9.73	475.95	1.03
2013 年 4 月	84.35	0.40	- 32.09	383.4	1.21
2013 年 3 月	124.21	5.65	51.22	299.05	1.44
2013 年 2 月	82.14	6.32	- 11.39	174.84	- 1.35
2013 年 1 月	92.7	- 7.27	- 20.74	92.7	- 7.27
2012 年 12 月	116.95	- 4.47	41.16	1117.16	- 3.70
2012 年 11 月	82.85	- 5.39	- 0.35	1000.22	- 3.61
2012 年 10 月	83.14	- 0.24	- 0.17	917.36	- 3.45
2012 年 9 月	83.28	- 6.81	0.02	834.23	- 3.76
2012 年 8 月	83.26	- 1.43	9.86	749.94	- 3.40
2012 年 7 月	75.79	- 8.65	- 36.73	666.69	- 3.64
2012 年 6 月	119.79	- 6.87	29.80	590.89	- 2.96
2012 年 5 月	92.29	0.05	9.86	471.1	- 1.91
2012 年 4 月	84.01	- 0.74	- 28.54	378.81	- 2.38
2012 年 3 月	117.57	- 6.10	52.17	294.8	- 2.80
2012 年 2 月	77.26	- 0.90	- 22.72	177.23	- 0.56
2012 年 1 月	99.97	- 0.30	- 18.34	99.97	- 0.30
2011 年 12 月	122.42	- 12.73	39.80	1160.11	9.72
2011 年 11 月	87.57	- 9.76	5.08	1037.69	13.15
2011 年 10 月	83.34	8.75	- 7.86	950.12	15.86
2011 年 9 月	90.45	7.88	7.09	866.79	16.60
2011 年 8 月	84.46	11.10	1.80	776.34	17.70
2011 年 7 月	82.97	19.83	- 35.50	691.87	18.57
2011 年 6 月	128.63	2.83	39.44	608.91	18.40
2011 年 5 月	92.25	13.43	8.99	480.28	23.40
2011 年 4 月	84.64	15.21	- 32.40	388.03	26.03
2011 年 3 月	125.2	32.90	60.51	303.4	29.40
2011 年 2 月	78	32.20	- 22.23	178.23	27.09
2011 年 1 月	100.3	23.40	- 28.53	100.3	23.40

数据来源：中华人民共和国国家统计局（http：//www.stats.gov.cn/tjsj/）。

四 "中国制造"的出路

（一）加快产业结构调整

从"中国制造"产品的构成来看，尽管工业制成品已占主要部分，但制成品中低附加值的劳动密集型产品，尤其是纺织品、服装等产品所占的比重仍然偏高，许多企业的出口产品经常受到国外相关贸易壁垒的限制。另外，凭借技术优势和品牌优势的跨国公司掌握着产业的主导权和控制权，坐享利润的大头，而我们则处于产业链的低端、价值链的下游，只能赚取微薄的加工费。经济全球化趋势仍在继续，全球产业结构调整步伐加快，中国应抓住机遇，加快产业结构调整，促进高新技术产业的发展，创造竞争优势，使高技术、高附加值产品成为"中国制造"的主体。为此，中国应采取有力的政策措施促进技术进步，支持自主创新，大力培育和发展高新技术产业，用新技术和先进的实用技术改造传统产业，坚决淘汰落后产能；提高产业集中度，促进专业化分工协作，推进产业集群的发展和壮大，拉伸和延长产业链，提升产业的综合竞争力；走绿色生态、质量安全和循环经济的新型工业化道路；推广资源综合利用和废弃物资源化技术等。

（二）提高产品质量

首先，加强原创设计，培养企业的创新能力。由于许多中小型企业在生产过程中，大部分都是模仿甚至抄袭国内外名牌产品的款式，产品缺乏原创性。因此，产品的价格始终处于中低价位，产品的消费群体以中低收入家庭为主。我国企业必须及时了解国外相关的生产设计理念，重视中西双方在设计方面的相通之处，将中华民族的特色与国外设计特色相结合，使我国产品在结构设计、款式造型、材料应用、色彩搭配、功能组合、品牌定价等方面都受到中外客户的青睐。其次，提高工艺技术，增强企业的市场竞争力。外贸企业应把低档产品的出口规模、品种和数量缩小，把低端的产品结构往中高档方向调整。在生产的过程中不断加大自身技术改革创新的投入与力度，提高产品的技术含量，由产业链中利润最低的加工环节向高端发展，向设计、研发、品牌、服务、营销等环节延伸，不断提高企业的技术水平、使企业获得更多的赢利空间，增强企业的整体竞争实力和抗风险能力。

（三）有效应对贸易壁垒

随着经济全球化的不断发展以及中国融入世界经济程度的不断加深，美国等国针对中国产品的贸易保护将不断增加，手法也将不断翻新，第一，政府和行业组织要加强对出口企业的监督、指导、协调，并通过行业自律规范企业的行为，制止低价倾销。第二，要引导企业实施市场多元化战略，全方位地开拓国际市场，特别要加大力度开拓新兴国家市场。第三，要加大政府交涉力度，遵循有理、有利、有节的原则与有关国家进行政府间谈判，反对给予中国产品的歧视性贸易待遇。第四，出口企业对于涉及自身的贸易诉讼要积极应诉，以贸易公平为准绳、以客观事实为依据，对于强加于己的不实的指控进行有理有据的申辩和反驳，争取胜诉；要适时调整投资战略，有条件的企业应到国外投资设厂，以规避贸易壁垒的限制；要充分利用世贸组织的争端解决机制，向世贸组织的争端解决机构起诉相关国家的歧视性贸易政策，以维护自身的合法权益。

专题十
影子银行该何去何从

一　导论

（一）研究背景

2008 年国际金融危机爆发之后，"影子银行"成为国际金融界关注的热点概念之一。2009 年影子银行体系开始被大规模地在各类学术会议上讨论，而且成为货币当局和金融监管当局文件中的正式概念。

作为这场百年一遇的波及全球的大危机的导火索，美国的次贷危机也引发了人们对于金融创新的种种质疑。伴随着 20 世纪 80 年代以来的金融自由化浪潮，金融创新一方面促进了现代金融体系更好地服务实体经济，同时也在体系内积蓄了大量的风险，加剧了金融体系的脆弱性。然而在对次贷危机成因的探讨中，也有两种截然不同的观点。一种观点认为次贷危机的发生是由于美联储实行了错误的货币政策，因而主张中央银行放弃以货币政策调控经济；另一种观点则认为是华尔街的金融机构过度而复杂的金融创新导致人们无法正确地衡量金融产品背后的真实收益和风险，从而使风险得不到有效控制。另外由于金融机构的公司治理问题，使得金融机构的高级经营人员存在严重的代理问题，从而导致了这场危机的爆发。

在这些众说纷纭的观点当中，如何正确认识和对待金融创新也将成为本章的关注点之一，因为影子银行的概念自从诞生之日起就与金融创新有着千丝万缕的联系。那么什么是影子银行？是什么导致了影子银行的产生？它的发展现状和未来走向如何？本章将尝试着对以上几个问题进行回答，并通过对影子银行概念的梳理，对美国影子银行的发展历程及现状分析，来对中国影子银行体系的发展提供合理的建议。

（二）影子银行体系概念的诞生与演变

尽管影子银行体系的概念已经引起全球金融界的广泛关注，但理论界对于影子银行体系的定义域范围存在差异。

影子银行的概念最早由剑桥大学教授 Geoffrey Ingham 在 2002 年 OECD 出版的《货币的未来》一书中首次使用，是对从事地下外汇交易的机构的统称，不具有当前理论与实务界普遍认同的影子银行应当具备的核心特征。最新意义上的"影子银行体系"最早是在 2007 年 8 月由美国太平洋投资管理公司的执行董事 McCulley 在美联储年度讨论会上提出，用以概括"那些游离于监管体系之外，与传统、正规及受中央银行监管的传统银行体系相对应的金融机构"。2007 年 11 月，PIMCO 创始人、"债券之王"Bill Gross 在专栏文章《小心"影子银行"体系》中称影子银行是借助杠杆持有大量证券、债券和复杂信贷产品的金融中介机构，是"多年来躲在没有监管的阴暗处，凭空把次级住房贷款打包成一大堆用三个英文单词首字母缩写命名，只有华尔街精英们才能解释清楚的投资工具"。

从 2009 年开始，影子银行体系就被正式且大规模地在各类学术会议上讨论，而且成为货币当局和金融监管当局文件中的正式概念，其中，英格兰银行行长默文·金（Mervyn King）2012 年在纽约发表的纵论银行业今昔的著名演讲中关于影子银行的分析更是给人留下深刻的印象。

美国经济学家 Krugman（2009a）在《反思大萧条经济学的回归和 2008 年经济危机》一书中对影子银行进行了专题论述，认为影子银行是通过财务杠杆操作，持有大量证券、债券和复杂金融工具的非银行金融机构。McCulley（2009）将其正式定义为"与传统、正规受监管的商业银行体系相对应的金融机构，他们筹集到的多为短期不确定的资金，游离于联邦政府监管之外，没有再贴现的权利，也不能加入存款保险组织"。英格兰银行金融稳定部副总裁保罗·塔克（Paul Tucker）将影子银行视为：向企业、居民和其他金融机构提供流动性、期限配合和提高杠杆率等服务，从而在不同程度上替代商业银行核心功能的那些工具、机构、企业或市场。G20 的 FSB（2011）认为影子银行体是指正规银行体系之外的信用中介实体和活动。

国内学者也对影子银行的概念进行了研究和探讨。易宪容（2009）认为影子银行是一种行使传统银行功能，但运作模式、交易方式、监管制度等都与传统银行完全不同的金融运作模式；周小川（2010）提出：影子银行是行使商业银行功能但却基本不受监管或仅受较少监管的非银行金融机构；吴晓灵（2012）认为：所谓"影子银行"是指在不同程度上替代商业银行核心功能的各类金融中介工具、机构和市场。李建军等（2011）认为影子银行体系是非银行金融机构以及非正式金融组织及其产品运营体系的总称。

尽管准确的定义尚存争议，但综合各方意见，我们可以较清晰地勾勒出大家所共同认同的影子银行概念所应包含的内涵：一是能够行使商业银行的部分功能，如信用融通、金融中介、提供流动性便利等，但却游离于商业银行的监管体系之外，也难以从中央银行获得流动性支持；二是以市场交易为基础，信息不透明，高杠杆，结构复杂，证券化程度高，不受监管或受到的监管较少；三是尽管不能吸收公众存款，但与银行体系的资产负债表紧密关联，因此可能引发系统性的金融风险；四是影子银行不单指金融机构，还包括相关的市场、业务部门、结构性产品或金融工具，是一个综合的、整体性的概念。这些内涵在本质上构成了影子银行与传统商业银行体系之间的边界。

综合各方观点以及上文总结出来的影子银行概念的基本内涵，我们愿意接受英格兰银行金融稳定部副总裁保罗·塔克对于影子银行体系的定义，即：向企业、居民和其他金融机构提供流动性、期限配合和提高杠杆率等服务，从而在不同程度上替代商业银行核心功能的那些工具、结构、企业或市场。这一定义充分揭示出影子银行体系的复杂性：它不只涵盖那些与传统银行相竞争的"机构"，而且广泛涉及一切可以发挥金融功能的市场、工具和方法。他认为不是所有的金融创新都属于影子银行体系，只有具备了上述三个功能特征的金融创新主体和工具才能被纳入影子银行体系。

（三）影子银行体系的基本运作模式

影子银行的基本运作模式可描述为：直接贷款人将借款人的抵押贷款作为资产出售给银行，银行持有大量抵押贷款，将这些贷款出售给特殊目的机构（SPV 或 SPE）。SPV 将所有不同种类的贷款根据不同的期限进行分层进而进行结构设计，设计原则一般是最有可能损失的置于资产池的最底层，比较有可能损失的置于上一层，依此类推，知道 AAA 级位于资产池的最上端，然后这些资产由 SPV 以资产支持证券（ABS）的形式发行，这些证券有些被直接出售给投资者，在此之上，有的 ABS 被作为基础证券用来发行债务抵押债券（CDO）再出售给投资者。

二　美国与中国影子银行体系的发展历程以及现状

（一）美国影子银行体系的发展历程与现状

1. 美国影子银行体系的产生阶段

大萧条之后，美国确立了分业经营的法律体系，但是，证券业务和非银行业务的长足发展是在 20 世纪 70 年代之后。1970 年以后的经济波动为金融系统带来了极大的压力，尤其是布雷顿森林体系的坍塌，为新进入的、较少受到管制的金融中介带来了发展机遇。商业银行、共同储蓄银行以及人寿保险公司持有的金融资产的份额持续下降，保险基金和共同基金占据的范围日益扩大。更重要的是，货币市场共同基金、抵押入股以及证券化的贷款迅速增加，商业票据、欧洲债券以及垃圾债券等也得到较快发展。

美国资本市场主导的金融市场体系的强化是在 20 世纪 80~90 年代，这一阶段的证券化热潮为影子银行的发展提供了历史机遇。这个时期，金融部门最为重大的转变是证券化过程扩大，非市场化的资产转换为市场化的证券。住房抵押贷款以及以后的自助贷款和信用卡应收账款等，被证券化之后当作证券在二级市场上买卖。银行和存贷机构提供的系列服务，比如发行、服务、持有以及贷款分配，被分解给不同的金融机构。在分解的过程中，投资银行、货币市场基金等得到了快速的发展（《剑桥美国史》，2008）。

进入新世纪以来，经济全球化和信息技术革命推动了美国金融市场迅猛发展，同时产生了高度全球化的国际金融体系，影子银行体系不断膨胀壮大并且其重要性日益增长。在全球化背景下，金融资源在全球进行配置，使得各主要金融市场的外延和各国的影子银行不断扩展。许多国家的各产业之间的界线已经大大模糊，金融机构甚至企业已经成为多样化的金融混合物，从而造就了极度繁荣的美国和国际金融市场。

在这个发展过程中，美国和全球金融体系的结构发生了根本性变化，即影子银行成为比传统银行更加强大的市场主体，影子银行体系在资产占

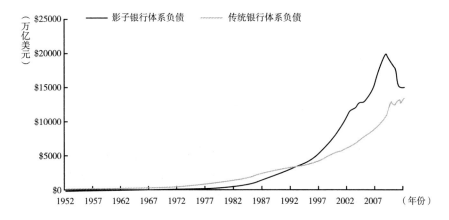

图 10 – 1　美国影子银行体系与传统银行体系的负债走势

数据来源：Flow of Funds Accounts of the United States as of 2010：Q1（FRB）and FRBNY。

比、金融交易规模和系统重要性等方面迅速提高，并取得了相当的优势。美国财长盖特纳（2008）任纽约联储主席时就指出，影子银行体系已经成为与传统银行体系平行的金融系统，其规模和影响力非常巨大。比如，摩根大通于 1997 年首度提出转移信贷违约风险的金融工具 CDS，至 2007 年底，CDS 已成为交易最广泛的信贷衍生品之一，全球市值最少为 45 万亿～62 万亿美元（BIS，2009a；Krugman，2009），而恰恰是 CDS 搞垮了全球最大的保险公司——美国国际集团。

2007 年次贷危机爆发至今，影子银行体系遭受重创并逐步进入调整与监管阶段。美国房地产价格 2006 年上半年开始下跌，住房抵押贷款违约开始出现。美国次级抵押贷款市场、金融衍生产品市场和影子银行系统繁荣的基础开始出现动摇。随着货币市场流动性的逐步萎缩和房地产价格的下挫，影子银行对资产价格和流动性的敏感性开始显现。到 2008 年初，美林、瑞银、高盛等大型金融机构因为次贷问题出现了巨额亏损，开始大规模进行资产减计，市场流动性需求剧增而资金供给严重萎缩，整个市场进一步陷入严重的流动性紧缩。很快金融危机由美国金融市场蔓延至欧洲与新兴市场国家。全球影子银行体系遭受重创，同时该体系的重要性引起了国际社会的极大关注。反思过后，逐步将其纳入金融监管体系。金融危机爆发之后，影子银行体系在"去杠杆化"中规模不断减小，对经济的信用供给有所收缩，但整体规模依然庞大。

2. 美国影子银行体系发展动因

通过对美国影子银行体系产生与发展过程的描述，我们大致归纳出影响美国影子银行体系发展的几个因素。

首先，以信贷资产证券化为主的金融创新是影子银行体系迅速发展的前提条件。20 世纪 60 年代中后期，以美国为代表的各国一直为通胀压力而持续紧缩银根，导致市场利率大幅度上升，使得商业银行发生了大规模的资金流出，生存空间被不断挤压的商业银行不得不加快金融创新，并开展以资产证券化为代表的表外业务，影子银行体系逐渐通过交易经证券化后的贷款而成为信贷中介。

其次，宽松的金融监管政策为影子银行体系的发展提供了良好的外部环境。在当时经济繁荣的情况下，一系列放松监管的法规条文相继出台，其中最有影响力的就是 1999 年的《金融服务现代化法案》和 2000 年的《大宗商品期货现代化法》。前者废除了《格拉斯－斯蒂格尔法》的核心条款，允许商业银行、投资银行和保险公司合并成立金融控股公司。在这一法案生效后，商业银行开始大举进军投行业务，为影子银行提供了更大的舞台；后者将场外交易排除在监管之外，柜台市场（Over the Counter，OTC）产品随之迅速崛起，而影子银行使用的证券化和信用衍生品都是 OTC 交易，无异为影子银行的发展扫除了障碍。

再次，数量众多且规模巨大的机构投资者进一步推动了影子银行的发展。20 世纪 70 年代以来，世界金融市场机构投资者迅速崛起，机构投资者中既有货币市场共同基金、保险公司及私人养老基金等非银行金融机构，也有微软、IBM 及通用电气等大型跨国企业。这些机构投资者持有数额庞大的现金，并对投资期限短、流动性好及安全性高的金融资产有强烈的偏好，但这些机构投资者的投资需求在传统银行体系内无法得到充分的满足，只好将资金投资于影子银行体系中的高信用等级的资产支持证券及回购协议等产品，为影子银行体系注入了大量的流动性。

（二）中国影子银行体系的发展与现状

当前，中国尚未形成完善的影子银行体系，但也有了初步的发展。在社会融资总量中，非银行金融体系提供的信用规模平均占到三成多。因中国实行金融分业经营，证券公司等投资银行业和保险公司处于发展的初级阶段，总体规模较小，业务范围狭窄，金融创新能力低下，几乎没有涉足衍生金融工具或产品，参与市场有限，不能吸收存款、发放贷款和办理结算业务，杠杆率低且可控，与各金融市场和其他金融机构的关系简单，远不能行使商业银行的一般功能，且分别受中国证监会和保监会的严格监管。

因此，具体而言，中国影子银行体系主要包括信托公司，MMFs，各类私募基金等非银行金融机构和实体，银信合作、理财业务、资产证券化与OTC衍生品等金融工具和市场。中国金融深化的进程还在继续，随着资产证券化、股指期货、融资融券信用交易和信用缓释工具试点的推出与发展，结构化金融产品、MMFs，外国投资银行和对冲基金将逐步发展并形成一定规模，影子银行体系在中国经济金融体系中的地位会日益增强，影响也会越来越大。

1. 中国资产证券化的发展与现状

证券化包括宏观和微观两个层次。宏观层次上的证券化指金融市场证券化，又称融资证券化，指资金短缺者脱离对银行业的依赖而通过在资本市场和货币市场发行证券进行筹资的直接融资方式，又称为"传统证券化"。微观层次上的资产证券化，指缺乏流动性，但能够在未来产生稳定、可预见收入的资产所产生的现金流并以此为偿付基础，通过结构化安排、风险隔离和信用增级等机制，在金融市场上发行有资产支持且标准化的债券金融活动。微观的资产证券化根据产生现金流的证券化资产的类型不同，资产证券化可分为住房抵押贷款证券化（Mortgage-Backed Securitization，简称 MBS）和资产支撑证券化（Asset-Backed Securitization，简称 ABS）两大类。其区别在于前者的基础资产是住房抵押贷款，而后者的基础资产则是除住房抵押贷款以外的其他资产。这些证券再次被证券化后就演变成为CDO，CDO 可能被多次证券化。资产证券化是近 40 年来国际金融领域最重要，发展最迅速的金融创新。

（1）中国资产证券化的发展历程

中国的资产证券化道路源于 1992 年海南省三亚地产的投资证券。三亚市开发建设总公司以三亚单洲小区 800 亩土地为发行标的物，公开发行了 2 亿元的 3 年期投资证券，此为中国资产证券化尝试走出的第一步。2000 年，中国人民银行批准中国建设银行、中国工商银行为住房贷款证券化试点单位，标志着资产证券化被政府认可。

2003 年 6 月，华融资产管理公司推出了国内首个资产处置信托项目，华融将涉及全国 22 个省市 256 户企业的 132.5 亿元债权资产组成资产包，以中信信托为受托人设立财产信托，期限为 3 年。该模式已经接近真正的资产证券化项目，并且首次在国内采用了内部现金流分层的方式实现了内部信用增级。

到 2004 年，开始出现政府推动资产证券化发展的迹象。2004 年 2 月，《国务院关于推进资本市场改革开放和稳定发展的若干意见》，其中第四条"健全资本市场体系，丰富证券投资品种"提出：加大风险较低的固定收益类证券产品的开发力度，为投资者提供储蓄替代型证券投资品种，积极探索并开发资产证券化品种。2004 年 12 月 15 日，央行公布实施《全国银行间债券市场债券交易流通审核规则》，从而为资产证券化产品流通扫清障碍。

2005 年以来，中国在资产证券化的道路上有了新的发展。2005 年 3 月 21 日，由中国人民银行牵头，会同证监会、财政部等 9 个部委参加的信贷资产证券化试点工作协调小组正式决定以国开行和建行作为试点单位，分别进行信贷资产证券化和住房抵押贷款证券化的试点。随后，为促进资产证券化试点工作的顺利开展，各相关部委相继出台了一系列的配套制度。这些配套制度的推出为资产证券化的规范化运行创造了条件，也为今后中国资产证券化的深入发展奠定了制度基础。

表 10 - 1　2008 年中国银行业金融机构资产证券化试点情况

单位：亿元

项目名称	发起机构	受托机构	发行金额	发行成功日
通元 2008 年第一个个人汽车抵押贷款证券化信托	上汽通用汽车金融有限责任公司	华宝信托有限责任公司	19.93	2008.1.15
建元 2008 - 1 重整资产证券化信托	中国建设银行	中诚信托有限责任公司	27.65	2008.1.30
工元 2008 年第一期信贷资产证券化信托	中国工商银行	中诚信托有限责任公司	80.11	2008.3.28
2008 年第一期开元信贷资产证券化信托	国家开发银行	平安信托投资有限责任公司	37.66	2008.4.29
信银 2008 年第一期信贷资产证券化信托	中信银行	中诚信托有限责任公司	40.77	2008.10.10
招元 2008 年第一期信贷资产证券化信托	招商银行	中诚信托投资有限责任公司	40.92	2008.10.31
信元 2008 - 1 重整资产证券化信托	中国信达资产管理公司	中诚信托有限责任公司	48.00	2008.12.30

数据来源：中国银监会。

中国的企业资产证券化在第一阶段试点结束后，因信用增级方式、风险隔离等诸多原因一再推迟。加之美国次贷危机的负面影响，中国的资产证券化进程戛然而止。2011年8月，国务院批准信贷资产证券化继续扩大试点，这标志着中国的信贷资产证券化又重新起航。

（2）中国资产证券化的现状

中国目前的资产证券化发展水平与巨大的发展空间之间存在着显著的差距，要消除这种差距，必须从多个方面共同努力。这是因为，在中国资产证券化过程之中，存在着一系列的制约因素。长期以来，相关法律制度的缺失，金融基础工程的薄弱，以及证券化过程中诸多程序和操作问题的不明确，阻碍了中国资产证券化的探索和操作。

①相关法律不完备

由于中国资产证券化处于起步阶段，许多法律还没有完全构建起来。以美国为例，美国并无针对资产证券化的专门立法，其规范主要来自联邦和州法律，其中包括证券法、证券交易法、破产法以及1940年的投资公司法等，这些规范促进了资产证券化的规范化和法制化运营。中国目前没有出台证券化专门法规，现行公司法、合同法、信托法、银行法等法律法规对证券化存在众多阻碍，由人民银行、银监会、证监会、财政部以及国家税务总局制定的资产证券化市场的法律法规还不够完备，有许多方面和环节还没有涉及。在中国信用环境不佳、法制意识薄弱的条件下，相关法律法规的不完备意味着提高了风险水平，这在一定程度上阻碍了中国资产证券化的规范健康发展。

②信用评级机构缺失

在实施资产证券化的过程中，对资产池中的资产进行严格、公正、正确的信用评级对于证券化的资产定价具有至关重要的作用。客观、公正的信用评级能够较为真实地度量资产所蕴含的风险，从而间接决定了证券化后的资产的价格。国际上最具信誉的信用评级机构主要有如下几家：标准普尔评级集团、穆迪投资者服务公司以及Fitch IBCA，Duff & Phelp公司等。这些公司为投资者的投资决策提供了有力的信息决策支持。而现阶段国内信用评级机构普遍规模不大，彼此间的评级标准不一，其权威性存在较大质疑，难以为投资者提供客观、公正的信用评级服务。因此，投资者不得不承担国外信用评级机构高额的服务费用，从而降低了投资者的收益以及证券化资产对投资者的吸引力。

③资产证券化产品流动性不高

信贷资产证券化产品全年成交量占银行间市场全年成交量比重很低，如 2006 年全年，4 支信贷资产化产品的成交量只占银行间市场的 0.01%；而企业资产证券化产品的二级市场交易相对活跃，但流动性仍较差。

④金融机构动力不足

美国资产证券化的历史表明，当时美国一些储蓄机构陷入了严重的流动性危机，资产证券化正是发源于金融机构对外融资、解决流动性的被迫行为。在中国，一直以来都是高储蓄率，较高的银行储蓄率使金融机构很少能够陷入流动性困境，而且即使偶尔陷入了流动性危机，也有银行的银行——中央银行作为其坚强的后盾；同时，由于传统意识的约束，中国金融机构也不愿意把具有稳定现金流的资产打包兑出去。金融机构目前是中国资产证券化的主体，其进行资产证券化的动力不足，在一定程度上也影响了资产证券化在中国的发展。

当然，还有其他许多制约资产证券化在中国发展的因素，包括体制障碍、投资者不成熟、风险管理水平低、资产证券化专业人才极其缺乏等。这些制约因素的共同作用，决定了中国资产证券化将经历一个缓慢而艰难的发展过程。

2. 中国银行理财产品的发展与现状

目前中国银行推出的理财产品不仅数量众多，而且产品种类繁杂，可以根据理财产品期限、产品发行规模、产品币种结构、产品类型、挂钩产品等进行科学的分类。以下是近年银行理财产品的数据信息，数据来源于 Wind 资讯数据库和普益财富的数据库，具体如下：

从产品的投资期限来看，可分为短期产品和中长期产品。其中，短期产品是指期限为 6 个月以下和 6 个月至 1 年期的产品，中长期产品是指期限为 1~2 年和 2 年以上到期的产品。2004 年发行的理财产品主要以 12 个月以上的中长期产品为主，占比达 68.42%。随后中短期理财产品发展迅速，流动性增强。现阶段大多以中短期为主，2012 年 6 个月以下期限的银行理财产品占总数量的 61.36%，6 个月到 1 年的理财产品占到 27.27%，1~2 年的理财产品占到 6.82%，2 年以上的理财产品占到 4.55%。期限结构的变化表明银行对短期资金需求增加，客户更加注重短期的效益，对期限较长的理财产品的风险认识有所增强。

按发行规模来分，主要是由国家控股银行和上市股份制银行发行。

自 2004 年银行理财产品问世以来，每年都在以几何速度增长。但是银行理财产品真正引人注意是在 2009 年。来自普益财富的数据显示，2012 年至今，产品发行总量超过 9000 只，2009 年全年产品发行数量就为 6302只。在理财产品发行能力上，中国银行、交通银行、民生银行分别为前三名。中资银行依然在数量上占主导，国家控股银行和上市股份制银行，其产品数量占到全部外币产品的 80%，而外资银行发行产品的数量只有不到 20%。

按挂钩产品来分，主要挂钩品种利率、信用、指数、股票、汇率、基金、混合、其他 8 个类型。挂钩类理财产品以中资银行来分析，2004～2012年，中资银行以信用挂钩和汇率挂钩为主体，其中 2009 年和 2012 年信用联结类理财产品发展较快，当年理财市场份额分别达到 41% 和 39%。按类型来分，可分为保本型、浮动型、结构型。从保本型来看，从 2004～2012 年，保本型理财产品所占比例接近 70% 的市场份额。保本产品最受青睐，投资者收益需求凸显。理财产品发行的情况直接反映了市场的需求，更直接地说，是反映了广大投资者的喜好。

3. 中国信托公司的发展与现状

1979 年改革开放至今的 30 年，中国信托业在新的历史条件下演绎了一段不同寻常的发展历程。这段发展历程按照时间沿革大致可以划分为五个发展阶段。

第一阶段：起步试验阶段

（1）信托业起步试验阶段的发展历程

该阶段大致从 1979 年至 1999 年，约 20 年的时间。以 1979 年 10 月中国国际信托投资公司在北京宣告成立为标志，中国现代信托业在完全没有制度准备的情况下摸索起步。期间信托公司历经了五次大起大落的艰辛历程。最终该行业元气大伤，经验惨痛。1999 年 3 月，国务院下发国发第 12号文，宣布中国信托业的第五次清理整顿开始。这次清理整顿的措施包括：①对所有问题严重的信托公司一律实行停业整顿、关闭、撤销；②少数在解决各类历史遗留问题后，经人民银行验收和重新登记。③信证分业。④先后出台《信托法》《信托投资公司管理办法》《信托投资公司资金信托管理暂行办法》（以下简称"一法两规"）。

（2）起步试验阶段的主要信托业务

总结起来看，信托公司在 20 年无序发展的时期中，基本围绕两类主要的业务运作：

第一是负债类业务：（变相）高息揽存，大规模开展存款、贷款等债权性业务。

第二是证券类业务：包括证券经纪业务、自营证券投资和 IPO 业务。

前者被业界戏称为"二银行"，后者则被戏称为"二证券"。当然，其他业务，包括债券承销、委托贷款等也参与一部分，但远远赶不上上述两项业务的比例。

换言之，中国信托公司在长达 20 年的无序发展时期，基本就没有开展真正意义上的信托本原业务，而是利用经济转型期间出现一些政策漏洞和改革缝隙，游走于主流金融机构严格控制和禁止的业务地带，进行一些擦边运作、灰色运作、体外运作，充其量起一个拾遗补缺的作用。

第二阶段：真空停滞阶段

（1）信托业真空停滞阶段的发展历程

该阶段特指 1999~2002 年，约 4 年的时间。其间出台了《中华人民共和国信托法》、《信托投资公司管理办法》和《信托投资公司资金信托管理暂行办法》，构成中国规范发展时期信托法律的基本框架。根据一个省市原则保留 1~2 家信托公司的基本原则，信托公司数量由 1999 年的全国 230 余家，锐减至获保留资格的信托公司 60 余家，最终完成重新登记，获得经营资格的信托公司仅有 59 家。而由于 2004 年一系列信托事件的爆发，重新登记工作再次暂停，仍有 13 家被批准保留的信托公司尚未完成重新登记，成为获得保留资格，拥有工商许可，但未获得金融许可，不能正常经营的"休克型"信托公司，处境非常艰难。

（2）真空停滞阶段的主要信托业务

这一时期从信托公司开展业务的角度来说，中国信托业在 1999 年至 2002 年上半年之所以被称为真空停滞阶段，就是因为该阶段，即使完成了重新登记的信托公司，由于制度的缺失，也无法执行开展本原信托业务，对信托业务只能进行学习、培训、储备和探索。

第三阶段："一法两规"框架下的规范发展阶段

（1）信托业规范发展阶段的发展历程

中国信托业进入规范发展阶段的标志是 2002 年 7 月 18 日《信托投资公司资金信托管理暂行办法》的正式颁布实施。《信托投资公司资金信托管理暂行办法》与 2001 年 10 月 1 日实施的《中华人民共和国信托法》和 2001

年 1 月 10 日颁布的《信托公司管理办法》统称为"一法两规",成为这一时期的主要法律依据和监管准则,也是中国信托业能够得以规范发展的基石。自此,信托公司才得以按照上述"一法两规"的相关政策规定,在"受人之托,代人理财"功能定位下,规范有序地开展真正的信托本原业务,中国信托业真正步入规范发展的新时期,行业重获新生。该阶段配套法规与规范性条款频繁出台;监管理念与策略实现突破;行业性自律实现机制化,而传统惯性时有反复。

(2)规范发展阶段的主要信托业务

①集合资金信托业务一枝独秀。集合资金信托业务也成为当时中国信托业最重要、最成熟的业务形式。

②贷款为主要运用方式,投资领域传统。规范发展初期信托公司开展的信托业务还处于基础阶段,大多以贷款类信托业务为主,投资领域也主要集中在基础设施、房地产、工商企业和银行信贷资产等传统领域。这一时期,多数信托公司在"无所不能"的表象下,其实质往往是"广而不专""博而不精",盲目追求综合性、全能型的经营模式。

③信托原理广为运用,边缘地位处境尴尬。规范发展阶段后期,信托制度的优越性逐步被社会认可,信托原理被广泛发掘,信贷资产证券化、企业年金基金、保险资产投资基础设施、银信连接理财产品、QDII 都争相搭上信托制度的快车,创新盛况空前。

第四阶段:"新办法"框架下的高速扩张阶段

2007 年 1 月 23 日中国银行业监督管理委员会以 2007 年第 2 号主席令颁布了全面修订后的《信托公司管理办法》和《集合资金信托计划管理办法》(以下简称"新办法")。新办法自 2007 年 3 月 1 日起施行,原《信托投资公司管理办法》和《信托投资公司资金信托业务管理暂行办法》(以下简称"老办法")不再适用。

(1)信托业高速扩张阶段的发展历程

①重启信托公司登记

2007 年监管部门先后下发解决"历史遗留问题信托公司"的相关文件,2009 年 10 月,由信达资产管理公司重组的中国金谷国际信托有限责任公司重新开业。此后江南信托公司、华鑫信托公司等相继完成重组。这一切标志着搁置多年的信托公司重新登记的遗留问题基本得到解决,为信托业增添了新的活力。

②管理信托资产规模突破万亿元

"新办法"颁布实施后，信托公司迅速统一了思想，积极转变经营思路和业务模式，一举实现了信托业质的飞跃。2007 年末，全行业管理信托资产规模 9622 亿元，2008 年末，全行业管理信托资产规模 1.24 万亿元，2009 年末，全行业管理信托资产规模超过 2 万亿元。而"新办法"颁布实施以前，2006 年全行业管理信托资产规模只有 3617 亿元。

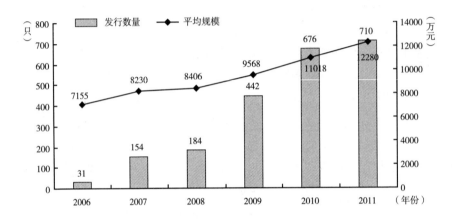

图 10 - 2 全国证券投资信托产品发行数量与平均规模比较图

资料来源：中国产业信息网整理。

表 10 - 2 2003 ~ 2012 年中国信托公司数量变动轨迹

单位：个

年份	信托公司数量	数量变动	年份	信托公司数量	数量变动
2003 年	7	—	2008 年	52	2
2004 年	34	27	2009 年	54	2
2005 年	51	17	2012 年	62	8
2006 年	46	- 5	2011 年	63	1
2007 年	50	4	2012 年	70	7

资料来源：中国产业信息网整理。

（2）高速扩张阶段的主要信托业务

①私募股权信托业务。2007 年 3 月，银监会颁布了信托业新政，鼓励信托公司从事 PE 业务。随后，信托公司的 PE 业务渐成燎原之势，中信信托于 4 月率先推出了"中信锦绣一号股权投资基金信托产品"。

②银信合作业务。中国的银信合作业务基本经历了五个阶段：产品代理销售阶段、资产交易阶段、银信连接理财阶段、股权重组阶段和目前这个问题重重的阶段。中国发展银信合作业务具有广泛的市场需求和坚实的市场基础，银信合作业务开展的初期既解决了广大投资者对多元化、复合型的金融服务与金融产品迫切的需求，又满足了商业银行拓展中间业务领域、扩大中间业务收入、发展高端客户和改善银行客户结构的现实需求，是信托制度创新的重大突破。

③阳光私募证券信托业务。证券市场投资一直是信托公司重要的业务手段之一，2007 年是私募基金通过借道信托公司实现阳光化飞速发展的一年。市场上迅速形成了以上海国投"优先/次级"为代表的"海派"证券投资信托模式，和以深国投"投资管理人"为主导的"南派"证券投资信托模式。

第五阶段："一法三规"框架下的创新突破阶段

《信托公司净资本管理办法》（草案）（以下简称《办法》）在征求意见之后，已于 2012 年 7 月 12 日经中国银行业监督管理委员会第 99 次主席会议通过，并正式下发。《办法》与 2012 年下发的一系列行政法规中均传达出一个相同的声音——"抑制被动管理型信托业务，鼓励主动管理型信托业的发展"。监管者明确引导信托公司尽快实现从"广种薄收""以量取胜"片面追求规模的粗放式经营模式，向"精耕细作"、提升业务科技含量和产品附加值内涵发展的经营模式升级转型的深层考量和战略意图。这将彻底转变信托公司的赢利模式，鞭策信托业务再次转型，使信托公司切实成长为具有核心能力的特殊资产管理机构。因此，可以预期《信托公司净资本管理办法》的实施将成为中国信托业发展进入历史新阶段的一个重要标志，它将与《信托法》《信托公司管理办法》《信托公司集合资金信托业务管理办法》一道，将中国信托业正式引入一个以"一法三规"为信托业监管主要政策依据的全新的历史发展时期。

4. 民间金融的发展历程和现状

民间金融是与官方金融的相对而言的。官方金融是属于正式金融体制范围内的，即纳入中国金融监管机构管理的金融活动。因此，民间金融主要是指在中国银行保险系统、证券市场、农村信用社以外的经济主体所从事的融资活动，属于非正规金融范畴（未观测金融）。

具体来说，民间金融具备以下几个方面的含义：

①从交易活动的主体来看，交易的对手基本上是从正式金融部门得不到融资安排的经济行为人，比如发生相互借贷行为的农民，获得创业资本的企业。

②交易对象是不被正式金融所认可的非标准化合同性的金融工具。

③正式的金融中介具有规范的机构和固定的经营场所，而目前的民间金融一般不具备这些特征。

④民间金融一般处于金融监管当局的监管范围之外。

自1978年起的农村金融的改革，基本上是政府主导的以正规农村金融机构（农行、农发行、农信社）为核心的改革，来自民间的非正规的金融机构（农村合作基金会）仍然是处于一种补充的地位，决策者希望放开民间资本能够活跃农村经济，但是由于缺乏有效的监管，导致了风险的积聚，最后在恶劣的外部经济环境刺激下爆发挤兑风潮，严重威胁了社会的稳定，使得最后国务院不得不下令取缔农村合作基金会，而在2008年全球金融危机的影响下，为了实现中国经济的战略转型，拓展国内的消费市场，监管层再次放开民间资本的流动，民间资本的两面性由此可见一斑：放得宽了，容易积聚风险，冲击整个金融体系，甚至威胁到整个社会的稳定；抓得太死，又限制了民间资本的流动，不利于农村经济的发展，而且是在变相催生高利贷这类的地下金融。

三　影子银行体系的几个功能

（一）影子银行信用中介功能

20世纪80年代崛起的影子银行体系是复杂金融体系诞生的标志，大大提升与扩展了金融功能。影子银行在现代经济活动中不仅发挥着类似传统银行的功能，而且在不断丰富、扩展、提升与创新传统功能的形式与过程，同时还承载着其他的经济功能。

根据Pozsar等（2010年）所做的研究，影子银行的业务流程一般可分为以下几个步骤：

1. 贷款的发起。该业务一般由商业银行或金融公司负责发起。金融公司所需资金来源于商业票据、中期票据或债券的发行，商业银行的资金来自于存款或债券的发行。

2. 贷款的仓储。贷款的仓储一般由单卖方管道、多卖方管道或 FHLB 实现。管道一般通过发行资产支持商业票据（ABCP）获得资金，FHLB 所需资金通过发行机构债券或折现票据筹集。

3. 资产支持证券的（ABS）发行。ABS 的构建与发行主要由房利美、房地美这样的政府支持企业及经纪交易商发起的特殊目的载体（SPV）完成。

4. 资产支持证券的仓储。该业务通过经纪交易商的交易账户或管道实现；通过回购、ABCP 发行等获得资金。

5. ABS 债务担保凭证（CDO）的发行。经纪交易商的抵押担保证券工作组或 SPV 将 ABS 群组化、结构化，生成 CDO 并予以发行。

6. ABS 的中介业务。ABS 的中介活动由有限目的金融公司，结构投资工具（SIV），证券套利管道以及信用对冲基金等机构负责；通过回购，ABCP、中期票据、债券以及资本票据发行等多种渠道筹集资金。

7. 批发性融资。融资活动在资金批发市场进行，资金的供应方一般为货币市场基金以及货币市场直接投资者。此外，养老金及保险公司通过购买较长期限的中期票据和债券为影子银行提供资金。

上述影子信用中介流程将各类影子银行编织成了一个网络，该网络是影子银行体系的支柱，扮演着与传统银行信用中介类似的经济角色，如图 10 - 3 所示。

需要指出的是，并非所有的影子信用中介业务流程都严格地按照以上七步进行，有些中介活动流程较短，有些则涉及更多的步骤。一般而言，贷款池中的资产质量越差，为"改进"资产质量所需的业务链条就越长，其目的是要使标的资产的质量能符合货币市场共同基金的投资标准。根据经验，质量差的长期限贷款的中介流程需至少涵盖以上提到的七个步骤，而质量好的短期至中期的贷款的中介流程一般只需三到四步。无论中介链条是长是短，它总是从贷款发起开始，至批发融资结束，且在影子信用中介过程中每一类影子银行仅出现一次。

（二）影子银行的信用创造功能

1. 理解影子银行体系的信用创造机制

研究影子银行体系是否具有信用创造功能、是怎样的一个信用创造过程非常重要。理论上所讲的信用创造过程在实践中对应的是对实体经济的

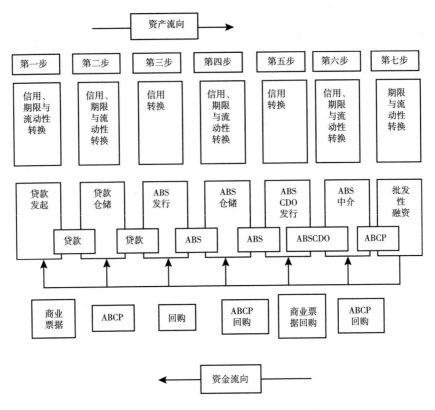

图 10-3 影子银行信用中介的业务流程

资料来源：Shadow banking（Pozsar 等，2010）。

融资支持过程，信用创造是经济发展的充分条件之一，在中央银行出现后也成为货币政策的主要调节对象。

（1）影子银行体系为什么具备独立的信用创造功能

影子银行体系具备与商业银行平行的信用创造或货币供给机制。

①从功能角度看

影子银行机构具有合法和独立的吸收、配置资金的权利，以及结构化的现金流匹配能力。影子银行机构在金融创新理念和技术的支撑下，主动满足全社会的货币需求，而且在无中央银行存款准备金制度的约束下调动并运用全社会闲置资金（方式是利用私人发行的债务如次级债券、股权），加速货币的流动，创造流动性，实现信用规模的扩张。影子银行机构之间相互配合，其信用创造过程与商业银行独立而且平行。

②从形式角度看

影子银行体系依附于商业银行而存在，或者直接在商业银行表外从事类似业务，或者独立于商业银行从事平行业务。在功能趋同的同时，影子银行和商业银行在形式上（包括融资结构、资金流向）也越来越趋同化。

故此，作为金融中介，商业银行与影子银行体系的资金结构、业务和功能在不断地趋同。商业银行的边界不断地被模糊，影子银行体系从最初的商业银行表外附属机构不断地独立出来，二者是平行关系，而不是从属关系或客户关系。这也是分析和测算影子银行体系信用创造机制和规模的理论基础。

（2）影子银行体系信用创造机制

除了间接进入传统信贷市场从而放大商业银行的货币供给能力外，影子银行体系自身的资金运营也具有货币供给能力。

早在20世纪60年代，Gurley和Shaw（1960年）已经开始关注非银行金融机构的货币创造行为，并用内在货币-外在货币框架论述了这一过程。耶鲁大学管理学院教授Gorton在20世纪八九十年代曾零散地研究过各种非银行金融中介及其货币创造活动。金融危机后，Gorton（1990年）很快意识到，从理论层次总结影子银行体系及其信用创造机制成为一个新的重要研究领域，而自己以往的研究就是现今不少学者所指的影子银行体系。国内也有学者对危机中的信用扩张问题有所关注。易宪容（2009年）提出，信用扩张过度是此次金融危机的根源，而影子银行是信用扩张的工具。汤震宇等（2009年）提出金融创新参与了信用创造机制。他们分析的共同特点是，分析尚停留在商业银行的信用创造过程，未意识到影子银行体系具有独立的信用创造机制。

货币市场基金可以作为独立的影子银行机构，也可以作为整个证券化影子银行体系的资金供给者角色。因此，可以从两个大的方面理解影子银行体系的信用创造机制：一是从金融产品和金融机构角度理解前面两类影子银行机构的信用创造机制；二是第三方支付体系的独立的信用创造机制。

（3）以金融产品为中心的证券化影子银行体系信用创造机制

不同于存款融资，影子银行体系依赖于货币市场短期或超短期融资。为影子银行机构提供资金来源的存款性机构是货币市场基金等机构，它们通过发行典型的与商业银行存款具有竞争性的金融理财产品获取资金。而后，货币市场基金等机构将获取的资金以回购协议方式（回购的标的多是资产支持商业票据等金融产品）投向有大量资金需求的投资银行、金融公司等影子银行机构。后者通过直接贷款或购买贷款，设计出结构化理财产品向所有的市场投资者出售。同时，投资银行等机构自身也以这些金融产品作为抵押向存款性影子银行机构融资，最终实现影子银行体系资金的完整循环。

（4）以金融机构为中心的证券化影子银行体系信用创造机制

回购协议市场自 20 世纪 70 年代产生以来，至 2008 年金融危机爆发前夕，已经成为影子银行机构最重要的融资途径和场所。据统计，投资银行有一半以上的资产是靠回购协议市场融资。回购协议本身是由投资银行等融资方的抵押品支撑的，抵押品的价值则随基础资产如房屋的市场价格波动，属于质押性质。在欧美国家，质押品可以多次循环使用，类似于商业银行的原始存款。而再抵押融资就是抵押品创造和信用创造的双重过程。抵押品的基础价值是影子银行体系信用创造中的基础货币，再抵押融资的杠杆水平则是决定资金流转速度的因素，也是决定影子银行体系信用创造乘数的因素，而决定再融资倍数的主要因素则是逆回购协议中的预留扣减率（haircut）。预留扣减率越低，影子银行机构通过回购协议融资的杠杆倍数越大；反之，预留扣减率越高，影子银行机构融资的杠杆倍数则越小。金融危机之前，在影子银行体系发展壮大期间，预留扣减率经常低至 5% 以下，意味着其杠杆规模在 20 倍以上。假设影子银行机构通过再抵押融资获得资金后，完全在影子银行体系中进行下一轮的融资活动：通过抵押或质押融资融出资金，获取新的抵押品之后进行再抵押融资，投入影子银行体系……

从理论上而言，这一货币供给过程可以只受一个因素影响，即预留扣减率。预留扣减率决定了影子银行机构不能融到与抵押品面值完全相等的资金规模，而且质押品价格本身也在随市场波动。所以，此处假设没有其他金融监管负担和因素，只有预留扣减率能约束影子银行体系的信用扩张能力，所以，派生货币乘数为 1/预留扣减率。

由于目前的影子银行体系中没有证券最后贷款人（SLLR），因此，除了预留扣减率之外，影子银行体系不需要缴纳存款准备金等税收。故此，从理论上而言，可以将原始的抵押品理解为影子银行体系的原始存款，考虑再抵押机制产生的乘数效应，可以抽象地估计影子银行体系创造信用的能力。

假设 1：影子银行自有的抵押品和持有的客户的抵押品可以再抵押

融资。

假设 2：再抵押融资的资金不存入商业银行，全部投入下一轮的融资活动。

假设 3：每一轮再融资的预留扣减率相同，且除了预留扣减率之外，没有其他任何来自货币当局的税收约束。

则影子银行体系的信用扩张能力或者信用扩张规模为：

影子银行体系信用创造规模 = "原始存款" + "派生存款" = （客户原始抵押品 + 影子银行机构自有的抵押品）×1/预留扣减率

（三）影子银行的流动性创造功能

1. 传统的信用创造理论

（1）金融中介角色的扮演过程：创造流动性

金融中介机构是指经济中在最终借款人（债务人）与最终贷款人（债权人）之间充当中间人的机构。金融中介机构从最终贷款人处借入资金或是以发行自身负债进行交换的方式从其他金融中介机构借入资金，然后再贷给别人，接受这些人的负债。

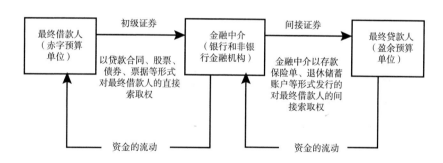

图 10 - 4　金融中介融资示意图

资料来源：唐红娟：《影子银行体系：功能、脆弱性和监管改革》[M]，北京：知识产权出版社，第 12 页。

20 世纪 60 年代美国经济学家 Gurley（格利）和 Shaw（肖）提出"信用替换论"，他们认为，金融中介（银行、共同基金、保险公司等）是对金融契约和证券进行转化的机构。金融中介发行的金融债权对普通储户来说远远比直接由企业发行的债权更有吸引力。在充当资产转换的媒介过程中，金融中介购买由企业发行的金融形式的权利——股票、债券和其他债权等所谓的一级证券，又称初级证券，并以存单、保险单等形式向居民投资者和其他部门出售金融形式的所有权，为购买这些企业证券筹集资金。金融中介通过负债形式所创造的这些债权凭证被视为二级证券或间接证券，这些间接证券有的具有货币性，有的不具有货币性。可见，金融中介的功能体现于通过自身的行为进行"资产变换"，即初级证券与间接证券的变换，期限和风险转换使得借贷双方在金融资产类型上得到匹配，满足资金余缺双方的资金要求，金融中介扮演中间人角色的过程，就是创造流动性的过程。

（2）银行与非银行金融机构在信用创造中的作用

传统货币理论认为银行金融中介机构所创造的负债本身是"可用作支付"的，这是银行中介机构所独有的。银行的负债（现金和活期存款）最具流动性，并且被普遍接受。相比而言，非银行金融机构的负债既不是一种直接的交换手段，也不是交换手段的完全替代品。商业银行创造信用的实质，从整个社会再生产过程看，是信用工具的创造（如银行券和支票货币等）。商业银行以非现金形式增加了社会货币供应量，或者说以存款货币的形式来弥补了流通中现金的不足，商业银行创造性地扩大了存款规模，从而也扩大了商业银行可运用的贷款规模，扩大了社会信用总量。

对于非银行金融机构，它不接受活期存款，因此无法以贷入客户活期存款账户的方式来增加放款，必须减少资金储备才能增加贷款，并且无法增加其存款。商业银行是可贷资金的创造者，而其他金融机构则只是可贷资金的经纪人。如果非银行金融机构通过中央银行或货币市场的借款，来履行信用创造的功能，它就必须增加其储备资产作为借款的保证，这样会增加融资的成本，降低融资的规模，难以达到信用创造的目的。

2. 广义流动性创造

在市场主导型的金融结构下，具有较强市场流动性的金融资产被纳入广义流动性的范畴，在总量上，广义流动性包括了各种信用形式在内的社会信用总量。从传统的信用创造理论看，流动性的创造机制实质上是资产期限的转换机制。随着影子银行体系的迅猛发展，其所创造的大量金融衍生品成为货币的替代工具。这些金融衍生品在过去几年导致整个社会信用或者说可贷资金总量的大规模扩张，并成为一种新的流动性创造形式。

（1）理论发展

Gurley 和 Shaw（1960 年）从金融中介机构的类同性出发，分析银行和其他非银行金融机构在信用创造中的作用。认为金融中介机构的主要职能是从最终借款人那里买进初级证券，并为最终贷款人持有资产而发行间接证券，无论银行还是非银行金融机构，都是通过购买初级证券并创造自身债权的金融机构。

Gurley 和 Shaw 把金融中介机构分为两类，即货币系统与非货币系统的中介机构。货币系统和非货币中介机构都创造金融资产，货币系统中介机构购买初级证券创造货币，其他中介机构购买货币时，则创造各种形式非货币的间接证券。它们在这方面的区别并不在于哪个创造了和哪个没创造，而在于各自创造了独特形式的债务。重要的是这两类金融中介机构都创造金融债权，它们都可以根据持有的某类资产而创造出成倍的特定债权，这增加了整个社会可贷资金的供应，即增加了社会的流动性，并产生大于事先储蓄的超额事先投资。因此，银行与非银行金融中介机构在充当信用中介过程中并没有本质的不同，它们都创造某种形式的债权，都发挥信用创造的作用。Gurley 和 Shaw 还认为，货币系统和非货币系统中介机构的竞争取决于它们所创造的金融资产间的替代程度。在多样化的资产余额中，在一定的国民收入水平下，非货币的金融资产作为货币的替代品越充分，货币供给就越少。

Tobin（1963）认为，商业银行无限制地创造货币的能力只是一种表象，商业银行在向客户贷款时可以只在客户的存款账户上增加相当于贷款的款项，而不必付出真实的支付工具，从而使银行的资产负债同时增加，其他金融机构却不能这样。但从动态过程看，客户总要使用这笔贷款，一旦使用，银行就必须支付真实的支付工具。除非银行找到新的存款来源，否则银行的资产与负债就不能保持原有的水平。同样，其他金融机构只要能够找到新的存款客户，也能不断地向需求者提供资金。因此，商业银行的贷款规模同其他中介机构的贷款总额一样，受制于同样的经济过程。Tobin 强调，随着金融业的不断发展和内部竞争的加剧，资产形式的日益多样化发展和资产可替代性的增加，货币与其他间接金融资产具有同一性，银行与非银行金融机构在货币创造能力方面只有程度差别，并没有本质的差别。

（2）影子银行体系与广义流动性的创造

影子银行虽然没有传统银行的组织机构，但仍发挥着事实上的银行功能。它们为资金稀缺者和市场资金盈余者之间搭建桥梁，成为资金稀缺者融资的中间媒介。商业银行是以负债的形式从资金的盈余单位取得资金，然后以资产的形式提供给资金的需求单位。而影子银行通过创造各种证券化产品从资本市场融资，形成其负债，其资产业务主要是运用融来的资金购买按揭抵押贷款协议，以及其他金融创新产品，通过大规模地扩张其资产负债表来创造出更多的流动性。不管银行还是非银行金融机构，流动性创造的实质都是信用工具的创造，不同之处在于银行创造的是银行券或支票等货币类信用工具，而非银行金融机构创造的信用工具通常包括基金份额、保险单、股份以及其他证券形式的流动性资产。通过发行各种非货币债权，非银行金融机构参与到资产的到期转换活动中，并且为市场提供流动性支持。

资产证券化是金融市场上的一种金融衍生产品，近年来发展十分迅速。它是将不流动的金融资产转化成流动的资本市场证券，可以通过资金重新配置，达到分散风险的目的。证券化的发展使影子银行体系在信贷供给方面发挥越来越大的作用。从次级抵押贷款利益链条可见，非银行金融机构参与到次级贷款证券化的整个过程中。美国担保债务凭证（Collaterate Debt Obligation，简称CDO）的持有机构中，影子银行体系占据了近90%的份额。

资产证券化对流动性创造的影响可以归纳为两方面：一方面，通过贷款证券化，银行自身的流动性增加，可以突破资产负债表、监管性的资本充足率的限制发放更多的贷款，银行的贷款规模出现自我膨胀，从而信用创造功能进一步增强，创造出更多的流动性；另一方面，影子银行参与到贷款证券化的过程中，通过金融创新，不断地"资产证券化—再证券化"（Resecuritization），流动性较差的银行贷款可以转变为任何期限、任何货币、任何利率的资产支持证券或其他金融衍生产品，这在一定程度上拉长了信用资金链条。非银行金融机构通常采用杠杆交易，并且不像商业银行那样受到存款准备金率和资本充足率的约束，因此其潜在的信用扩张倍数达到几十倍，使得社会总体流动性迅速增加，出现流动性过剩的局面。

综上所述，影子银行以证券化的方式实现流动性的扩张，而投资者的信心和金融创新是影响流动性创造的重要因素。影子银行提供的流动性对市场变化的敏感性较高，也就是说，只要金融市场处于繁荣阶段，资产价格处于上升周期，投资者仍有能力和意愿提供资金支持资产证券化等金融创新工具在金融市场流通，市场中也就不会出现流动性枯竭。这种流动性不断增加是在金融市场的内部实现的，而不是传统的通过向银行申请贷款来实现，因此，这种流动性的创造方式是一种"内生流动性的扩张"。

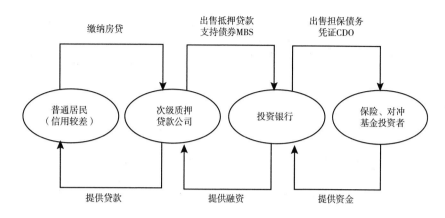

图 10 - 5　次级抵押贷款利益链条

资料来源：周丽萍：《影子银行体系的信用创造：机制、效应和应对思路》[J]，金融评论，2011。

四　影子银行带来的问题

影子银行在一定程度上填补了正规银行的不足，解决了部分企业，尤其是中小企业的融资难问题，对活跃金融市场、完善金融体系发挥着日益重要的作用。但影子银行在发展过程中不可避免地会带来一些问题。

（一）影子银行削弱了货币政策的效果

1. 影子银行削弱了存款准备金政策的效果

影子银行对存款准备金政策的影响是通过现金漏损率来实现的。随着越来越多的资金流出传统银行体系，流向影子银行，增大了能够影响货币乘数大小的现金漏损率，使得存款准备金率工具的效力减弱。例如，2011年以来央行6次上调存款准备金率以对冲流动性，意图通过控制银行体系货币供给能力对实体经济产生影响，而影子银行在一定程度上削弱了当前货币政策调控的效果。

2. 影子银行扭曲了基准利率的价格信号机制

目前，中国金融机构存贷款利率实行存款利率上限和贷款利率下限管制。而影子银行体系的金融产品创新在很大程度上意味着实际利率放开：委托贷款允许企业存款人通过银行，以位于存贷款利率之间的协议利率向融资人贷款；银行承兑汇票可以低于基准贷款利率的市场利率贴现；理财产品通常为存款人提供高于存款基准利率的收益率。2011年以来，在实施稳健的货币政策的背景下，影子银行对利率政策的影响体现在以下两个方面：

一方面，影子银行推高了资金利率水平，降低了基准利率的指导性。如2011年，台州13家银行1～10月理财产品平均利息率为4.64%，高于一年期存款基准利率水平。同时，票据利率屡创新高，10月，浙江省银票直贴利率和买断式转贴现利率再次刷新年内高点，分别为11.53%和9.32%，同比分别上升6.77个百分点和5.77个百分点。

另一方面，影子银行在解决中小企业融资困境的同时，提高了中小企业资金使用成本。在当前低利率、高存款准备金率的经济环境下，银行有限的资金主要流向强势大企业，中小企业所获资金甚少。为了维持生存，中小企业不得不以高得多的利率从担保公司、地下钱庄、典当行等影子银行借入高息资金。"影子银行"巨大的利差空间，又反过来诱使银行资金越过重重监管"曲线"流向"影子银行"。

3. 影子银行影响了货币政策中介目标的有效性

影子银行的发展对货币供应量中介目标的有效性产生负面影响，使货币政策的执行难度加大。一是使得货币供应量的可测性降低，已计入的货币供应量与实际货币供给量不符。例如，2011年以来广义货币供应量（M_2）频繁异动，1月同比增幅17.2%，2月增速骤降至15.7%，3月回升至16.6%，随后逐月下降至9月的13%。其间波动已超出信贷和外汇占款所能解释的范围。事实上，由于替代性金融资产没有计入货币供应量，使得目前M_2的统计比实际状况有所低估。二是使得货币供应量的可控性减弱，包括货币乘数效应不确定性加大，预见性降低，加大了全社会货币供给的内生性。例如，台州市2011年1～10月银行发售理财产品共募集资金390.1亿元，若计入银行信贷资产，则2012年来全市各项贷款将实现同比多增265.18亿元。

（二）影子银行体系带来的系统风险

1. 逃避监管掩盖了银行资产负债表的真实情况

从总体上看，国内的理财产品还没有完全置于央行的监管框架之下。银行通过发行信贷类理财产品以各种方式将信贷资产转移至表外，变相增加了实际信贷规模，与央行调控的目标和方向相悖。此外，理财产品资金池的运作模式，投资信息不透明，尤其是组合型投资模式，由于是将理财资金汇总到一个大的资金池中进行统一管理，投资过程中出现的问题难以进行监管，给投资者的理财资金造成风险。首先是没有对银行资产管理和理财产品正名，没有对不同银行实施不同准入标准而带来的市场风险。并非所有银行都适合推出理财产品，也并非所有银行都能管理好理财资金所投项目风险，那些运作不规范、没有前后台、没有制度、随便几个人就干理财的银行，如果不实施分类管理和理财产品资质认定，如果理财市场对所有银行都大门洞开，那么鱼龙混杂的结果必然是理财产品泥沙俱下、风险隐患丛生。

2. 期限错配使得影子银行具有更高的流动性风险

期限错配，就是指银行（或影子银行）的资金来源多是短期性的居民储蓄，而资金运用则多投向企业中长期贷款。在经济繁荣期，这种"短存长贷"的风险会被掩盖起来，而一旦经济陷入周期性低谷，则会放大银行的流动性风险。以商业银行理财产品为例，商业银行普遍采用"资产池"的模式来运作理财业务，即银行发行的短期理财产品资金都进入一个表外资金池，靠不断滚动发行来保证资金池的容量。一旦外部流动性出现变化，"借新还旧"不能继续，那么资金池将出现萎缩，银行只能被迫变现资产。

一些商业银行不会遴选信托资产项目，缺乏甄别和评价项目风险的能力，过度将资金投向政府融资平台、产能过剩行业和房企，增加了资金池直接或间接持有的各类资产的不安全性，易引发影子银行风险。"理财资金池"与所对应的"信托资产池"出现期限错配、"一对多"的情况并不可怕，只要银行对理财资金所投资项目实施全流程、比贷款更严格的风险管理，同时每笔负债清楚地和相匹配的池内资产构成对应，资产和负债的错配在可承受范围内，并且池内有流动性储备，池外有流动性支持体系，银行能对资产质量逐笔分析，逐笔评估，并统一评估资产池，影子银行的风险就会降到最低。真正可怕的是银行理财资金池内的资金与基础资产的关系变得模糊不清，银行无法对其进行合理分析和评估，以至于项目方将资金挪用到银行风险管理视野之外的虚拟经济领域，甚至去消费，而银行对此却浑然不知或视而不见。一旦银行的理财资金池对应的是这类金蝉脱壳、名不副实的信托资产池，影子银行风险爆发，其实就只是时间问题了。

3. 与传统银行关联度高蕴含较高的系统性风险

影子银行存在于社会金融活动主体，并与传统银行有千丝万缕的联系，一旦影子银行遇到困境，传统银行必然受到影响。首先，隐含于银行机构内部的影子银行的开户和结算都在正规银行业体系内，这部分影子银行业务属于商业银行的有机组成部分。其次，民间金融活动与正规银行信贷关联度较高。一方面，大量银行资金流向民间借贷市场，用于赚取利差。另一方面，大量的民间借贷被用于还贷垫款、冲存款。不管是中间的哪一个环节出现问题，都不可避免地影响到银行。

4. 较低的信息透明度导致外部评级失灵

影子银行系统本身的产品结构复杂，信息披露不完全。影子银行为了提高证券的发行规模和证券的收益率，在淡化基础资产的同时强化证券化过程中的附加值，并有意识地减少信息披露。由于证券化产品过于复杂，很多机构投资者对证券化产品的定价并没有深入了解，而是完全依赖产品的信用评级来进行投资决策。结果是，证券化产品偏高的信用评级引发了机构投资者的非理性追捧，进而导致风险的积累，并最终带来市场的脆弱性。

5. 缺乏监管约束使得风险可控性降低

影子银行系统还对全球金融监管系统的有效性和完备性提出了挑战。影子银行不受金融监管机构的监管，不需要留存准备金，资本运作的杠杆率很高。由于影子银行交易的隐蔽性及对监管的规避，从而减少了来自监管当局的监管约束，进而降低了风险的可控性。当监管当局发现影子银行系统存在严重问题的时候，整个金融系统已经陷入了一种不可控的崩溃状态。

五　针对影子银行问题的对策建议

国际金融危机爆发后，各国纷纷认识到影子银行的快速发展和高杠杆操作给整个金融体系带来的巨大影响。因此，各国际组织和主要发达国家监管部门开始对影子银行进行研究，并陆续出台一系列加强影子银行体系监管的法律法规和监管政策。主要措施包括扩大监管范围，加强对银行的监管，加强信息披露，加强监管立法和完善监管体系。

中国金融市场的发育程度和发展阶段与发达国家差距较大，但影子银行业务也在中国金融领域逐步发展起来，特别是那些在当前国家宏观调控下，通过监管套利或逃避监管而产生的非银行信用中介的组织和活动，由于受到的宏观以及微观审慎监管约束不足，极易带来传染性风险，甚至引发系统性风险。因此，有针对性地研究中国应对影子银行体系风险的对策十分必要。

（一）货币政策调控的改进与完善

1. 完善货币政策中介目标

一是建立能够准确衡量全社会融资总量的指标体系。二是货币政策调控更加注重运用利率等价格型货币政策工具。

2. 完善货币政策调控工具

一是完善数量型货币政策工具的使用，对银行存款准备金统计口径进行调整，原来的统计口径应当改变仅以商业银行信贷为主的做法，将这部分资金归入货币供给的统计范围之内，以此来扩大准备金计算的基数。通过口径的调整来更有效地应对信贷规避、银行表外融资等现象导致的中央银行对准备金控制力降低的问题。因此，在银行统计的基础上尝试建立针对信托公司、基金公司理财产品等不同资产形式的差别准备金制度，控制其资金运用的杠杆，有针对性地计提这些机构资产的准备金，使准备金制度运行更为有效。

3. 提高中央银行再贴现工具的效力

一是在我国未来利率市场化持续推进的过程中，构建以票据市场利率为基础的再贴现利率市场化形成机制，引导资金合理循环、回流，提高中央银行货币数量调控的有效性。二是加大公开市场业务操作力度，大力发展国债市场，特别重视短期国债的发行，提高国债流通性，整合国债市场。加强同业拆借市场、短期债券市场和票据市场之间的联通性和协调性，提高资金流动效率，构建利率市场化形成机制的基础，为中央银行货币政策能够准确传导提供保证。三是加快利率市场化体系建设，并建立完善的存款保险（放心保）制度、促进金融机构正当竞争、提高银行议价能力，将货币政策调控方式从直接调控逐步转变到间接调控上来。

4. 完善货币政策传导机制

一是加强对商业银行经营行为的监督管理，对商业银行的资产证券化、理财、委托信托等行为进行规范。同时，中央银行应当从政策层面为规范中小企业融资行为、缓解融资困境提供便利，抑制影子银行体系中的不规范操作，巩固商业银行的货币政策传导途径。二是增强调控机制针对性，中央银行应当加大对影子银行体系的调控，关注和监测影子银行资金收益率变化对资金流向和融资结构的影响，对影子银行的资金价格进行有效管理、规范和控制。在货币政策对影子银行的调控中，应当更多地依靠、利用利率等价格型货币政策工具来强化对影子银行产品价格的影响，疏通价格传导渠道，控制影子银行体系流动性，最终实现配合宏观经济政策调控对整个影子银行体系的有效管理。

（二）审慎应对影子银行体系带来的系统风险

借鉴国际经验，结合中国实际，采取措施引导影子银行体系健康发展，有效防范系统性金融风险。

1. 加强影子银行监管

将影子银行纳入监管范围，对常见的银保合作、银担合作、房地产信托等非银行传统业务，应进行科学严格的审批。加大对影子银行业务的调研力度，充分了解其运行机制和存在风险，根据宏观金融环境和经济社会发展的需要，制定监管的相关措施，并形成有效的风险管控机制。建立完善的影子银行业务准入和退出的审批机制，对其机构、人员、业务进行规范化管理。同时还要加强与国际监管机构的合作，加强并表监管和跨境监管，降低影子银行系统的跨境关联性。

2. 坚持分业经营

混业经营打通了信贷市场、资本市场和保险市场的边界，模糊自营和代客业务之间的界限，使银行不再坚持"客户为本"的理念。因此，应审慎推进金融市场混业经营和资产证券化，严格控制不良资产和没有稳定现金流的资产的证券化。坚持信贷市场、资本市场和保险市场的"防火"建设，取消银行对债券发行的担保，严查信贷资金违规进入股市，加强银行债券包销的风险控制。审慎推动商业银行开展综合性试点，做到"能进能退"。对于银行控股的非银行子公司，在一定期限内达不到同业水平或者不能为银行主业带来经济增加值的，应该制订具体的退出计划。

3. 提高监管透明度

提高金融市场运作的透明度，完善问责机制，避免金融市场参与者不顾风险的短视行为。对于重大立法，坚持向社会公众征求意见。建立危机预警系统，及时发现金融市场存在的问题，消除监管盲点和可能存在的漏洞。制定较为完善的风险压力测试办法，提高重大信息披露的质量和时效性。同时还要加强机构和地区间的合作。

4. 合理确定杠杆比例

银行业是一个依靠高杠杆运作的行业，但是过高的杠杆比例会放大银行自身的风险，从而引发更大的危机。因此，应该制定合适的杠杆比例。另外，还应该设定商业银行的杠杆率上限，防止风险扩大，确保银行运行的稳健性。

六　结论

从金融结构的发展趋势看，影子银行是非传统融资市场和非银行信用中介的创新，对这些金融创新的风险特征和功能效率分类讨论，采取不同的监管政策，在防范系统性风险的同时最大化其促进金融结构改进的作用。

第一，影子银行本质上是一种金融创新，在当前金融结构市场化和社会融资多元化背景下，应避免简单搬用影子银行的概念，而更多地从服务实体经济、促进非传统银行业务健康发展的角度来规范和引导这些金融创新。影子银行从特定角度说是一类特殊的金融创新，它具有金融创新所拥有的基本特征，当前可能会以银行理财作为表现形式，在新的市场环境下可能会以另一种金融创新的方式出现。然而，并非所有正规金融体系之外的、非传统银行业务的金融创新都应该划入可能引发系统性风险的影子银行的范畴，对待不会引发系统性风险的金融创新应从调整社会融资结构的角度积极鼓励和推进。

第二，对非传统银行业务的金融创新进行区别和细分，针对不同的风险特征实施差别化监管，其中监管的关键环节应当是银行资金是否流入具有影子银行特征的机构中并促使其杠杆的扩张。对所有的非传统银行业务不能一概而论，应该根据金融创新的机构主体和风险特征等要素对其进行适当的区分，实施有针对性的差别化监管。

参 考 文 献

[1] 刘汉章：《加入 WTO 对中国钢铁企业的影响及策略分析》，《中国工业经济》2002 年第 5 期。

[2] 徐康宁、韩剑：《中国钢铁产业的集中度、布局与结构优化研究》，《中国工业经济》2006 年第 2 期。

[3] 郎莹、王东杰：《国内钢铁行业横向并购的形势与动因分析》，《经济纵横》2009 年第 2 期。

[4] 陈书荣：《我国城市化现状、问题及发展前景》，《城市问题》2000 年第 1 期。

[5] 李晓荣、伊丽娜：《对我国钢铁行业目前的状况及未来走势分析》，《国泰君安证券》2004 年第 5 期。

[6] 侯永丰：《论钢铁外贸面临的困难及应对策略》，《现代商贸工业》2010 年第 22 期。

[7] 赵美玲、陈海波、张华：《我国钢铁贸易发展的 SWOT 分析及对策建议》，《商场现代化》2008 年第 26 期。

[8] 杨丽梅、陈春华：《中国钢铁国际贸易现状、问题及应对策略》，《商场现代化》2009 年第 7 期。

[9] 王小广：《宏观经济走势对钢铁业的影响》，《兰格钢铁》2007 年第 11 期。

[10] 沈辉、曾祖勤：《太阳能光伏发电技术》，化学工业出版社，2005。

[11] 狄丹：《太阳能光伏发电是理想的可再生能源》，《华中电力》2008 年第 5 期。

［12］邢运民、陶永红：《现代能源与发电技术》，西安电子科技大学出版社，2007。

［13］樊立萍、王忠庆《电力电子技术》，中国林业出版社，2008。

［14］刘宏、吴达成、杨志刚、翟永辉：《家用太阳能光伏电源系统》，化学工业出版社，2009。

［15］Hua C.，Lin J. G.，Shen C. M.，"Implementation of a DSP controlled photovoltaic system with peak power tracking," *IEEE Transactons on Industrial Electonics*，1998.

［16］郑诗程：《光伏发电系统及其控制的研究》，合肥工业大学博士学位论文，2010。

［17］王兆安、黄俊：《电力电子技术》，机械工业出版社，2012。

［18］《太阳光发电协会》，《太阳能光伏发电系统的设计与施工》，刘树民，宏伟译，科学出版社，2004。

［19］刘凤君：《现代逆变技术及应用》，电子工业出版社，2006。

［20］罗运俊、何锌年、王长贵：《太阳能利用技术》，化学工业出版社。

［21］夏爱民、李华、马胜红：《2012 年光伏产业将进入脱乳期——全球光伏产业发展趋势展望》，《阳光能源》2012 年第 9 期。

［22］清源计算机工作室：《Protel 99 SE 原理图与 PCB 及仿真》，机械工业出版社，2010。

［23］奥本海姆、威尔斯基、纳瓦布：《信号与系统》，刘树棠译，西安交通大学出版社，2013。

［24］陕西省标准化研究院：《光伏产业标准汇编》，中国标准出版社，2011。

［25］章华：《基于 SCP 范式的中国民航运输产业分析》，硕士学位论文，上海交通大学，2008。

［26］禾祺夫：《中国民航产业市场绩效与市场结构浅析》，《学理论》2010 年第 24 期。

［27］周江军：《我国民航运输业发展的制约因素分析》，《山东科技大学学报（社会科学版）》2003 年第 4 期。

［28］蔡缦华：《中国航空货运的现状与发展策略》，《中国民用航空》2005 年第 1 期。

［29］《中国民航运输业的市场结构》，《行为和绩效》，http：//wenku.

baidu. com/view/f762717927284b73f242504a. html。

[30] 杨俊杰、缪建营：《民营航空公司竞争战略的 SWOT 分析》，《产业与科技论坛》2010 年第 11 期。

[31] 刘岚、刘旸：《中国民营航空业发展战略探讨》，《西安财经学院学报》2006 年第 2 期。

[32] 孟丁：《中国民航业的发展现状及竞争环境分析》，《江苏商论》2003 年第 12 期。

[33] 《中国航空业发展存在的问题及分析对策》，百度文库，http：//wenku. baidu. com/view/8d5cfef49e31433239689335. html。

[34] 潘海颖：《中国民营航空战略分新——以春秋航空为例》，《经济论坛》2006 年第 21 期。

[35] 陈素白、于利军：《中国航空业之格局》，《广告大观综合版》2009 年第 4 期。

[36] 杨俊杰、缪建营：《民营航空公司竞争战略的 SWOT 分析》，《Industrial & Science Tribune》2010 年第 9 期。

[37] 王慧：《中国航空业在竞争中稳步发展》，《人民日报》2011 年 10 月 8 日第 3 版。

[38] 杨治：《产业组织理论导论》，中国人民大学出版社，1998。

[39] 杨公朴、夏大慰：《现代产业经济学》，上海财经大学出版社，2005。

[40] 韩亚银行（中国）有限公司风险管理部：《2009 年中国民用航空业行业分析报告》。

[41] 张丞、叶康为：《后危机时代我国物流业发展策略分析》，《商业时代》2010 年第 30 期。

[42] 卢胜：《现代物流业对城市经济的影响及对策》，《经济体制改革》2003 年第 2 期。

[43] 国家发展和改革委员会经济运行调节局、南开大学现代物流研究中心：《中国现代物流发展报告（2010 年）》，中国物资出版社，2011。

[44] 鲍务英：《供应链一体化时代的物流资源整合》，《北方经济》2006 年第 10 期。

[45] 田丰伦：《物流产业对综合国力的影响》，《改革》2011 年第 4 期。

[46] 李丽娜、刘英军：《我国现代物流的现状、问题及对策分析》，《长春工业大学学报（社会科学版）》2008 年第 4 期。

[47] 张晓彬：《我国中小城市物流业的发展现状及对策分析》，《科技资讯》2008 年第 28 期。

[48] 苗云飞：《我国仓储物流业发展现状及趋势》，《铁路采购与物流》2009 年第 8 期。

[49] 周桂香、王庆锋：《新加坡物流业的发展现状及对宁夏的启示》，《物流工程与管理》2010 年第 12 期。

[50] 张瑗、魏际刚：《全球物流业形势与中国物流业发展》，《中国流通经济》2009 年第 10 期。

[51] 百度百科，菜鸟网络科技有限公司，http：//baike. baidu. com/view/10644228. htm。

[52] 百度百科，中国智能物流骨干网，http：//baike. baidu. com/view/10021025. htm。

[53] 黄刚：《"菜鸟"如何飞？物流其实应该这样建》，《中国经济网》2013 年第 7 期，http：//biz. zjol. com. cn/05biz/system/2013/07/10/019458752. html，最后访问日期：2015 年 1 月 17 日。

[54] 蔡学玲：《中美物流成本的比较研究》，《现代商业》2010 年第 12 期。

[55] 冉宝松：《物资物流地产商逐鹿中国》，《中国物流与采购》2012 年第 13 期。

[56] 王建：《"物流业调整和振兴规划"与物流业发展》，《Maritime China》2012 年第 13 期。

[57] 全新顺、吴宜：《物流业与制造业联动发展研究》，《物流工程与管理》2009 年第 7 期。

[58] 李伟：《金融危机下我国物流业与制造业联动发展浅议》，《现代物流》2010 年第 5 期。

[59] 陈斌、李莹：《房地产行业价格泡沫的经济学模型设计》，《市场研究》2008 年第 10 期。

[60] 侯玉萍、蒋铮、韩梅：《我国房地产市场现状浅析》，《中国高新技术企业》2010 年第 15 期。

[61] 刘旦：《房产新政对房地产市场的影响——基于利益相关者博弈行为》，《现代经济探讨》2010 年第 8 期。

[62] 龙克维、刘毅、姚小龙：《房地产价格对货币政策传导机制的影响》，《知识经济》2011 年第 6 期。

［63］刘彦、王晓霞：《土地政策与宏观调控》，《中国地产市场》2006 年第
8 期。

［64］罗伯特·J. 席勒：《非理性繁荣》，李心丹、陈莹、夏乐译，中国人民
大学出版社，2007。

［65］廖湘岳：《商业银行贷款与房地产价格关系的研究》，《上海经济研
究》2007 年第 11 期。

［66］孙寒冰、李世平：《均衡理论与房地产市场政策调控目标分析》，《中
国房地产金融》2006 年第 1 期。

［67］上海房地产行业协会：《2005 年上海房地产市场的宏观调控及市场运
行情况》，《中国房地信息》2006 年第 3 期。

［68］王烨、汪红艳：《近年来房地产调控政策的作用及未来走势判断》，
《商业时代》2012 年第 5 期。

［69］王炳夫、吕志：《浅析宏观调控对房地产市场的影响》，《中国房地产
业》2011 年第 1 期。

［70］王萍萍：《关于房地产市场宏观调控的几点思考》，《新西部》2006 年
第 12 期。

［71］许学红：《当前国家宏观调控经济政策对房地产市场的影响分析》，
《现代商业》2010 年第 36 期。

［72］杨兆廷、庞如超：《从紧的货币政策对房地产行业投资的影响分析基
于存款准备金率、利率的调控分析》，《上海金融学院学报》2009 年
第 1 期。

［73］张所续：《我国银行信贷政策对房地产市场的影响》，《资源与产业》
2011 年第 2 期。

［74］张燕：《我国资产价格波动对宏观经济影响的分析》，硕士学位论文，
2010，兰州大学。（张燕，2010）

［75］张英佩：《我国房地产业宏观调控存在问题及政策建议》，《东北财经
大学学报》2006 年第 43 期。

［76］张红：《房地产经济学》，清华大学出版社，2005。

［77］杨青云：《我国电子商务上市企业盈利模式研究》，《科技情报开发与
经济》2010 年第 16 期。

［78］史益芳、郑小丽、赵娜：《关于电子商务的创新性经营模式研究》，
《中国商贸》2012 年第 6 期。

[79] 李长兵：《我国电子商务企业市场准入法律制度研究》，《科学经济社会》2011 年第 1 期。

[80] 曹磊、张周平、方盈芝、冯林：《1997～2009：中国电子商务十二年调查报告》，电子商务研究中心，2009。

[81] 中国互联网络信息中心：《中国互联网络发展状况统计报告》，2013。

[82] 郑小龙、王栋：《物流配送应与电子商务协调发展》，《经营与管理》2012 年第 1 期。

[83] 王丽威：《电子商务物流发展中存在的问题》，《才智》2010 年第 16 期。

[84] 廖欣：《我国电子商务市场主体准入现状》，《现代商业》2013 年第 3 期。

[85] 任博华、董行：《中国电商企业自建物流问题研究——以京东商城为例》，《物流科技》2013 年第 1 期。

[86] 刘磊：《我国电商物流之现状》，《信息与电脑》2012 年第 2 期。

[87] 陈威如、余卓轩：《平台战略》，中信出版社，2013。

[88] 汪曙：《基于层次分析法的中国奢侈品消费动机分析》，《商业时代》2012 年第 29 期。

[89] 高瑞云：《奢侈品购买动机文献综述》，《商品与质量》2012 年第 3 期。

[90] 刘晓刚、朱泽慧、刘唯佳：《奢侈品学》，东华大学出版社，2009。

[91] 孔淑红：《奢侈品品牌历史》，对外经济贸易大学出版社，2009。

[92] 朱晓辉：《中国消费者奢侈品消费动机的实证研究》，《商业经济与管理》2006 年第 7 期。

[93] 王微微：《关于发展中国奢侈品消费市场的思考》，《中国物价》2008 年第 9 期。

[94] 王倩：《奢侈品品牌传播策略探析》，《新闻爱好者》2012 年第 3 期。

[95] 严骏、Brunogodey、孙雷：《中国奢侈品品牌的机会》，《商学院》2010 年第 1 期。

[96] 许加彪：《消费社会中奢侈品的神话建构与符码传播批判》，《山东社会科学》2012 年第 6 期。

[97] 鲍德里亚：《消费社会》，南京大学出版社，2008。

[98] 沃夫冈·拉茨勒：《奢侈带来富足》，中信出版社，2003。

[99] 维尔纳·桑巴特：《奢侈与资本主义》，王燕平，候小河译，上海人民出版社，2000。

[100] 张红蕊、李英杰：《奢侈品品牌赞助营销》，《科技创新导报》2011年第1期。

[101] 周平、刘清香：《京沪高铁对山东区域经济发展的溢出效应》，《经济与管理评论》2012年第6期。

[102] 李文陆、张正河、王英辉：《交通与区域经济发展关系的理论评述》，《理论与现代化》2007年第2期。

[103] 张学良：《交通基础设施、空间溢出与区域经济增长》，南京大学出版社，2009。

[104] 曾万涛：《一小时经济圈辨析》，《城市》2008年第1期。

[105] 伍业春：《武广高速铁路对沿线城市体系发展的影响研究》，硕士学位论文，西南交通大学，2009。（伍业春，2009）

[106] 孙婷：《高速铁路对城市发展的影响》，《现代城市研究》2008年第7期。

[107] 张学良、聂清凯：《高速铁路建设与中国区域经济一体化发展》，《现代城市研究》2010年第6期。

[108] 张炜：《关于高速铁路对沿线区域经济影响的思考》，《上海铁道科技》2010年第2期。

[109] 藤田昌久、克鲁格曼：《空间经济学》，中国人民大学出版社，2005。

[110] 刘勇：《交通基础设施投资、区域经济增长及空间溢出作用》，《中国工业经济》2010年第12期。

[111] 戴帅、程楠：《高速铁路对城镇群及中小城市发展的影响》，《规划师》2011年第7期。

[112] 王清：《"中国制造"在全球价值链中的地位提升探析》，《生产力研究》2011年第6期。

[113] 李林泉：《"中国制造"遭遇反倾销的现状及对策分析》，《中国海洋大学学报社会科学版》2007年第2期。

[114] 熊芙蓉、刘俊武：《直面金融危机背景下中国制造的贸易摩擦》，《经济纵横》2009年第11期。

[115] 刘晓玲：《"中国制造"的现状及政策建议》，《湖南工程学院学报》2010年第4期。

［116］武震：《"中国制造"面临的主要问题及对策研究》，《财经理论与实践》（双月刊）2011 年第 170 期。

［117］蒋兰陵：《FDI 与中国制造业配套产业链升级研究》，《商业研究》2012 年第 4 期。

［118］张茉楠：《当"中国制造"遭遇全球产业嬗变》，《发展研究》2013 年第 2 期。

［119］陈仁新、张建清：《"中国制造"问题背后的贸易保护主义》，《湖北社会科学》2008 年第 1 期。

［120］唐虹：《中国制造业转型的产业链整合和升级研究》，硕士学位论文，天津大学，2010。

［121］方海燕、白硕、钱洁：《由"微笑曲线"看中国的加工贸易》，《西南农业大学学报》（社会科学版）2009 年第 6 期。

［122］吴敬琏：《向"微笑曲线"两端延伸》，《新经济导刊》2010 年第 8 期。

［123］马永驰、季琳莉：《从"微笑曲线"看"中国制造"背后的陷阱》，《经济纵横》2005 年第 5 期。

［124］耿献辉：《中国进出口商品结构变动及其优化——基于投入产出表的实证分析》，《经济学家》2010 年第 8 期。

［125］孙晓飞：《"中国制造"产业升级的对策研究》，《内蒙古科技与经济》2010 年第 4 期。

［126］李杨：《影子银行体系发展与金融创新》，《中国金融》2011 年第 12 期。

［127］汤震宇：《从美国次贷危机看金融创新过程中信用创造的缺陷》，《开放导报》2009 年第 2 期。

［128］周莉萍：《货币乘数还存在吗？》，《国际金融研究》2011 年第 1 期。

［129］周莉萍：《影子银行体系的信用创造：机制、效应和应对思路》，《金融评论》2011 年第 4 期。

［130］张佳、许华伟：《影子银行业务的风险及监管对策》，《经济纵横》2012 年第 10 期。

［131］何德旭、郑联盛：《影子银行体系与金融体系稳定性》，《经济管理》2009 年第 11 期。

［132］巴曙松：《加强对影子银行系统的监管》，《中国金融》2009 年第

14 期。

[133] 李东卫:《影子银行系统的监督与管理》,《中共中央党校学报》2011 年第 4 期。

[134] 唐红娟:《影子银行体系: 功能、脆弱性和监管改革》, 知识产权出版社, 2012。

[135] 李杨:《银子银行体系发展与金融创新》,《中国金融》2011 年第 12 期。

[136] 克鲁格曼:《反思大萧条经济学的回归和 2008 年金融危机》, 刘波译, 中信出版社, 2009。

[137] 李建军:《影子银行体系监管改革的顶层设计问题探析》,《宏观经济研究》2011 年第 8 期。

[138] 游德铭:《试论中国资产证券化的理论与现实意义——以中国上市公司为例的研究》, 硕士学位论文, 复旦大学, 2008。

[139] 李建军:《中国影子金融体系研究报告》, 知识产权出版社, 2012。

[140] Tsai, Shu-pei. 2005. "Impact of Personal Orientation on Luxury-Brand Purchase Value." *International Journal of Market Research* 47.

[141] Nueno, JoseL. and John A. Quelch. 1998. "The Mass Marketing of Luxury." *Business Horizons* 6.

[142] Dubois & Duquesne. 1993. "The Market of Luxury Goods: Income Versus Culture." *European Journal of Marketing* 27.

[143] Arghavan Nia, Judith Lynne Zaichkowsky. 2000. "Do Counterfeits Devalue the Ownership of Luxury Brands?". *Journal of Product & Brand Management* 9 (7).

[144] Boarnet, Marlon G. 1998. "Spillovers and Locational Effects of Public Infrastructure." *Journal of Regional Science*, No. 36.

[145] Ingham. G. 2002. *New Moneytary Spaces The Future of Money*. OECD Publication Serveice. (Ingham. G, 2002: 52)

后　记

2008 年 4 月，北京物资学院产业经济学科获批北京市重点建设学科，标志着我校的学科建设工作迈上了一个新的平台。随着高等教育的不断发展，高校之间的竞争日趋激烈，这种竞争已经集中体现在学科的竞争上，学科建设的水平基本上代表了一个学校的整体水平和科研实力。与此同时，在当前日益强调高校办学特色的大环境下，学科建设其实也是最能体现特色并承载特色的一个载体。

北京物资学院早在二十世纪八十年代起就开始了对流通问题的深入系统研究，是最早开始对流通（物流）问题进行系统研究的院校之一。在长期的研究中不仅取得了较丰富的科研成果，也在服务首都经济方面得到了社会的肯定，在流通领域的研究中形成了一定的优势，凝练了学科特色，形成了反映学科融合和发展的研究方向，即流通经济（产业）研究。立足流通领域已成为我校办学特色，也成为我校产业经济学重点建设学科的研究定位和特色所在。而经济学专业获批国家级（第三批）和北京市特色专业建设点（2008 年），经济学教学团队获批北京市优秀教学团队（2009年），流通经济研究所重组恢复（2009 年），现代流通发展与创新研究科技创新平台获批建设（2010 年），商品与金融期货研究科技创新平台的加入（2013 年），更形成了对学科建设的有力支撑。相信通过这些平台的搭建和优势资源的整合，我校的产业经济学科的研究优势会更加强化，特色更加突出，并且将会在原有研究的基础上得以前后传承和延续。

我们认为，我校的产业经济学学科建设应该把握好历史传承与创新超越、学科体系与研究重点、共性与个性的统一。学科建设中必须注意把握

261

这样几点：一是方向要明确，内容要前沿，注意理论与实践相结合，不能脱离发展的主流；二是重点要突出，形成特色，要制定长期目标和近期目标，要有自己的特色，善于在实践中寻找到学科建设的突破口，学科才能有生命力；三是要有一支稳定的学术队伍和中坚的学术骨干，要树立责任感、使命感；四是要有经费的保障，能支撑重大项目的预研和高水平科研成果的形成。因此，在产业经济学的学科研究和建设中，既要实现国际惯例和中国国情的有机结合，又要遵从产业经济学研究的一般规范，还要在既已形成的研究格局和研究定式中找到有别于他人的研究空间，这使得我们的学科建设任务异常艰巨和繁重。

搭建学科研究的平台，开展高水平的科学研究，取得标志性的科研成果，是学科建设的重要任务。为了实现学科专业建设的目标，我们致力于构建开放性的学科研究平台，集聚一批有志于流通经济研究的学术带头人和优秀骨干人才，把握学科方向，学习和借鉴国外先进的研究方法和理论，追踪学术研究的前沿，全方位开展流通经济理论、流通产业、流通现代化的深入系统研究，提升学术地位，提高学术研究的权威性和前瞻性，推动我国流通经济理论研究的发展。

由北京物资学院产业经济学北京市重点建设学科、商品与金融期货研究科技创新平台、经济学国家级特色专业建设点、现代流通发展与创新研究科技创新平台、北京市属高等学校人才强教深化计划资助项目经费资助出版的北京物资学院学术研究文库系列，正是我们全方位开展学科研究的成果体现。

北京物资学院学术研究文库包括流通经济研究学术文库和产业经济研究学术文库，流通经济研究学术文库包括流通经济理论研究、中外流通比较研究、流通与消费研究、都市流通业与城市经济研究以及流通经济研究动态等研究系列；产业经济研究学术文库包括产业经济理论研究、产业金融研究、产业经济热点问题研究等研究系列。北京物资学院学术研究文库的出版旨在以科学的研究方法，前沿的研究视角，开阔的研究视野，开放的研究思路，丰富的研究内容，创新的研究观点，诠释学科研究的深刻内涵，追踪学科动态，把握学科前沿，提升我校学科研究的水平，实现学科建设的目标。

北京物资学院学术研究文库系列成果的不断出版，是团队集体合力的体现。这个团队由教授、骨干教师、硕士研究生和本科生组成，汇集了一批有志于流通理论研究和探索的优秀成员，致力于丰富流通基础理论研究成果，不断提升流通理论研究的水平。感谢团队成员的努力付出。同时也感谢社会科学文献出版社许秀江编审对本书出版所给予的宝贵建议和细致工作。

默默耕耘，孜孜以求，在学术探索的道路上，我们真诚地期待同行们提出宝贵建议，也期待有更多的同行者加入！

北京物资学院经济学院院长

北京物资学院流通经济研究所所长

产业经济学北京市重点建设学科项目负责人/学术负责人

北京市商品与金融期货科技创新平台项目负责人

赵　娴

2013 年 6 月于北京

编后语

　　《产业经济热点问题研究（第三辑）》是"北京物资学院产业经济研究学术文库——研究生科研系列"的第四本，由"产业经济学北京市重点建设学科"经费资助出版。2008年，我校产业经济学学科被批准为"北京市重点建设学科"，建设周期为五年。在过去四年的时间里，我们开展了一系列的学科建设活动，在教学和科研方面取得了突出的成果。本书作为研究生科研的系列成果，是"产业经济学重点建设学科"科研成果的重要组成部分，是产业经济学师生集体智慧的结晶。本书的出版，相信能够使广大读者对当前产业经济领域的热点问题有一个较为全面和深入的了解。

　　《产业经济热点问题研究（第三辑）》由赵娴教授担任主编，褚晓琳副教授担任副主编。赵娴教授负责组织专题研究项目的实施，褚晓琳副教授负责全书内容的修改完善、定稿以及后期的编辑、排版和校对工作。全书由十个专题研究组成，分别由2012级产业经济学硕士研究生组成项目组，在教师的指导下完成研究报告的撰写。各专题编写人员名单如下：专题一：中国钢铁产业发展研究，王亚磊、郭小龙；专题二：浅议中国光伏产业发展，裴磊、辛魁武；专题三：中国航空业发展研究，孟静静、王海英；专题四：中国物流业振兴之路——以"菜鸟网络"为例，赵秋；专题五：中国房地产业发展探究，鞠芳睿、沈大龙；专题六：中国电子商务行业发展的经济学分析，夏舒笑、简婧淑、袁红霞；专题七：奢侈品行业在中国的发展之路，马驰洋、王海龙；专题八：高速铁路对一小时经济圈溢出效应的分析——以长三角地区为例，祁晶、王钧豪；专题九："中国制造"背后的思考，赵利娟、王晓霞；专题十：影子银行应该何去何从，彭迎春、盛典。

社会科学文献出版社许秀江编审对本书的出版给予了大力支持，并对本书的修改提出了中肯的意见，在此表示感谢。

限于篇幅和作者水平，不足和疏漏在所难免，恳请广大读者指正和赐教。

编　者

2013 年 6 月

图书在版编目（CIP）数据

产业经济热点问题研究. 第3辑/赵娴主编. —北京：

社会科学文献出版社，2015.7

（北京物资学院产业经济研究学术文库）

ISBN 978 – 7 – 5097 – 7491 – 5

Ⅰ. ①产…　Ⅱ. ①赵…　Ⅲ. ①产业经济学 – 研究

Ⅳ. ①F062.9

中国版本图书馆 CIP 数据核字（2015）第 094573 号

· 北京物资学院产业经济研究学术文库 ·

产业经济热点问题研究（第三辑）

主　　编／赵　娴

出 版 人／谢寿光
项目统筹／恽　薇
责任编辑／许秀江

出　　版／社会科学文献出版社·经济与管理出版分社（010）59367226
　　　　　地址：北京市北三环中路甲 29 号院华龙大厦　邮编：100029
　　　　　网址：www.ssap.com.cn
发　　行／市场营销中心（010）59367081　59367090
　　　　　读者服务中心（010）59367028
印　　装／北京季蜂印刷有限公司

规　　格／开本：787mm×1092mm　1/16
　　　　　印张：17　字数：287 千字
版　　次／2015 年 7 月第 1 版　2015 年 7 月第 1 次印刷
书　　号／ISBN 978 – 7 – 5097 – 7491 – 5
定　　价／79.00 元